FILOSOFÍA EMPRENDEDORA

IVÁN ALEJANDRO CADENA LARA

BARKER & JULES®

BARKER & JULES

Filosofía Emprendedora

Edición: Barker and Jules™
Diseño de Portada: Barker & Jules Books™
Diseño de Interiores: María Elisa Almanza | Barker & Jules Books™

Primera edición - 2021

I.S.B.N. | 978-1-64789-591-4
I.S.B.N. eBook | 978-1-64789-592-1

BARKER & JULES, LLC
2248 Meridian Blvd. Ste. H, Minden, NV 89423
barkerandjules.com

ÍNDICE

INTRODUCCIÓN

EL GRAN PROBLEMA DEL EMPRENDEDOR

¿CUÁL ES EL PROBLEMA?

Me queda claro que los emprendedores somos personas altamente creativas, proactivas y con una gran visión a futuro. Desafortunadamente y debido a la falta de conocimiento, capacitación o instrucción, muchos emprendedores y sus organizaciones se han visto rezagadas en comparación con otras empresas ubicadas en otras partes de la ciudad, país o el mundo. Este rezago se ve reflejado principalmente en aquellas pequeñas o micro empresas que están constituidas sin lineamientos ni regulaciones por la ley, es decir empresas fantasma o informales. Además de ser informales y arriesgarse a innumerables multas y penalizaciones, estas empresas no se desarrollan hasta alcanzar su plenitud, básicamente por el desconocimiento por parte de sus directivos en ¿cómo crear y fortalecer un negocio? Muchos de estos directivos, dueños o emprendedores carecen del conocimiento básico necesario para hacer que sus pequeños negocios puedan consolidarse con el paso del tiempo. No cuentan con la experiencia para desarrollar esas estrategias que se requieren para consolidarse y posicionarse como líderes del sector.

Cuando empecé mi primer negocio en 2013, tenía muy poco conocimiento práctico y algo de conocimiento teórico, pero eso sí, tenía muchas ganas de triunfar. Fue muy difícil el comienzo, pues era yo contra el mundo. No cabe duda que el conocimiento bien aplicado es poder. Si tan solo hubiera tenido un poco de la experiencia que tengo ahora, todo sería diferente. Fue con el paso del tiempo, con diversos tropiezos, pérdidas materiales, procesos legales y demás problemas, que he logrado aprender a emprender, al tiempo que cultivo la filosofía emprendedora que en este libro te presento.

He detectado procesos clave que funcionan en todas las organizaciones y que si se atienden e incorporan a tu proyecto, lograrás fortalecer y afianzar cualquier micronegocio que en un futuro habrá de desarrollar su capacidad hasta convertirse en pequeño, mediano negocio o más. Si yo "hubiera" tenido la experiencia que tengo ahora seguramente "habría" alcanzado más rápido mis objetivos, seguramente "habría" tenido claras las metas y las tareas a seguir, pero la realidad es que no tuve esa guía, esa enseñanza que me guiara por el sendero más rápido al éxito. No me gusta hablar del "hubiera", por ello he decidido dejar como legado este conocimiento para que hoy puedas desarrollar un verdadero sistema de negocio que te permita tener el estilo de vida que siempre has deseado, aportando a tu leyenda personal y haciendo lo que más te gusta en esta vida.

Me queda claro que en esta vida cada persona juega un papel muy importante y cada uno de nosotros decide qué papel es el que vamos a desarrollar. Algunos se inclinan por la abogacía, algunos prefieren ser deportistas, otros músicos o algunos otros como tú y yo, emprendedores. Si has llegado aquí, deseo que con este libro tengas todas las herramientas para consolidar tu emprendimiento, que puedas potencializar tus habilidades y conocimientos para lograr más rápido tus objetivos y metas. Deseo que logres desarrollar e implementar un efectivo sistema de negocio donde obtengas utilidad y que en el mediano plazo puedas multiplicarte y diversificarte. En este libro te daré todos mis conocimientos para que puedas realizarlo. ¡Bendiciones y buena aventura en todo lo que te espera!

¿POR QUÉ EMPRENDER? LA REGLA DE ORO

La vida es un gran teatro, en esta vida cada uno de nosotros decide qué personaje va a representar en la obra de su vida. Si tú has llegado a la conclusión de que debes emprender, o tienes esa inquietud por hacerlo, es porque sin duda hay algo que puedes aportar a la sociedad. Es algo que ya determinaste que va ayudar a mucha gente y que tendrá mucho éxito. El emprender es la suma de acciones con las cuales fortaleces y promueves el uso de tus facultades y habilidades para el beneficio de la mayor cantidad de gente. Si tu emprendimiento ha de estar en el área del diseño, es porque seguro eres una persona muy creativa. Si tu área de especialización es el trato al cliente, es porque seguramente disfrutas mucho el atender y servir al prójimo. Sea cual sea tu emprendimiento, debe ser algo que alimente y promueva tu leyenda personal de vida. Tu leyenda personal se refiere a tu vida, y como ocupas el tiempo mientras estás vivo para hacer lo que más te gusta y apasiona. Si aquel emprendimiento no va de acuerdo a tu leyenda de vida, aléjate.

La Regla de Oro para el éxito en tu emprendimiento es que este negocio debe ser algo que esté alineado con tus valores, con tus principios e ideales, de esta manera con el paso del tiempo tu trabajo no necesariamente tendrá que costarte trabajo, pues día a día disfrutarás de lo que haces y de lo que aportas a este mundo. Es por ello que si te has preguntado si emprender o no, en definitiva te sugiero que lo hagas. Si cumples la regla de oro sobre satisfacer tu leyenda personal y ofrecer algo al mundo, sin duda debes hacerlo. El éxito del negocio lo conseguiremos con la aplicación de los puntos que leerás en este libro más adelante. Lo primordial es que tú te sientas satisfecho con lo que vas a aportar a la sociedad.

¿CÓMO EMPRENDER? CONOCIMIENTO + HABILIDADES = INGRESOS

Mediante el decálogo al éxito, más adelante expuesto, aprenderás los factores más importantes a considerar para que tu negocio logre consolidarse y en el mediano plazo duplicarse y expandirse con una excelente gestión. Incorpora a tu organización las enseñas expuestas en cada capítulo y podrás resolver y entender de mejor manera todo tu entorno emprendedor.

Emprender es una palabra que implica muchas cosas, entre ellas principalmente liderazgo. Al crear un negocio, habrás de saber responder a un gran número de situaciones adversas, diversos problemas y retos a vencer. Sin embargo, todos tenemos diversas aptitudes y habilidades que nos pueden ayudar a librar y sobrellevar de mejor manera los problemas.

Una de las maneras más sencillas para emprender es visualizando de qué manera tus habilidades pueden generarte un ingreso ¿De qué manera puedes capitalizar aquello que la vida te ha dado con ventaja en los demás? De tal modo que te resulte relativamente fácil el obtener un ingreso por ello, ya sea por experiencias en el pasado o tu conocimiento especializado. También puedes identificar si por alguna circunstancia geográfica tienes ventaja sobre la adquisición de algún producto o materia prima que te brinde excelente oportunidad para la producción, distribución o venta. Las maneras son diversas, pero debes identificar qué cuestión es la que te podría brindar esa ventaja competitiva.

Una de las cuestiones que debes de tener en cuenta al momento de emprender es el considerar que tu negocio pueda ser replicable e incluso de ser posible que pueda ser internacional, de esta manera tus ingresos puedan ser escalables y exponenciales. Hoy puedes emprender en diferentes canales, las recomendaciones y conocimientos aquí expuestos están enfocados en la apertura y creación de empresas, tanto aquellas con espacios físicos como aquellos emprendimientos digitales con venta en línea.

¿CÓMO VENCER EL FACTOR MIEDO?

En toda mi vida como emprendedor he detectado que algunos de los factores potencializadores en mi persona han sido tanto el miedo como la presión. Aquellas cosas, situaciones, personas o acontecimientos que me generan miedo o presión, es porque sin duda implican salir de mi zona de confort y el salir de mi zona de confort inmediatamente lo relaciono con crecimiento, con desarrollo, con experiencia y potencial. Es por ello que siempre que encuentro algo que me genera un reto, un miedo o alguna presión procuro afrontarlo, teniendo en consideración que el hecho de afrontar aquella situación me traerá múltiples beneficios en mi persona. Ahora bien, no me malinterpretes, no quiero decirte que hagas actividades que puedan implicar un riesgo o un peligro a tu integridad personal, no confundamos el miedo por algo peligroso y/o que pueda herirnos al miedo por algo desconocido. Si te encuentras en una situación de peligro, aléjate de ella, pero si estás en una situación de miedo a lo desconocido, ponte a pensar que aquello puede ser una gran oportunidad de crecimiento.

El libro Filosofía Emprendedora fue creado para enseñarte en sencillos pasos cómo crear negocios que funcionan sistemáticamente desde 0 en tan solo 10 pasos. Conforme consolidas y aplicas el conocimiento adquirido en cada uno de estos pasos, las dudas y los miedos se disipan, la incertidumbre se doblega y la confianza se posiciona cada vez más firme en tu interior.

EL DECÁLOGO AL ÉXITO

Para entender a cabalidad las actividades, principios, técnicas y/o rutinas que en este libro encontrarás, debo dejar en claro que cuando me refiero a un "producto", estoy refiriéndome tanto a aquellos productos tangibles, como intangibles. A aquellos productos que se ofrecen en puntos de venta físicos como también aquellos que encuentras en el mundo digital.

Para la filosofía emprendedora de este libro un "producto" es aquello que ofreces a la sociedad, mediante tu trabajo, servicio, esfuerzo y/o tu conocimiento adquirido, todo a cambio de una remuneración, por lo general económica.

CAPÍTULO 1.

CONOCIENDO TU YO EMPRENDEDOR

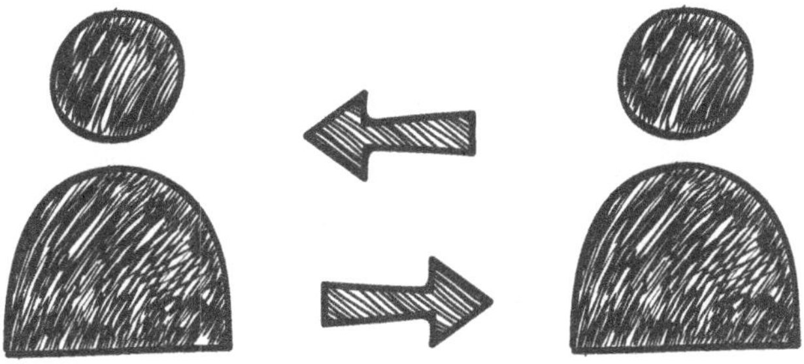

"El espiritu emprendedor no distingue entre edad, sexo o situacion socieconomica. Radica en aquellas personas que desean crear, desarrollar y/o consolidar una organización que represente una fuente de ingresos perpetua; mientras que ellos con su liderazgo y habilidades innatas brindan satisfacción a su leyenda personal siendo los directores y/o fundadores de tal proyecto.

¿POR QUÉ SE QUIERE EMPRENDER? EL DETONANTE

Aterrizando la idea de éxito. Pensando en los factores, las variables y en todo aquello que te motiva a emprender.

Todo el mundo tiene diferentes ¿Por qué? Quizás los más básicos son porque quieres mejorar tu condición socioeconómica, porque quieres tener más tiempo de calidad con tus seres queridos o quizá es porque simplemente es tu pasión. Sea cual sea el detonante que propaga tus deseos más internos de ser emprendedor, debes aprender a reconocerlo e identificarlo, pues es prioridad saber y tener en claro ¿por qué quieres emprender? Analiza tu perspectiva, tu análisis interior y el entorno en el que vives. Recuerda ¿qué fue lo que te ha hecho sentir que debes emprender? En muchos casos puede ser la necesidad de continuar con el legado familiar, en otros casos porque se ha vislumbrado una oportunidad de éxito y crees que sería muy tonto de tu parte no tomar la oportunidad. Por otro lado, puede ser que simplemente quieras invertir y mejorar los ingresos pasivos que llegan a tu bolsillo.

Analiza bien cuál fue el motivo que te hizo emprender o empezar a emprender. Tenerlo claro te ayudará a mantener clara la visión y la misión, mientras que con el paso del tiempo desarrollas las pautas del crecimiento. Muchas veces encontrarás negocios que son muy redituables en cuanto a lo económico, pero quizá no es donde te visualizas toda tu vida, porque simplemente no es lo que te apasiona, entonces está bien que sea simplemente un negocio aunque ya sabes que no tienes más miras de crecimiento apasionado, sino simplemente desde el sentido económico. Aun así, es válido aprovechar el momento, no desaproveches la oportunidad de negocio y toma partida a tu ventaja. Lo más complicado es desarrollar el primer modelo de negocio, después, es la misma filosofía emprendedora la que te brinda las llaves al desarrollo de cualquier tipo de emprendimiento.

Parte importante del desarrollo es, poco a poco, ir conociéndote. Muchos emprendedores ni siquiera tienen el tiempo para ponerse a pensar y reflexionar consigo mismo de el ¿por qué? de muchas cosas. El ¿por qué soy de tal manera? o ¿por qué me gusta eso y no esto? Si analizamos un poco más el ¿por qué? de nuestras acciones, entenderemos mejor cómo funcionamos como personas, entenderemos mejor ¿qué es aquello que nos estimula? y ¿qué es aquello que nos genera apatía o tedio en nuestra mente? Si poco a poco te conoces y logras descifrar cuáles son tus gustos, necesidades e inquietudes, con el paso del tiempo sabrás de qué manera actuar, qué oportunidades tomar y cuáles son las que más te ayudarán para cumplir tu principal propósito o deseo en el emprendimiento que estás apunto de realizar.

ACTIVIDAD: Crea un documento de texto y titúlalo "Mis porqués" Escribe las 3 razones principales que te motivan a emprender. Describe brevemente las 3 en al menos media cuartilla. Revisa este documento cada vez que necesites recargar energías y motivos para continuar.

¿QUÉ ES LA PROGRAMACIÓN NEUROLINGÜÍSTICA PNL?

Proviene de 3 palabras: Neuro, lingüística y programación. Neuro se refiere a la neurología y todo lo que tenga que ver con ella, es decir el sistema nervioso, la mente y las ideas. Lingüística se refiere a lenguaje y programación hace alusión a ¿cómo nuestro lenguaje neural funciona?, es decir, en otras palabras más simples, la programación neurolingüística implica conocer: ¿cómo funciona el lenguaje de nuestra propia mente?, ¿cómo trabaja nuestra mente?, ¿cómo reacciona ante los sucesos del entorno?, ¿cómo se crean malos hábitos?, ¿cómo modificarlos conscientemente para volverlos buenos hábitos?. Entendiendo esto podemos imaginar que nuestra mente funciona como una computadora, algunos patrones de pensamiento y/o comportamiento los podemos resetear, editar o modificar a pleno gusto y satisfacción. En un principio no es tan sencillo, sin embargo aprenderás a conocer los procesos de tu propia mente para que puedas concretar grandes cambios.

¿QUIÉN SOY? INTRODUCCIÓN A LA PNL

La programación neurolingüística son aquellas palabras que de manera consciente le das a tu cerebro para que cree las realidades y circunstancias necesarias, las que necesitas para cumplir tus objetivos. La programación neurolingüística juega un papel muy importante en los líderes y directivos de cualquier organización y negocio, pues de ellos depende el rumbo que tendrá la organización. Un líder de esta magnitud debe tener en claro cómo su mente y las afirmaciones que dice en su mente repercuten en su entorno y en el entorno de su empresa. Por ello desde un principio debes tener en consideración que eres un emprendedor y que el conocimiento estará llegando a ti de poco en poco y que tú serás el responsable de asimilarlo y aplicarlo en cada una de las áreas de tu vida, para que con el paso del tiempo tu emprendimiento logre consolidarse y sea una máquina efectiva de generar empleos, ingresos y satisfacción a tu persona.

Analiza qué comentarios y qué argumentos das hoy a tu mente. Si actualmente hay algunos comentarios de falsedad, incertidumbre o duda en ti, empieza a eliminarlos. La incertidumbre solo se elimina con conocimiento, con esa experiencia poco a poco adquirida. Conforme tú y tu organización avanzan, descubrirás más de tu emprendimiento, tendrás un conocimiento más amplio, una experiencia más abundante y ante cada problema tu instinto sabrá decirte cómo debes actuar para salir del problema; pero para ello, siempre se consciente de lo que le dices a tu mente. No es el problema, si no cómo reacciona tu mente al problema.

¿PARA QUÉ SIRVE LA PROGRAMACIÓN NEUROLINGÜÍSTICA PARA EL EMPRENDEDOR?

#1 Programar resultados de excelencia. "El que falla al planear, planea fracasar".

Cuando nacemos, nuestra mente y nuestro cerebro son como un disco duro que trabajan en conjunto y que se encuentran completamente en blanco, así que se van programando con base a nuestra educación y la experiencia que vamos obteniendo día a día. La programación neurolingüística te brinda una área de oportunidad bastante amplia, ya que es la tendencia a crear hábitos, y estos hábitos los hacemos repetidas veces en nuestra vida, tú decidirás si estos hábitos serán de excelencia o serán hábitos que realizarás aunque no precisamente sean los más productivos o los que te generan el mayor bienestar integral a largo plazo.

El emprendedor necesita en todo momento estar capacitado en temas relacionados a programación neurolingüística ya que al inicio de cualquier proyecto el emprendedor siempre debe fijarse objetivos, estos objetivos tienen ciertas cualidades que nunca debes omitir, estas cualidades las describo a continuación para que el inicio de tus proyectos siempre sean con resultados de excelencia:

1. Debes plantearte uno o varios objetivos cuantificables en el tiempo, es decir que puedas medir el progreso con el paso de los días, las semanas y los meses o incluso los años.

2. Se debe saber específicamente qué es lo que quieres y qué es lo que estás buscando. Dice un dicho popular: "El que falla al planear, planea fracasar."
3. Anotar tus objetivos y descríbelos de manera precisa a modo que trates de visualizar todos los días todas las dificultades con las que tendrás que enfrentarte, de este modo tu mente estará preparada para afrontar los retos que se le presenten día a día y sin perder el enfoque en el objetivo máximo. Con el paso del tiempo, verás lo que has logrado, y créeme que leer tus objetivos logrados será uno de tus principales combustibles para seguir adelante en tu camino emprendedor. Siempre es un buen hábito anotar tus objetivos, incorpóralo a tus rutinas y tenlo en cuenta siempre.
4. Debes plantearte durante todo el proceso del objetivo la pregunta ¿cómo me siento ahora? y ¿cómo me sentiré cuando cumpla el siguiente paso de mi objetivo? Nuestra mentalidad debe estar preparada para ir escalando y superando las adversidades que se presentan en nuestra vida para dejarnos un aprendizaje. Recuerda que toda acción tiene una reacción, ya sea positiva o negativa. Si es negativa seguramente te dejará una gran enseñanza, que debes aprender para evitar caer en la trampa de la mente y los malos hábitos inconscientes.

#2 Para generar un nuevo estilo de pensamiento y de lenguaje consciente. Alquimia mental.

Debes reprogramar de manera consciente tu manera de hablar y analizar cómo te expresas de las demás personas y de las situaciones que te ocurren. Dicen que "lo que te choca, te checa" "Lo que dices de los demás no dice cómo son los demás, si no cómo eres tú mismo".

Los pensamientos repetidos se vuelven realidad. Analiza qué ideas o pensamientos han guiado tu vida. Normalmente estas ideas o pensamientos se adquieren en el hogar y van siendo transmitidos de generación en generación. Si fuiste educado con la idea de que debes terminar tus estudios para tener un empleo y trabajar 8 hrs para una gran empresa, seguramente es como pasarás la gran parte de tu vida. Si has sido educado con la idea de desarrollarte a temprana edad en lo que te gusta y apasiona, seguramente lograrás generar una basta experiencia y tener ingresos mayores a los de un empleo promedio. Tú decidirás qué camino tomar. Recuerda ser siempre muy disciplinado y siempre trazar de manera consciente y alcanzable tus objetivos.

Entendiendo lo anterior podemos analizar nuestra vida y darnos cuenta el ¿por qué? de muchas cosas que guían nuestra personalidad. Intenta analizar el ¿por qué? te gustan algunas cosas y algunas otras no. Todo se deriva a sucesos que han ocurrido en tu vida. De esta manera podríamos concretar que tus traumas nacen a partir de algún suceso que no fue placentero en tu vida. Utiliza estos traumas como motor y no como excusa. Recuerda que en esta vida estamos para superar nuestros miedos. Lo llamo alquimia mental, es decir saber utilizar el miedo a tu favor, como un motor y combustible, en vez de un freno y una barrera al cumplimiento de tus objetivos. Al desarrollarte en la programación neurolingüística que le das a tu mente, podrás dominar el miedo y, solo en ese momento, habrás dado un gran paso en tu vida emprendedora.

Otro punto importante a tener en cuenta es que nuestra mente no distingue entre un "NO" y un "SI" como respuesta. Ejemplo, si tú repetidas ocasiones le dices a tu mente "NO gastes dinero de más" seguramente terminarás gastando de más, aunque sea inconscientemente. Yo te sugeriría cambiar el modelo de pensamiento. Mejor dile a tu mente: "Debo ahorrar más" de este modo subjetivamente le das la instrucción a tu mente de que inherentemente debe AHORRAR MÁS.

Otro ejemplo claro es cuando te dice algún compañero, familiar o amigo: "No olvides traer las llaves" "No olvides llegar temprano" "No olvides pasear al perro" Evidentemente y como comento en el párrafo anterior, nuestra mente no identifica un NO, y por tanto le estamos dando la fina instrucción de "OLVIDAR traer las llaves" "OLVIDAR llegar temprano" "OLVIDAR pasear al perro". Por tanto yo recomendaría usar la palabra RECORDAR y dar la instrucción a nuestra mente de siempre recordar algo en vez de olvidarlo.

Cómo podemos ver, las palabras tienen un gran peso en nuestra mente, la manera en la que las percibimos forman las directrices en las que nuestra mente le dará la instrucción a nuestro cuerpo de actuar. Depende de lo que le digas a tu mente en repetidas ocasiones, día con día, es en lo que te convertirás. Hay un dicho muy conocido que lo acoplo a mi vida diaria: "Eres lo que piensas y te conviertes en lo que hacen tus hábitos" Por tanto, día con día elige sabiamente los hábitos que rigen tu vida.

"Ni tus peores enemigos te pueden hacer tanto daño como tus propios pensamientos".

Buda Gautama

"Atiende a tus pensamientos porque se tornan palabras. Escoge tus palabras porque se tornan acciones. Entiende tus acciones porque se tornan hábitos. Estudia tus hábitos porque se tornan en carácter. Desarrolla tu carácter porque se convierte en tu destino".

Saber popular.

ADN EMPRESARIAL PARA SER LÍDER EN EL SECTOR.

Para volverte líder en el sector, habrás de pasar por un proceso que te va a llevar tiempo. En ese proceso vas a dedicar tu esfuerzo, tu dedicación, todo tu empeño y por supuesto compromiso. Ser líder implica estar de pie en los momentos difíciles, atender problemas que parecieran no tener solución, pero de los cuales siempre sales avante y aprendes muchas cosas en el trayecto. Ser líder en el sector significa que estás ahí en las buenas y en las malas, qué estás en tendencia y que siempre buscas el bien de todos los que interactúan con tu organización; desde los socios, colaboradores, clientes y proveedores. A todos les conviene ser parte de tu organización de una u otra manera.

Para volverte líder en el sector hay conocimiento y experiencia que debes adquirir, ciertos pasos y metodologías que te van a ayudar a lograrlo. La filosofía emprendedora abarca todo ello y en este libro encontrarás múltiples herramientas para conseguirlo. Sí poco a poco fomentas en tu organización y en cada uno de los miembros estas metodologías, te aseguro que con el paso del tiempo, lograrás consolidar un fuerte ADN empresarial que te brindaran esa experiencia para consolidar tu imagen como líder en el sector.

No dejes de asistir con regularidad a aquellas exposiciones y eventos que tengan que ver con tu giro, sobre todo aquellas que son de nivel nacional o internacional, y que ya cuentan con cierto renombre. Asistiendo a estos lugares vas a garantizar que año tras año, encontrarás en ese lugar, a las empresas que están encaminando todo su trabajo a expandir sus canales de distribución y por ende, te pueden dar certeza que seguro son distribuidores de confianza. Recuerda que los expositores que se presentan en este tipo de eventos no siempre son los verdaderos líderes del sector, porque te aseguro que existen muchos otros proveedores y distribuidores que aun siendo líderes del mercado no se publicitan de esta manera, simplemente porque no es su canal de comercialización.

¿CÓMO OBTENER IDEAS DE ÉXITO CON EL PODER DE LA INTENCIÓN?

Tu cerebro se abre a las oportunidades infinitas de la mente cuando constantemente haces lo que más te gusta. Esta respuesta tiene un carácter muy subjetivo, ya que a todos nos apasionan cosas diferentes. ¿Tienes claro qué actividades te divierten más y por tanto prefieres hacer? Identifícalas e incorpóralas a tus rutinas del día o de la semana. Destina las horas que tu consideres necesarias. Yo siempre recomiendo las actividades al aire libre, ejercicios físicos, ejercicios mentales, o bien la recreación con personas afines a nosotros; así es, nuestros amigos, mentores, etc. De este modo te garantizo que tus ideas van a fluir de mejor manera, ya que tu mente estará dispuesta y preparada para aceptar las oportunidades que se nos presentan día a día.

Antes de dormir, realiza una petición a tu mente, pide que esté atenta a las oportunidades que se pueden presentar en tu vida porque en tu mente habita un océano de ideas, soluciones y novedades diversas. Tienes ideas desde el momento que naciste y siguen acumulándose hasta este preciso momento, en el que estás leyendo este párrafo. La prueba irrefutable de esto es mientras dormimos. En nuestros sueños desarrollamos gran cantidad de ideas, a tal grado que todo pareciera ser cierto y real, pero no es así ya que solo es un sueño, sin embargo, en los sueños habita la mayor cantidad de ideas que te serán viables para desarrollar tus ideas de negocio. Antes de ir a dormir repite el siguiente enunciado: "Deseo recibir nuevas ideas, mi mente está preparada y sé que es lo que debo hacer" Repite esto antes de dormir tantas veces te sea posible. Lo más maravilloso del ejercicio que te acabo de mencionar radica en el poder de la intención. Todo objeto físico y tangible en nuestra dimensión fue creado con el poder de la intención de un simple pensamiento. Desde esta perspectiva te sugiero pedir y tarde o temprano se te concederá. Sé paciente y ten en consideración que por ahora solamente necesitamos la idea general, ¿cómo desarrollarla? Poco a poco lo aprenderás en el transcurso de este libro.

ACTIVIDAD: Antes de ir a dormir repite el siguiente enunciado: "Deseo recibir nuevas ideas, mi mente está preparada y sé que es lo que debo hacer" De esta manera tu mente estará atenta a las oportunidades que puedan presentarse en tu dia a dia.

SIGUE TU LEYENDA PERSONAL DE VIDA

Las ideas de éxito llegan en el momento menos esperado. Solo llegan a las personas que están dispuestas a afrontar el reto de salir de su zona de confort. Para saber y/o tratar de predecir si tu idea en verdad será de éxito cuestiónate lo siguiente: ¿Es innovador? ¿Lo compraría yo? ¿Me apasiona lo que estoy a punto de desarrollar? ¿Cómo me visualizo en 1 año, 3 años y 5 años?

Recuerda que parte importante del proceso como emprendedor es tener en claro si este nuevo emprendimiento o idea de negocio cumple la regla de oro y satisface tu leyenda personal. Debe ser algo en lo que involucres tus habilidades y aptitudes, de esta manera vas a garantizar que con el paso del tiempo, el trabajo que debes realizar no te será complicado ni te generará una carga emocional; al contrario, disfrutarás hacer día a día lo que haces, te brindará alegría y estabilidad emocional lo que compartes a la sociedad con tu trabajo y conocimiento.

ACTIVIDAD: Identifica tu leyenda personal de vida. Describe las actividades que más te apasiona realizar y que sin duda alguna podrías realizar día tras día sin aburrirte ni fastidiarte.

¿CÓMO ESTAR PREPARADOS PARA PERCIBIR LAS OPORTUNIDADES DE NEGOCIO?

- **APRENDIENDO**

El proceso para percibir oportunidades se da cuando la experiencia, el momento indicado y nuestra mente se conjugan para que tengamos la visión a futuro y logremos discernir que es una gran oportunidad. Para concebir estas oportunidades, debes aprender a generar conocimiento de valor. Ese conocimiento que en un futuro te pueda generar una ventaja competitiva. Mientras más puedas aprender y especializarte, mayor será el valor de tu conocimiento. Si ya has determinado ¿cuál es tu leyenda personal? y ¿qué es lo que vas a aportar a la sociedad?, enfócate en seguir aprendiendo más aspectos de ese tema. Como líder, debes aprender sobre: gestión de proyectos, administración, contabilidad, finanzas, recursos humanos, motivación, persuasión, habilidades de comunicación y liderazgo entre muchas otras áreas.

- **LEYENDO A EXPERTOS EN LA MATERIA**

La lectura es uno de los pasatiempos favoritos entre los personajes más exitosos en la historia; disfrutan de leer y aprender cosas nuevas mediante esta manera. Actualmente con libros físicos o también digitales. La lectura es uno de los mejores métodos para percibir el conocimiento. El escritor mediante sus obras, intenta dejar un compendio de lo aprendido y plasma un poco de su conocimiento adquirido. Todo lector tendrá la posibilidad de percibir y aprender algo mediante la lectura, que seguro puede implementar de inmediato en su vida diaria. En tu vida como líder y emprendedor, acércate a las obras de grandes escritores y gurús en cada tema.

ACTIVIDAD: Aprende y cultívate leyendo. Inclínate a los temas medulares de tu organización, principalmente las finanzas (Robert Kiyosaki), la administración(Brian Tracy) y el liderazgo (John C. Maxwell)

- **EXPERIMENTANDO**

El artista y escritor chileno Alejandro Jodorowsky en alguna ocasión escribió "Cuando dudes de actuar, siempre entre hacer y no hacer escoge hacer. Si te equivocas tendrás al menos la experiencia"

Toda actividad la cual desarrolles te va a generar una experiencia, un aprendizaje que con el paso del tiempo puede ser un distintivo y ventaja competitiva con la cual tú puedas obtener el éxito. Nunca te niegues a experimentar y probar cosas nuevas. Si tienes la posibilidad de experimentar y probar algo nuevo, ¡hazlo! Si pertenece a tu sector, tu área de experiencia o aquello que promueve tu leyenda personal, con mayor razón debes hacerlo. Nunca dejes de probar y experimentar, recuerda que en los negocios es muy importante el cambio y la innovación. Aquel que no cambia y no genera cosas nuevas, con el paso del tiempo invariablemente terminará siendo obsoleto.

Cada experiencia debe brindarte un nuevo conocimiento, este nuevo conocimiento te abre panoramas y poco a poco tu mente sigue desarrollándose, hasta llegar al punto en que está totalmente preparada para aprovechar las oportunidades que el entorno presenta.

EL SECRETO ESTÁ EN LA EDUCACIÓN ESPECIALIZADA

La educación va ligada al desarrollo, toda persona que está en desarrollo necesariamente ha pasado por un proceso de aprendizaje, ha aprendido múltiples habilidades y su experiencia se ha incrementado. La educación debe ser parte de tu vida diaria y debes incluir diferentes métodos para recrearte y cultivar el aprendizaje. Mientras más especializado sea tu ámbito educativo, más fácil podrás obtener ingresos y cimentar tu leyenda personal, el secreto está en la educación especializada.

Analiza ese ramo en el que en verdad te apasiona y en el cual deseas aprender más y comprométete en ello, las maneras del aprendizaje y en las que te puedes educar son múltiples. Analiza si tu situación va más ligada a la lectura, sí quizá está más ligada al aprendizaje visual con vídeos o si prefieres aquellos que involucran varios sentidos como las conferencias en vivo o algún taller de aprendizaje. Cualquiera que sea la manera que tú prefieras para aprender y educarte, hazla. Si eres de los que consideran que el método educativo tradicional es efectivo y va ligado a lo que quieres aprender, hazlo; haz tu maestría, doctorado y todo lo que consideres necesario. Si por el contrario, tu método de educación es diferente y quizás es autodidacta, también hazlo. Hazlo a tu tiempo y a tu manera, pero hazlo. Vuelvelo un hábito consistente porque no hay nada que forje más el carácter, la personalidad y las habilidades de una persona, que la manera en la que se educa.

Las diversas maneras en las que cultivamos nuestro conocimiento nos hacen ser las personas que somos. Mientras mayor sea la educación y la mejor calidad de ésta, mejor será el individuo ante su sociedad.

ACTIVIDAD: Incrementar los medios mediante los cuales aprendes y te educas. Mediante un libro, una revista, un nuevo video, un nuevo curso, un podcast o yendo a una conferencia. Sea cual sea, procura aprender algo nuevo cada día sobre aquello que más te apasiona. Vuélvete un especialista en tu ramo.

CAPÍTULO 2.

EDUCACIÓN FINANCIERA

Le consultaron al fundador de Dubai, Sheikh Rashid, sobre el futuro de su país, y este respondió: "Mi abuelo andaba en camello, mi padre andaba en camello, yo ando en Mercedes, mi hijo anda en Land Rover, y mi nieto va a andar en Land Rover, pero mi bisnieto va a andar en camello..."

¿Por qué?

"Los tiempos difíciles crean hombres fuertes, los hombres fuertes crean tiempos fáciles. Los tiempos fáciles crean hombres débiles, los hombres débiles crean tiempos difíciles." -G. Michael Hopf

La educación financiera es una herramienta de alto valor, sobre todo para los emprendedores que inician y desean controlar y después desarrollar su negocio. La educación financiera nos brinda conocimiento respecto al dinero: ¿cómo lo obtenemos?, ¿cómo lo usamos, gastamos y/o invertimos?, etc. Básicamente la educación financiera nos brinda detalles y conocimientos sobre todo el proceso del dinero y como este se convierte en el vehículo para que podamos lograr la mayoría de nuestros objetivos.

Hay rumores que constantemente se escuchan, sobre personas comunes y corrientes que ganaron la lotería, demasiado dinero llegó súbitamente a su cuenta bancaria. Estas personas, escasas de conocimiento, no supieron manejar el dinero y al paso de unos cuantos años, pareciera como si nunca hubiesen recibido nada, pues su avance en cuanto a su nivel socioeconómico pareciera estar igual; simplemente se esfumó sin darse cuenta su dinero. ¿Por qué pasa esto? Es por la educación financiera que hemos recibido. El conocer sobre el dinero, como obtenerlo, cómo usarlo y cómo invertirlo, es primordial para garantizar que el dinero que ganas hoy, pueda servirte de apalancamiento mañana para seguir generando más.

Con los conceptos básicos en educación financiera estudiados y entendidos, tu desarrollo y madurez como emprendedor y/o empresario habrán dado un salto significativo. Quien sabe obtener, usar e invertir inteligentemente su dinero, tiene gran parte del éxito financiero asegurado.

CUADRANTE DE FLUJO DE EFECTIVO

Es un concepto creado por Robert Kiyosaki en su libro con el mismo nombre. Consiste en un diagrama en el cual se pretende explicar las diferentes maneras en las que se puede obtener el dinero y cómo generar ingresos. Este diagrama está dividido en 4 partes o cuadrantes.

El cuadrante superior izquierdo corresponde a los empleados. Estas personas intercambian su trabajo y tiempo a cambio de una remuneración o pago. Esto significa que si el empleado no trabaja, no obtendrá ingreso.

El cuadrante inferior izquierdo corresponde a los autoempleados. Son personas que de igual manera generan ingresos a cambio del tiempo que ofrecen en su trabajo, sin embargo tienen cierta libertad mayor, pues trabajan para ellos mismos y no rinden cuentas a un jefe. La mayoría de las personas en este cuadrante son los profesionistas como dentistas, abogados, maestros, etc.

En el cuadrante superior derecho encontramos a los dueños de empresas. Estas personas son los empresarios que han puesto en marcha sistemas para generar ingresos. El ingreso no depende rigurosamente de ellos, pues su sistema es el que genera el ingreso. Estas personas reciben ingresos aun sin ofrecer su tiempo de trabajo, pues quienes brindan el trabajo son los empleados que realizan las actividades operativas.

Para finalizar, en el cuadrante inferior derecho encontramos a los inversionistas. Estas personas encuentran maneras para hacer que el dinero trabaje por ellas, su trabajo es buscar más y mejores oportunidades para invertir su dinero, de tal modo que generan ingresos por cada inversión que han puesto en marcha. Su trabajo también implica mantener una buena gestión del dinero.

Es importante que tengas presente este diagrama y puedas expandir tus horizontes. Lo más preciado que tenemos es nuestro tiempo, invierte tu tiempo sabiamente. Tu decidiras en que cuadrante deseas estar. Si no te gusta en donde te encuentras ahora, puedes cambiar y dirigirte hacia cualquier cuadrante. Desde luego, la intención final debe ser llegar al cuadrante del inversionista.

Tú eres la única persona que decide el destino de tu vida. ¿Deseas tener problemas por no tener dinero? o ¿prefieres tener problemas por tener demasiado dinero? Los problemas siempre estarán presentes en tu vida, sin embargo las perspectivas son muy diferentes.

ACTIVIDAD: Incrementa tus conocimientos en finanzas. Lee libros del gurú financiero más famoso del mundo actual, Robert Kiyosaki. Sus principales libros por leer son: Padre rico padre pobre, Incrementa tu IQ financiero, guía para invertir, y por supuesto, el cuadrante del flujo del dinero.

IMPUESTOS Y COMO EVADIRLOS

Según las "Estadísticas tributarias en América Latina y el Caribe" los impuestos son pagos obligatorios sin contraprestación que deben hacer los contribuyentes al gobierno.

La publicación se realiza conjuntamente por el Centro de Política y Administración Tributaria de la OCDE, el Centro de Desarrollo de la OCDE, la Comisión Económica de las Naciones Unidas para América Latina y el Caribe (CEPAL), el Centro Interamericano de

Administraciones Tributarias (CIAT) y el Banco Interamericano de Desarrollo (BID), y con el apoyo del Fondo Regional para el Desarrollo en Transición para América Latina y el Caribe de la Unión Europea.

Los impuestos se clasifican según su base. Las seis principales categorías son: Impuestos sobre la renta, utilidades y ganancias de capital; contribuciones a la seguridad social; impuesto sobre la nómina; impuestos a la propiedad; impuestos a bienes y servicios y otros impuestos. Te haré una breve mención a los 4 primeros, sin embargo los 6 son muy importantes para tu desarrollo emprendedor.

1. Impuesto sobre la renta. En términos simples es la contribución que das al gobierno por el incremento de tu patrimonio. Cuando adquieres algo que incrementa tu patrimonio y/o riqueza, debes hacer pago de ISR.
2. Utilidades y ganancias de capital. Son el resultado al final del ejercicio mensual, en el cual se muestra cuál ha sido la utilidad de tu actividad económica antes de impuestos; es decir, el resultado de tus ingresos menos tus gastos. Cabe aclarar que para determinar este impuesto, se consideran los gastos deducibles, esto significa que sean gastos necesarios para la operatividad del negocio o la actividad económica; si no tienen relación con la actividad económica, no será un gasto deducible.
3. Impuestos sobre la seguridad social. Se refiere al pago que hacen los empresarios por la seguridad social de los colaboradores que trabajan en la organización. Es obligación del patrón brindar seguridad social a sus colaboradores. Los países tienen un sistema de salud y de seguridad social

en donde los empresarios deben registrarse como patrones y realizar el pago correspondiente de acuerdo a la cantidad de trabajadores, así como el riesgo de trabajo en el cual se desenvuelve el colaborador.

4. Impuestos sobre nómina. Son pagos que se realizan cada que incrementas tu capital de trabajo. Se cobra por cada colaborador, por tanto este impuesto va a crecer según sea tu desarrollo e incorporación de nuevos elementos a tu organización.

Existe una manera de evitar y evadir el pago de los impuestos, y esta es cerrando tu negocio. No hay receta mágica, no caigas en malas prácticas que puedan hacerte quebrantar la ley. Recuerda que el desconocimiento, no te exime de tu responsabilidad. Los impuestos son un tema delicado que debes tratar con un fiscalista certificado o con tu contador de confianza. Puedes crear una buena estrategia para el pago de tus impuestos, pero esto dependerá de tu giro y la manera en la que operes. Por ello es de suma importancia que te brindes el tiempo para conocer a un buen despacho contable o contador que te acompañe durante todo tu proceso de emprendimiento.

ACTIVIDAD: Descarga en la página de la OCDE (organización para la cooperación y el desarrollo económico) https://www.oecd.org/ la publicación anual más reciente de "Estadísticas tributarias en América Latina y el Caribe", te brindaran un conocimiento generalizado pero enriquecedor sobre los impuestos en tu país.

FONDO DE INVERSIÓN COMO LEY DE SUPERVIVENCIA

El año 2020 fue un año que sin duda pasará a la historia. Derivado de la pandemia del Covid 19, fue un año trágico en muchos sentidos. A nivel mundial la catástrofe fue tanto al área de la salud cómo al área económica. Hubo miles de pérdidas humanas, también hubo miles de empresas y pequeños negocios que se vieron en la necesidad de cerrar sus puertas. La mayoría de estas empresas, que tristemente tuvieron que cerrar, es porque en su mayoría no tuvieron la capacidad de mantener los costes de operación. Muchos arrendadores no dejaban de cobrar la renta, sueldos a colaboradores que se acumulaban y debían pagarse; todo lo anterior aunado a las nulas ventas derivado al confinamiento, hizo que miles de negocios no pudieran subsistir. Tristemente tuvieron que cerrar sus puertas y declararse en bancarrota, la ley del más fuerte aplica también en los negocios, la naturaleza también se ve reflejada en el ámbito empresarial y aquellas empresas endebles tienden a desaparecer para dar paso a las más fuertes. Los negocios más fuertes, lo son porque su competencia cada vez es menor, aquellas pequeñas empresas o negocios que tuvieron que cerrar cedieron sus clientes a estos negocios que poco a poco se han ido consolidando. Es algo que siempre ha existido y seguramente siempre existirá mientras manejemos a nivel mundial este modelo económico.

Lo realmente triste de la situación de cierre en los micronegocios, es que muchos de estos negocios, no cuentan con un fondo económico necesario para subsistir al menos 3 meses; no se tiene el hábito del ahorro, de haberlo tenido, seguramente habrían afrontado la debacle y habrían sobresalido siendo los más fuertes. Por no tener conocimientos básicos financieros es que muchos micro y pequeños negocios no logran dar el salto al siguiente nivel y todo el flujo de capital obtenido lo vuelven a gastar; ganan y vuelven a gastar, sin lograr el crecimiento mediante las inversiones que se pueden obtener derivado de los ahorros generados.

ACTIVIDAD: Reserva un fondo de capital que te sirva para que tu negocio pueda funcionar al menos tres meses. Si tienes oportunidad de que sean seis, mucho mejor. Con este fondo además de garantizar la operatividad de tu negocio, tendrás la oportunidad de invertir y aprovechar las oportunidades de negocio que poco a poco se te presenten. Empieza de poco en poco y en un mediano plazo habrás creado un buen fondo.

GENERA HISTORIAL CREDITICIO

Generar historial crediticio es una actividad financiera imprescindible para apalancarse y lograr más rápido varios de tus objetivos. Es un reporte por lo general digital que emite el buró de crédito. En este reporte se muestran los resultados de toda la información recabada, se menciona como ha sido tu comportamiento respecto a créditos obtenidos con diversas empresas o instituciones. Mediante tu nombre y número de identificación fiscal o RFC, se puede obtener este reporte. Se muestran los créditos en tiendas departamentales, créditos hipotecarios, créditos de automóvil, e incluso de pago de servicios como luz y/o telefonía e internet.

Mantener un pago puntual en cada uno de estos créditos es esencial para generar un alto "score" o puntaje. Mientras más alto es el puntaje, mayor certeza para las empresas al momento de conceder un crédito, pues sabrán que por lo general tus hábitos de pago son oportunos.

Lo ideal para iniciar un historial crediticio es empezar con tarjetas departamentales, en donde empieces a generar tus primeros movimientos. Lo más importante es que haya movimiento en tus estados de cuenta, que se pueda percibir mediante números y cifras certeras, que has solicitado préstamos pequeños, pero todos los has pagado con prontitud. De poco en poco incrementa las cantidades a comprar con crédito, para que de igual manera tu puntuación suba poco a poco y al paso de los meses obtengas una línea de crédito más amplia. Una vez teniendo al menos 6 meses de manejo de tu tarjeta departamental, te sugiero adquirir una con tu banco. La institución financiera podrá ofrecerte créditos más amplios, con los cuales podrás financiarte para cualquier cuestión, tanto para prevenir amenazas, como para aprovechar las oportunidades. Utiliza sabiamente tus tarjetas de crédito y sácales el mayor de los provechos.

Si obtienes algún crédito, por mínimo que sea, procura ser puntual y responsable, pues de este modo podrás conseguir el mejor "score" y conseguir créditos más amplios, que sin duda podrán ayudarte a conseguir un apalancamiento financiero. Este apalancamiento financiero debes ocuparlo para:

- Adquirir más mercancía. Aprovechar compras mayoristas y obtener el mejor precio posible o directo de fabrica.
- Expandirte. Obtener el recurso monetario necesario para abrir nuevos puntos de venta o franquicias.

- Mejorar tu establecimiento. El deterioro es inevitable, ante ello debes brindar de vez en cuando mantenimiento, comprar nuevo mobiliario cuando se amerite y en general brindar mejoras a tu establecimiento cuando lo detectes.
- Incrementar tu capital de trabajo. Ante la expansión, más vale prevenir el pago del capital de trabajo por al menos un par de meses.
- Obtener acceso a espacios de renta en plazas o centros comerciales más exclusivos. Donde será imprescindible contar con historial crediticio.

ACTIVIDAD: Empieza a generar historial crediticio. Obtén una tarjeta de crédito departamental o mejora tu línea de crédito actual con tu banco para que logres un mayor apalancamiento.

EMPIEZA A CREAR TU COLUMNA DE ACTIVOS

Tener una columna de activos diversificada puede traerte una gran ventaja económica. Obtener de diversas maneras un ingreso constituye un gran pilar en la consolidación financiera. Debes tenerlo en cuenta para que en su debido momento, no dependas de una sola fuente de ingresos. Depender de una sola fuente de ingresos tiene un riesgo alto, pues ante cualquier amenaza que esté fuera de tus manos, tu estabilidad financiera estará en riesgo. No permitas que las amenazas y cualquier cosa que no puedas controlar determinen tu éxito financiero; prevé cualquier riesgo y desarrolla una columna de activos diversificada. Para lograrlo, debes ir de poco en poco. Recuerda que para lograr caminar, primero debes aprender a gatear.

Si deseas estar mentalmente mejor preparado y tener la creatividad necesaria para incrementar tu columna de activos, primero debes idear múltiples formas para generar ingresos. No te preocupes si el ingreso es poco o mucho, en una primera instancia lo que buscamos desarrollar es esa habilidad creativa con la cual tú puedas encontrar las oportunidades que están enfrente de ti, con las cuales puedas obtener un ingreso adicional. Esta actividad tiene como objetivo primordial, brindarnos el panorama básico de los negocios y la generación de ingresos. También se trata de brindarte mediante la experiencia del día a día la confianza necesaria para que te des cuenta de que es posible generar ingresos desde múltiples giros o maneras. Conforme pasa el tiempo, tu conocimiento y tu madurez crece en el ámbito financiero, tu IQ también evoluciona y de esta manera podrás idear, desarrollar o ingeniar diferentes maneras para generar ingresos. En un principio no seas tan rudo contigo mismo y no pretendas obtener millones, simplemente proponte como desafío algo que sea sencillo, accesible y que te haga obtener lo más rápido posible un ingreso.

Para lograr este ejercicio, analiza tus aptitudes, tus habilidades, tus recursos y todo aquello con lo que cuentas para generar un ingreso. Ofrece tu conocimiento para brindar clases en línea, o de manera presencial; vende ricos postres o repara bicicletas; el punto es lograr monetizar tus pasiones, conocimientos, habilidades, contactos, recursos, etc

El segundo paso consiste en idear un plan y/o estrategia para volver esa actividad algo consuetudinario, es decir, que encuentres y elabores el procedimiento para que pueda volverse recurrente. Con enfoque, responsabilidad y perseverancia, este pequeño ingreso consuetudinario se puede convertir en las bases de tu mega organización o negocio.

ACTIVIDAD: Usa tu creatividad para encontrar una nueva forma de obtener ingresos: No importa si es mucho o poco el ingreso, lo importante es desarrollar la habilidad de crear un sistema que te genere ingresos.

DIVERSIFICA O ENFÓCATE. 4 PUNTOS CLAVE DE LA DIVERSIFICACIÓN

A lo largo de mi camino como emprendedor he conocido diversas teorías, conozco aquellos que están totalmente enfocados en la diversificación y también aquellos que están de acuerdo en que desarrolles un solo proyecto y lo hagas crecer en grande. Ambas cosas están bien, pues recuerda que no todo es blanco o negro, para todas las cuestiones en esta vida debes encontrar el matiz correcto que se acople mejor a tu necesidad. Puedes escuchar mil y un comentarios, sugerencias o consejos; escúchalos pues ellos te brindarán un panorama más amplio de la realidad, sin embargo, ninguno de ellos se acerca tanto a la realidad en la que vives como la que tú mismo ya conoces. Ante cualquier situación analiza qué es lo que más te conviene a ti.

Si pudiera generalizar y poner sobre una balanza los pros y los contras del diversificar o no hacerlo, en mi percepción encuentro más ventajas en el hecho de diversificar, pero hay detalles muy importantes que se tienen que considerar si se pretende alcanzar el éxito financiero. Para ello, los 4 puntos clave de la diversificación te serán de gran ayuda para ampliar tu panorama. Estos 4 puntos son:

1. Control. Una de estas cuestiones y como primer punto clave, es que solamente diversifiques una vez que hayas logrado tener el control y un control certero de la actual organización o de tu actual emprendimiento. Sería un grave error que empieces a diversificar cuando aún no has desarrollado la etapa de control en tu organización. Esta etapa de control requiere madurez, experiencia y un tiempo en el cual tu empresa o emprendimiento se empieza a acoplar al ritmo normal de trabajo. Una vez que encuentres este equilibrio, este control en tu primer organización, puedes pasar a otra nueva inversión.
2. Experiencia. El segundo punto que tienes que tener en consideración al diversificar, es que debe ser algo en lo que ya conoces, algo en lo que sin duda eres experto, en lo que puedes aportar mayor valor. Por más interesante y redituable que sea una inversión, no la aceptes si no eres capaz de entenderla por completo. Siempre diversifica en aquellas zonas en las que ya tienes cierto conocimiento y en las cuales has generado cierta experiencia.
3. Afinidad. Como tercer punto, si habrás de diversificar, procura hacerlo en emprendimientos que sean afines al que ya tienes actualmente, de esta manera puedes generar una sinergia impresionante y hacer que con el paso del tiempo los resultados sean arrolladores.
4. Variedad. Como cuarto punto, te sugiero que inviertas en diversos sectores, de esta manera si en algún momento, cierto sector o industria está pasando por momentos complicados, seguramente podrás aprovechar tu otro emprendimiento, que

quizás se encuentre en un momento diferente económicamente hablando.

El cuarto punto no necesariamente se contrapone al hecho de no tener afinidad a tu negocio inicial, porque habrás de cumplir el punto número dos, en el cual se habla de que sea algo o algún proyecto en el cual tengas conocimiento y estés capacitado. Si por alguna circunstancia no tienes ese conocimiento básico necesario, también existe la posibilidad de buscar gente y asociarse con aquellos que sí tienen el conocimiento, así pueden diversificar teniendo en consideración los cuatro puntos anteriores, que a mi consideración, son los de más importancia. Recuerda los 4 puntos clave de la diversificación, podrás tomar una decisión más sabia y más acertada cuando decidas invertir y diversificar, ya sea en algo así o en algo totalmente opuesto, en otro giro y en otra industria de donde te encuentras actualmente.

AFRONTA PROBLEMAS FINANCIEROS

La realidad es que los problemas financieros siempre serán parte de nuestra vida, es por ello que tienes que ver la manera de enfrentarte a ellos y sacar el mayor provecho. Toda problemática siempre te deja una gran enseñanza y aprendizaje. Conforme vas creciendo y desarrollando tu modelo de negocio te vas dando cuenta que en realidad el problema nunca fue el dinero, sino más bien que haces con él. Así como los pobres tienen problemas de dinero, los ricos también tienen problemas de dinero. Los primeros por falta de dinero y los segundos porque simplemente no saben cómo gastarlo o administrarlo. El desconocimiento puede hacerte perder mucho dinero. Es por eso que debes entender más sobre el dinero y cómo usarlo. El uso del dinero siempre será uno de los problemas que tengas que resolver, este tipo de problemas financieros solo podrás entenderlos conforme pasa el tiempo y te enfrentas a ellos. Te darás cuenta que los impuestos son algo que no puedes evitar y más bien puedes atender mediante estrategias. Entenderás que habrás de hacer pagos constantemente y que el dinero habrá de fluir, tiene que estar en movimiento; el dinero guardado no sirve para nada, pues solo se deprecia.

No temas enfrentarte a problemas financieros, recuerda que en esta vida hemos venido a enfrentarnos a múltiples y que los problemas de hoy, mañana resultan cómicos. En ese sentido no te tomes los problemas tan en serio y mejor tómate un respiro cuando lo necesites para retomar el enfoque y después reanudar con más ganas y con mejores actitudes. Recuerda cuáles han sido los últimos problemas financieros por los que has pasado y analiza qué has aprendido de ellos, de tal forma que si pudieras repetir la historia, en esta ocasión ya no cometerías los mismos errores.

Los errores pueden ser desde los más mínimos hasta algunos más sofisticados. Analiza cuándo fue la última vez que pagaste impuestos que no esperabas simplemente por no saber cómo se manejan, o la última vez que hiciste un pago de anualidad en tu tarjeta que quizá no te esperabas o aquella vez que tuviste que pagar multas por no conocer los lineamientos del gobierno local; todas estas experiencias suman a tu conocimiento financiero.

TU ESTILO DE VIDA ACORDE A TUS INGRESOS

No cometas el grave error de que conforme va creciendo tu negocio y se van incrementando los ingresos, erróneamente tu estilo de vida también lo empiezas a cambiar e incorporas nuevos gastos elevados e incluso excentricidades. Mantén tu estilo de vida por debajo de tus ingresos y aun cuando estés en posibilidades de darte ciertos lujos, mantén latente la opción de guardar gran cantidad de tu excedente. En esta vida no tienes que demostrar nada a nadie, estás aquí para competir contigo mismo, estás aquí para ser cada vez una mejor persona y si habrás de crecer en los negocios, también habrá de crecer la gente que está ayudándote. Procura que todos los ingresos que recibas los inviertas o gastes en cosas que realmente sean de utilidad, de lo contrario con el paso del tiempo, todos estos ingresos que no ahorraste en su debido momento te pueden resultar contraproducentes y en un futuro ya sea demasiado tarde recuperarlos.

Ahora que tienes un ingreso, preocúpate en seguir ahorrando mientras sigues aprendiendo para poder incrementar tu cartera de activos y poco a poco pueda ser mayor la cantidad de efectivo que percibes y solo así tu estilo de vida pueda crecer al siguiente nivel.

ACTIVIDAD: Ajusta tu estilo de vida de acuerdo a tus ingresos. Conoce más al respecto con el libro "El millonario de la puerta de alado" Por Thomas Stanley y William D Danko.

PREVÉ, NADA DURA PARA SIEMPRE

En esta vida lo único seguro es el cambio, cualquier negocio puede desaparecer de la noche a la mañana. Puedes hacer tu mayor esfuerzo para hacer que se preserve tu cuerpo y tu negocio, pero con el paso del tiempo, siempre hay amenazas latentes: El tiempo nos envejece, siempre puede haber alguien más inteligente que tú o en mejor posición económica para invertir y crear una mejor organización; las amenazas y los cambios en la humanidad son múltiples. Ni el mejor negocio va a durar para siempre si se mantiene estático y sin cambios. Si tienes como perspectiva esto, podrás entender y discernir la importancia de diversificar y de innovar para proteger tu patrimonio, para que casi cualquier amenaza pueda ser solventada.

Prever también implica ser consciente que muchas veces los problemas, siniestros, accidentes y demás situaciones están fuera de nuestras manos, y si no hacemos algo al respecto, en un abrir y cerrar de ojos podríamos perder nuestros recursos.

Las enfermedades y los accidentes por lo general son las cuestiones que más te pueden hacer perder dinero si no prevés este punto. Adquiere seguridad médica, en muchos casos te será de gran ayuda no solo para ti, si no también para tu familia.

ACTIVIDAD: Investiga las diferentes opciones de seguros que haya en el mercado, aquellas que promuevan la protección de tu patrimonio. Los más comunes son los seguros vehiculares que te amparan ante cualquier accidente, cualquier robo o siniestro. Los seguros te ayudan a proteger tu patrimonio y ser consciente de que nada dura para siempre.

TU PRIMER ALIANZA: EMPRENDEDOR - CONTADOR

Dentro de tu emprendimiento o empresa, el contador debe ser tu primer colaborador, aunque éste funja como un externo y no precisamente sea parte de tu nómina. Los contadores son personas realmente fantásticas, sin ellas todo el entorno administrativo, económico y empresarial de las entidades federativas no sería posible, habría una gran brecha de incertidumbre entre lo que pide el gobierno como obligación y parte del impuesto y lo que el emprendedor piensa o quisiera tributar al gobierno. Los contadores fungen como este intermediario con el cual las empresas cumplen con todas sus obligaciones tanto fiscales a nivel local y nacional cómo con aquellas cuestiones que tienen que ver con la documentación para la apertura de un punto de venta ante las instancias gubernamentales correspondientes, de igual manera puede ser local estatal o nacional.

El contador te ayuda a estar regularizado e inscrito ante la instancia gubernamental correspondiente. Esto va a implicar ciertos gastos adicionales a los honorarios que cobra tu contador y es porque son gastos operativos fijos necesarios que se tienen que realizar al momento de abrir un negocio. Algunos impuestos o gastos adicionales por apertura son: usos de suelo, permisos de protección civil, tal vez el pago de licencias anuales, pago por la recolección de los residuos sólidos o algunas otras según el giro en el que te encuentres. El contador es quién desde un principio te va a indicar cuáles son los que tienes que tener en cuenta, de este modo al estar regularizado te proteges ante la visita de cualquier inspector y evitas multas innecesarias.

Otro punto importante de un contador es que debe generar tus declaraciones fiscales en tiempo y forma cada mes o cada que la entidad gubernamental del país en el que te encuentres lo solicite. Por lo general se maneja de manera mensual para empresas, a veces bimestral para personas físicas, pero indudablemente habrá una anual. En cada una de estas declaraciones tu contador se encarga de realizarlas con base en los ingresos y egresos que estén reflejados en tu cuenta bancaria fiscal. Procura ser puntual con todos tus gastos y solicitar factura por todo aquello que ocupes en tu negocio. El pago de impuestos como IVA e ISR es muy importante para estar regularizado y evitar multas ante la secretaría de hacienda.

Dependiendo del país en el que te encuentres la tributación será diferente, sin embargo el contador siempre habrá de estar actualizado sobre las circunstancias legales que el país pide para que un comercio sea legal. Desde el principio y desde tus primeros días de apertura se requiere que tengas un alta ante hacienda, es decir que hayas hecho tu trámite administrativo para informar a la autoridad hacendaria que has iniciado operaciones.

No dudes en contratar los servicios de un contador, busca su asesoría y sobre todo delega la responsabilidad en él o ella para evitar que seas acreedor a multas innecesarias que pongan en riesgo tu capital inicial o patrimonio, que es lo más valioso cuando se está iniciando operaciones. El gasto de un contador debes considerarlo más bien como una inversión; si te acercas con un profesional, con experiencia en el ramo y apasionado en el tema, seguramente te ahorrarás muchos dolores de cabeza, ahorrarás tiempo y si logras trabajar de manera adecuada con ellos, podrás aprender mucho sobre todo lo que la contabilidad conlleva.

Siempre pregunta a tu contador todo aquello en lo que tengas duda, trata de aprender lo más posible de él o ella. Si tienes posibilidad, visítales regularmente y atiende todas las dudas que te han surgido durante el mes. Para que sean más productivas las juntas con tus contadores, siempre acude con al menos cinco preguntas certeras que te gustaría atender o aclarar, de este modo no se pierde el tiempo con solo una duda, sino que se promueve que se atiendan varias dudas a la vez. Lo anterior para economizar y aprovechar al máximo el tiempo de ambas partes, tanto el tuyo como el de tu contador o contadores.

Como con cualquier colaborador ya sea interno o externo que trabajará en tu emprendimiento o negocio, pide al contador que te firme una carta de intención de trabajo, un contrato, y/o compromisos de confidencialidad y privacidad para laborar contigo. De este modo comprometes al contador a ser responsable en cuanto a sus funciones y no omitir ningún tipo de obligación en la cual estés envuelto según tu situación fiscal actual.

Para encontrar al mejor contador acude con tus amistades, alguna que ya tenga algún negocio o quien ya haya trabajado con algún contador antes. Las referencias personales en cuanto a contadores podrán ser las más acertadas. Si es una empresa, despacho o compañía de la cual no conoces, sé cauteloso y analiza su historial para saber que efectivamente es una empresa que se dedica a eso y no es una estafa. Verifica que sean profesionales en cuestiones contables y fiscales. Recuerda que tu información fiscal es muy importante y mantenerla confidencial y en manos de un profesional es algo primordial para cualquier emprendedor, siempre mantén bajo seguridad la información más importante y si ha de estar en contacto alguna persona con estos datos déjalo por escrito y firmado. Pide una identificación del interesado (en este caso del contador) y adjunta una copia al contrato y al expediente en general de quien te presta el servicio. Toda esta documentación te ampara y te sirve mucho como respaldo por cualquier inconveniente, tu puedes demostrar que el responsable ha sido el contador de realizar alguna acción u omisión y encontrar el responsable y exigir la reparación de los daños. Ojalá nunca te encuentres en la necesidad de llegar a este punto, pero un emprendedor y empresario precavido siempre vale por diez.

ACTIVIDAD: Analiza la mejor opción para tu emprendimiento en cuanto a contabilidad. Investiga, busca, pregunta y conoce más sobre los contadores disponibles en tu zona. La alianza emprendedor - contador es primordial para cualquier negocio. Vale la pena que inviertas el tiempo necesario en hacer tu investigación, es un punto medular para tu organización y su éxito. Entrevístate con las opciones y conoce más sobre su despacho, su experiencia y el presentimiento que te pueda generar al conocerles.

APRENDE A AHORRAR CON EL FACTOR 10%

Uno de los hábitos que más ayuda a la gente financieramente exitosa es el ahorro.

El ahorro implica el hábito de guardar una cantidad de tus percepciones, de tal forma que al paso de cierto tiempo puedas disponer de ese capital para aprovechar cualquier oportunidad que se te presente o bien para crear una reinversión y seguir haciendo crecer la columna de activos que habrá de ser el sustento de tu economía y el flujo de tu efectivo.

Una vez que tu organización haya alcanzado su punto de equilibrio en cuanto a ventas para solventar los gastos, empieza a destinar un 10% de tus ventas cada determinado tiempo para el ahorro. Multiplica tus ventas totales en el mes por .10 y el resultado debería ser el monto promedio aproximado a ahorrar como mínimo; el máximo depende de ti. Mientras más estricto contigo mismo seas en este aspecto, más rápido lograrás generar el hábito del ahorro. Procura que pase lo que pase, salvo una emergencia, esta cantidad puedas guardarla sin que repercuta en gran medida en tu economía; es por ello que esta cantidad siempre va a estar acorde a tus ingresos y conforme estos vayan creciendo podrás destinar una cantidad mayor al ahorro. Esta cantidad que ahorras habrá de ayudarte para cualquier cuestión que sea necesaria en un futuro. Recuerda que el hecho de ahorrar no sólo es para reinversión también te puede ayudar en caso de algún problema o amenaza.

Otro detalle muy importante que tienes que tener en consideración cuando pretendas ahorrar es que el dinero guardado no sirve para nada, no te acostumbres a tener dinero guardado. El hecho de ahorrar solo debe ser un acto que te ayude a acumular capital y que este dinero a su vez pueda convertirse en ese vehículo que te ayudará posteriormente a seguir incrementando tus inversiones y por ende el flujo de capital. Traza un plan financiero para saber en qué destinarás este dinero. Tampoco caigas en la falsa idea de que debes gastarlo todo y simplemente disfrutar la vida. Si bien es cierto el dinero es para aprovecharse y disfrutarse, también debe verse como ese vehículo que mediante inversiones conscientes te ayuda a conseguir tus objetivos. Ahorra y usa tu capital sabiamente para que puedas incrementar y optimizar los recursos con los que ya cuentas.

ACTIVIDAD: Comienza a fomentar el hábito del ahorro. Una vez que tu emprendimiento haya logrado el punto de equilibrio en cuanto a ventas para solventar los gastos, destina el 10% de tus ventas mensuales como mínimo al ahorro, el máximo depende de ti. En el mediano plazo este ahorro te servirá para seguir invirtiendo.

CAPÍTULO 3.

DETERMINA TU PRODUCTO, PRECIO, PLAZA Y PROMOCIÓN

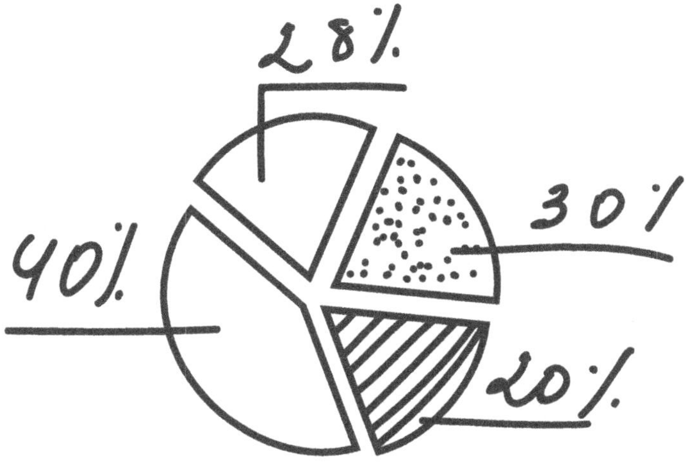

El mejor producto del mundo deja de serlo cuando no está al alcance de un consumidor que se ve beneficiado por el uso del mismo.

Encuentra un producto que genere un beneficio real a quien lo consume y véndelo. Gran parte del éxito radica en generar clientes en vez de solo ventas. No solo le digas a tu cliente el producto que vendes, cuentale los beneficios que le genera tu producto y la satisfacción que esto conlleva.

Garantizar una venta tras otra depende de 2 cuestiones

1. *¿Cómo ofreces tu producto? Usa las palabras adecuadas y el arte de la persuasión*
2. *¿Por qué medios? Expande tus canales de venta y llega a los ojos de tu público meta.*

Durante este capítulo vamos a aprender las cuestiones básicas pero más importantes respecto a las 4 p's de la mercadotecnia: producto, precio, plaza y promoción. Con ellas daremos forma a tu idea de negocio para concretar poco a poco cuál es el producto que vas a ofrecer y si este cumple con ciertas características, que son las bases del éxito. Una vez que has logrado concretar tu producto o servicio, podemos proceder a la asignación del precio.

El precio lo es todo en un inicio, sobre todo cuando nadie te conoce y no sabe el cliente que esperar de tus productos o servicios. Más vale que determines el precio ideal para garantizar ventas recurrentes. Aprende como hacerlo en este capítulo.

Posteriormente te enseñaré a elegir la locación física ideal para tu emprendimiento, de tal manera que el cliente te pueda visitar y logres concretar cada vez más ventas. Cada giro e industria es diferente, pero con los temas de este capítulo tendrás un panorama más amplio y sabrás elegir sabiamente tu próxima locación.

Para finalizar el capítulo te enseñaré técnicas y métodos para fidelizar al cliente, de tal modo que tu negocio tenga un diferenciador, y ese diferenciador sea un potencializador para tu negocio respecto a tu competencia. También veremos sobre los medios de promoción; serán diversos, te explicaré a detalle los más importantes y que puedes incorporar de inmediato a tu negocio sin gastar nada o casi nada.

DETERMINA TU PRODUCTO

TEST DE INNOVACIÓN

Cuando pienses o tengas la posibilidad de crear o incorporar un producto o servicio a tu negocio analiza si ese producto cumple la función de ser innovador. Si es un producto innovador tendrás una gran ventaja competitiva. Para saber qué tan innovador es tu producto puedes guiarte con las siguientes preguntas que forman parte del test de innovación.

1.-Tendencias. ¿Está en sintonía con las tendencias actuales? La mejor manera de ver que hay en la tendencia actual es darle un vistazo a las redes sociales, en ellas podrás ver a grandes rasgos de qué habla la gente, aquellos temas que son de más interés. Otra alternativa que puedes usar es la herramienta "planificador de palabras de Google" En este tipo de aplicaciones podrás ver cuáles son las palabras o enunciados más buscados en internet. De esta manera tendrás a tu disposición una lluvia de ideas para encontrar aquellas soluciones a los problemas más frecuentes en la sociedad. La ventaja es que estás accediendo a lo que busca cierto sector de la población, ya sea tu país, el continente o el mundo. Si puedes ofrecerles contenido que resuelva la necesidad o la problemática que busca solucionar tu cliente en su búsqueda en internet, habrás dado un gran paso en tu estrategia de SEO y marketing, pues obtendrás visitas a tu sitio web muy frecuentemente.

2.-Novedoso. ¿Has detectado oferta de este producto o servicio o es algo nuevo en la zona? Este punto se refiere a si has detectado que hay competencia o hay alguien más que ofrece lo que tú pretendes ofrecer. Si no encuentras a alguien que ofrezca este producto en la actualidad, es porque seguro es un producto novedoso y seguro tendrás una considerable ventaja competitiva. Busca por diferentes medios y entornos si alguien más ya ofrece lo que tú estás ofreciendo. Si al paso del tiempo y al finalizar tu búsqueda e investigación te percatas que nadie lo hace, puedes sacar provecho y hacer uso del registro de marcas y patentes industriales. Estos son activos intangibles que por el simple hecho de tener la patente pueden generarte regalías. Con el paso de los años, se vuelven una de las mejores inversiones, puesto que inviertes tiempo en crear la idea y desarrollar todo el prototipo y posteriormente, si lo planeas y desarrollas de manera efectiva, puedes hacer una fuente de ingresos perpetua.

3.-Necesidad desatendida. ¿Responde y/o atiende una necesidad del mercado que no está actualmente atendida? Esta cuestión es para determinar si tu producto o servicio ya existe en el mercado o es algo totalmente innovador que viene a revolucionar la industria. Si es un producto nuevo, probablemente te sea más complicado saberlo, pero los resultados y los beneficios en el corto, mediano y largo plazo serán exponenciales si efectivamente atiende esa necesidad de la sociedad. Antes de buscar el beneficio económico propio, busca el beneficio social. Mientras más gente pueda ayudar tu producto o servicio, mayor será tu ganancia.

4.-Pionero. ¿Eres pionero? Quizás es uno de los puntos más importantes, en algunos casos complicados de conseguir pues los mercados se mueven rápido, las necesidades de la población también, cada momento surgen emprendedores astutos que buscan ser pioneros. Si logras ser pionero en lo que estás apunto de crear y ofrecer a la sociedad, sin duda tienes la más amplia ventaja competitiva en innovación, porque serás una de las primeras personas que ofrece la solución a ese problema o necesidad del público. Por lo general, con el paso del tiempo la gente que es pionera obtiene un mayor reconocimiento de marca, con el tiempo la empresa incrementa su valor comercial porque además de incrementar su capital de trabajo, también incrementa su valor de reconocimiento por parte de los clientes, la gente los prefiere y está en la mente de todas las personas. Este tipo de crecimientos no se da sino hasta con el paso del tiempo y con la consolidación de la marca. Plantéate el reto de ser pionero, será una gran oportunidad de inversión y desarrollo, siempre y cuando te mantengas firme y constante con el paso de los años.

ACTIVIDAD: Identifica si tu producto responde satisfactoriamente a una o varias de las preguntas del test de innovación. ¿Está en sintonía con las tendencias actuales?, ¿Has detectado oferta de este producto o servicio o es algo nuevo en la zona?, ¿Responde y/o atiende una necesidad del mercado que no está actualmente atendida?, ¿Eres pionero?

NECESARIO

Cada día somos más personas en este mundo, cada vez es más la necesidad de las personas de generar ideas nuevas que ayuden a resolver algunos de los problemas más comunes y recurrentes en la sociedad. Muchas personas logran desarrollar sus ideas hasta el punto de crear productos novedosos. Tú al igual que cualquier otra persona, tienes el potencial de crearlos si explotas tu creatividad de la manera adecuada. No basta con crear un producto o hacer un invento, si quieres que tu producto de verdad te genere dividendos y además sea útil a la sociedad, debes preguntarte si es algo que la gente en verdad necesita. Analizar si en verdad es necesario o por el contrario, ese producto o servicio se puede sustituir por otra cosa. Quizás después de hacer tu análisis te percates que tu idea o producto en mente se puede sustituir por algo de menor valor, de menor costo o de menor esfuerzo. Si es así, el producto o servicio que estás pensando empezar a distribuir u ofrecer quizá no sea la mejor idea. Mientras tu producto o servicio sea necesario o se vuelva necesario para el cliente, tus posibilidades de éxito serán mayores.

Analiza en tu comunidad ¿qué cosas o cuestiones son muy necesarias para que se desarrolle? Te voy a poner un ejemplo, en las zonas donde el calor es constante en todas las etapas del año, como en las zonas del caribe, es indispensable que en muchas oficinas se tengan aires acondicionados. Es toda una área de oportunidad o un nicho, la gente que tiene aires acondicionados en sus casas y/o oficinas y que necesita servicios, mantenimientos y reparaciones. El hecho de invertir en algo que tenga que ver con aires acondicionados en ese territorio cumple con la función de ser un producto o servicio necesario.

FÁCIL TRANSPORTE O DISTRIBUCIÓN

La manera en la que se deban transportar los productos va a repercutir en el coste final de la logística, y estos costes de logística repercuten de manera directa en el costo de tus productos. Mientras más pequeño sea el producto y menos delicado, la maniobrabilidad será más eficiente, y tus costes de paquetería, envíos o distribución serán menores. Si tu producto es delicado y puede romperse o caducar, debes tener doble cuidado. No dejes fuera este punto, analiza si el producto o servicio que estás apunto de vender o manejar sea fácil de transportar y que no conlleve grandes responsabilidades o grandes complicaciones. El hecho de transportar cosas grandes o muy pesadas, implica un gran coste de logística. Además del peso y el tamaño, también tienes que pensar si es un producto volátil o inflamable o que pueda ser peligroso ante las manos de personas inadecuadas. Mientras más sencillo y fácil de transportar sea tu producto más fácil será de vender. Si tu producto lo puede usar hasta un niño de 6 años, seguro garantizas que tu mercado será más amplio, sin embargo no dejes de tener en cuenta el nicho al que te vas a dirigir.

La gran área de oportunidad que debes aprovechar es al ofrecer productos o servicios digitales, donde el coste de paqueterías y/o logística se vea nulificado. Puedes hacer un libro donde expongas tus conocimientos, un portal en internet donde adquieras prospectos, un podcast, un blog o algo similar. Si tu producto es físico, no hay ningún problema, los canales de venta y de marketing digital son fantásticos y deberías incorporarlos a tu organización para hacerla crecer, para llegar a más personas por diversos medios y canales.

4 CLAVES DE UN NEGOCIO ESCALABLE

Una vez que te has dado cuenta que tu producto en realidad es de fácil maniobrabilidad, procura que también sea reproducible y escalable. Un negocio escalable es aquel que tiene la capacidad de crecer e incrementar sus ingresos, con una inversión significativamente menor. El éxito de la escalabilidad podría medirse en la facilidad que tiene la organización de abrir nuevas sucursales para expandirse en el mercado.

Un modelo de negocio escalable tiene mayores posibilidades de incursionar en mercados extranjeros. Empieza pequeño y fortalece tu negocio a tus posibilidades pero con pasos firmes, nunca te pongas límites. Imagina tu negocio en un país fuera del que te encuentras actualmente, incluso piensa algo más descabellado, tu producto o servicio en otro continente, tal vez ahora no sabes cómo hacerlo pero con la marcha lo irás descubriendo.

Analiza si tu producto o servicio también podría venderse en América o en algún lugar de Asia, Europa, etc. Hay muchos productos y servicios que son de uso común para la humanidad, tal es el caso de los alimentos, la higiene, la belleza, o la tecnología; mientras más escalable sea tu negocio y más personas lo necesiten, tu camino al éxito será más rápido. Los sistemas franquiciables incorporan métodos con los cuales puedes volver a tu negocio reproducible y muy escalable, en su debido momento abordaremos más sobre la cuestión franquiciable para que puedas incorporar cada detalle a tu negocio, y si es tu intención, convertirlo en una franquicia rentable y de fácil gestión.

Los 4 puntos clave para hacer escalable tu negocio son los siguientes:

1. Producto de uso común. Si tu producto puede venderse en diferentes zonas, independientemente del país o la ciudad, habrás dado un gran paso.
2. Poco personal requerido. Mientras menos recursos humanos requiera tu unidad de negocio para laborar, la escalabilidad será más eficiente. No es lo mismo gestionar 4 colaboradores a 10. Desde luego el gasto operativo también se incrementa con la incorporación de nuevos elementos a la organización.
3. Baja inversión. Mientras menos recursos económicos necesites, mayor escalabilidad podrás lograr. No es el mismo costo montar un gimnasio que montar un local de helados.
4. Poca especialización requerida. Mientras más especializados tengan que estar tus colaboradores, el trabajo puede tornarse más complicado, pues vas a requerir sistemas especializados de capacitación o de reclutamiento, lo cual vuelve ligeramente más complicados tus procesos respecto a los recursos humanos.

CALIDAD

Tu producto debe ser asequible, pero no me malinterpretes, no interpongas la calidad en ello. A pesar de que sea un producto de fácil acceso y económico, no pongas en juego ni en tela de juicio la calidad de tus productos o servicios. No abarates tus productos ni mucho menos devalúes el mercado; precios justos y razonables siempre generarán una mayor competencia y a la larga, los mayores beneficios serán para los emprendedores del sector que no tendrán que luchar entre sí hasta por el más mínimo centavo.

Procura conseguir productos que tengan calidad garantizada, dedica el tiempo suficiente para investigar a tus proveedores, para garantizar que ellos no son nuevos en el ramo, sino por el contrario, ya tienen experiencia en el mercado y la calidad avala el éxito de sus productos. De este modo tú también podrás ofrecer esos productos de calidad garantizada que ya sabes que tienen gran éxito, no solo en este país, sino tal vez también en otros.

Para asegurarte de incorporar solo aquellas marcas de prestigio y calidad garantizada puedes hacer una investigación que implique 2 cosas:

1. Investigar las marcas que actualmente se venden en tu competencia. Investiga los productos de varios negocios similares al tuyo, y observa las marcas en común, pues ellas son las marcas que al paso del tiempo se han consolidado, la calidad por lo general va implícita.

2. Investigar a las marcas que encontraste derivado a tu investigación de mercado con tu competencia. Contacta a estas marcas y pregunta más sobre sus productos, de ser posible pide muestras y determina si el producto que ofrecen es lo que tu emprendimiento necesita.

PROVEEDOR GARANTIZADO

Es muy triste no tener un proveedor garantizado para una materia prima o producto que ya descubriste que es grandioso, que es necesario para la población, que no es difícil de transportar y que además es bastante asequible e innovador. Recuerda que la calidad en el producto va a depender de esta cadena de suministro, debes garantizar que tu proveedor cumple con las necesidades que tú tienes como distribuidor.

Procura hacerte de proveedores que sean puntuales, que tengan la suficiente materia prima y stock en sus inventarios para ofrecerte los productos que necesitas. De nada te servirá tener un gran producto por tan solo uno, dos o tres meses, porque si al paso esos tres meses no consigues el producto de nuevo para reabastecerse, la gente tendrá que encontrarlo en otro sitio, ya no va a encontrar contigo la solución al problema o a la necesidad que ellos tenían, hay mucha probabilidad de perder el cliente. Si vas a acostumbrar a tus clientes a ofrecer un producto que de por sí ya sabes que tiene un gran éxito, procura siempre tener un proveedor garantizado.

Una excelente manera de conocer a tus proveedores es visitándolos, conociendo sus oficinas, sus laboratorios, centros de distribución, corporativo o lo que corresponda. Podrás conocer en primera persona la filosofía y el ADN de la organización y podrás valorar si cumplen las expectativas que requieres para tu emprendimiento. Sé organizado respecto al uso de los datos de contacto de tus proveedores, incorpora todos los datos que consideres más necesarios, tal es el caso de:

1. Empresa o proveedor, RFC, razón social y razon comercial
2. Nombre de contacto del vendedor, representante o director
3. Teléfonos
4. Correos electrónicos para pedidos, facturas, comprobantes
5. Dirección fiscal del proveedor o de oficinas
6. Descuentos comerciales que pueden ofrecerte
7. Cuentas bancarias para depósitos o transferencias
8. Redes sociales

ACTIVIDAD: Registra cualquier detalle e información importante en tu tabla de proveedores. Archivo descargabale en www.filosofiaemprendedora.com

DETERMINA TU PRECIO

¿CÓMO ASIGNAR UN PRECIO Y SER COMPETITIVO?

Para asignar correctamente el precio al público de un producto primero debes saber el costo final que te da el proveedor incluyendo todo tipo de impuestos, costes de transportación, de distribución, etc. Debes saber cuánto te está costando tener ese producto en tus manos y más aún, cuánto te va a costar tenerlo en las vitrinas de tus locales o sucursales. Asegúrate de tener claro si el precio de venta que te ofrece tu proveedor es neto. De esta manera sabrás que el precio ya incluye todos los impuestos. Cuando sepas el precio neto de tu producto analiza o pregúntate si tienes que gastar en envío o algún tipo de servicio en mensajería para que ese producto llegue desde la fábrica del proveedor hasta tus manos. Analiza y calcula qué porcentaje de lo que te cuesta el producto es lo que habrás de sumar por lo que te cuesta la paquetería. Posteriormente debes considerar lo que a ti te cuesta transportar ese producto hasta el lugar donde se habrá de encontrar el cliente, entonces también considera ese gasto como parte del proceso de ventas.

Una vez que tengas el costo del producto con todos los procedimientos de distribución y entregas, habrás de agregarle el margen de ganancia que tienes designado según tu negocio o según tu producto o servicio, es decir será tu margen interno de ganancia. El resultado podemos considerarlo tu "precio interno". Muchos negocios funcionan con diferentes márgenes o porcentajes, por ejemplo, negocios que tienen mucha rotación de productos y alta cantidad de clientes normalmente manejan una utilidad más pequeña, pero manejan una gran escala de ventas.

Una vez que tengas tu precio interno, visita a tu competencia y registra cuál es el precio de sus productos para que tú puedas darte una idea generalizada del valor de ellos en el mercado actual. Registra los lugares que tú consideres que son los más visitados, a los negocios que consideres que son tu principal competencia. Analiza sus precios y anótalos, registra los precios de productos o servicios que consideras puedan ser los más solicitados o los que compiten directo con tu negocio. Al término de tu jornada saca el precio promedio de cinco lugares. El resultado te servirá como parámetro para ampliar tus perspectivas y darte cuenta si tu margen de utilidad está demasiado bajo o si por el contrario, tu margen de utilidad es demasiado alto y has encontrado un buen producto. Si detectas que tu margen de ganancia es muy reducido en comparación a como lo vende la competencia, podría ser un indicador relevante de que quizá debas cambiar de proveedor y encontrar mejores precios de compra. También puedes preguntar a tu proveedor si hay manera de obtener mejores descuentos por compras mayoristas o descuentos por prontos pagos. Los descuentos tienes que pedirlos, muchas veces existen pero los vendedores no te los ofrecen en primera instancia. En cuanto a economizar respecto a la logística y cadena de distribución de tus productos, busca generar convenios con paqueterias de tal forma que puedas obtener mejores precios en guías de embarque.

Al momento ya tienes tu precio interno, también visitaste a tu competencia y ya sacaste un precio promedio en el mercado, ahora lo que debes hacer es valorar qué precio poner tomando como referencia ambos precios, te sugiero que siempre seas competitivo y si tu estrategia no es por el precio, entonces enfócate en que tus servicios sean de la mejor calidad, brinda algo adicional a tus clientes y marca la diferencia. Hay clientes que por el más mínimo aumento de precio y con tal de ahorrarse un poco de dinero, preferirán ir con tu competencia. Analiza qué estrategia vas a seguir, si te vas a enfocar entre servicio o precio, yo te sugiero que siempre compitas en precio, porque es uno de los factores más importantes, e inmediatos a considerar antes de adquirir cualquier producto. Cuando un cliente detecta que tienes un precio elevado, va a correr la voz y esa mala publicidad te perseguirá siempre. Procura siempre competir con precio pero recuerda que el buen servicio cautiva. Un precio competitivo será un gran paso para ir creciendo con el paso del tiempo. Un buen servicio consolida cada paso que das.

Conforme pasa el tiempo y te consolidas, recuerda que todo continuará creciendo y la vida seguirá su marcha, llegará un momento que invariablemente tendrás competencia en tu negocio y tendrás que ajustarte a las necesidades de ese momento en el mercado. No debes desatender en ningún momento tus precios y la calidad de tu servicio. No caigas en la idea errónea de que tus precios siempre se mantendrán a tus disposiciones o necesidades, siempre debes considerar a la competencia y como lo están haciendo ellos. El hecho de haber generado buena fama y presencia de marca con tus clientes al paso de los años, no significa que el precio siempre se mantendrá a expensas de tus iniciativas; el precio se ajusta a las necesidades del mercado y a la cantidad de oferta disponible.

ACTIVIDAD: Determina el porcentaje de ganancia que tendrán tus productos o servicios. Visita a la competencia y haz tu estudio de mercado. Anota los precios de la competencia y saca un promedio que te haga ser competitivo.

ASEQUIBLE

Es muy importante que un producto sea asequible en el más amplio de sus sentidos tanto en el sentido económico como en la manera de conseguirlo o implementarlo. Si tu producto o servicio es de fácil acceso para quién lo va a adquirir y aparte tiene un precio realmente accesible, tu producto se venderá muy rápido.

Preocúpate en ofrecer productos y servicios que sean fáciles de conseguir; implementa técnicas, operaciones o maneras con las cuales tu cliente pueda obtener de la manera más rápida y eficiente posible el producto o servicio que tú ofreces. Evita y elimina aquellas trabas y procesos largos o inadecuados que hacen complicada la obtención del producto o servicio. Mientras más rápido, sencillo y accesible en precio sea tu producto o servicio más fácil será la rotación que tengas en él. A mayores ventas, mayores ingresos y por ende mayores utilidades.

GARANTIA PRECIO/CALIDAD "COST EFFECTIVE"

La relación entre el precio y la calidad es un binomio que si aciertas bien, habrás dado un paso muy importante en el éxito de tu negocio, tendrás una ventaja competitiva y tus clientes seguro te visitarán cada vez más seguido. Si tu servicio es eficiente y brinda soluciones contundentes a los problemas de tus clientes, seguro te empezaran a buscar cada vez más, llegaran más personas en busca de tus productos, conocimientos o servicios. El término "Cost Effective" significa " rentable" y hace referencia a un producto que por el precio brinda excelentes resultados, quizá los mejores posibles por el precio pagado. Seguramente pudieras encontrar aún mejor calidad, pero el precio sería considerablemente mayor, por ello, este precio es el más razonable por lo que se ofrece, es el producto más "Cost Effective" o rentable del mercado.

Conforme vayas conociendo tu mercado, podrás asignar un precio por el simple hecho de ver el producto, el empaque, los colores que usa y todo este tipo de factores y características que determinan la calidad. Aquellos productos que su empaque está bien cuidado, que muestra colores combinables y adecuados a lo que venden, sin duda generan la apariencia de ser de calidad. Un producto sin etiqueta o quizá manchado, o empolvado nos dará la peor imagen en cuanto a calidad, por ello todos los detalles cuentan. Procura que si vas a ofrecer un producto, cumpla la calidad mínima necesaria para que el cliente se sienta cómodo y satisfecho por lo que va a pagar.

En cuanto a los servicios, es primordial el lucir y actuar profesionalmente. Cualquier cliente que contrata los servicios de un especialista busca recibir un trato personalizado y profesional. Deseamos resolver una problemática y esperamos que la persona que nos atienda y brinde servicio sea una persona con conocimiento comprobable, que puede percibirse desde el primer momento en que se comunica contigo, pues te explican de manera clara las circunstancias y solucionan el asunto por el cual los buscaste.

ACORDE AL GRUPO SOCIAL QUE VA DIRIGIDO

Cuando has hecho una introspección a tus gustos, intereses y a lo que te ha llevado a ser emprendedor, habrás analizado qué tipo de producto es el que vas a distribuir y hacia qué grupo social va dirigido. Tu grupo social puedes seleccionarlo de distintas maneras, ya sea para hombres o mujeres, tal vez para personas de cierta edad o tal vez para personas que practican cierto deporte. Puedes encontrar muchos grupos sociales y nichos, pero siempre van de la mano el grupo social y el nivel económico. No tiene el mismo nivel económico un adolescente de 17 años que un adulto de 45 años. Es importante que tengamos en cuenta este parámetro, no solamente el grupo social sino también el grupo económico al que pertenece porque de esta manera y conjuntando ambas cosas podremos entender qué precio va estar más ad hoc a lo que el cliente necesita y puede pagar.

Por otro lado, debes considerar la zona geográfica en la que te encuentras, analiza en general qué situación socioeconómica es la que predomina. Sé consciente que algunas zonas geográficas son potencias generadoras de ciertos productos o servicios, entonces ten en consideración si has de iniciar un negocio en un lugar que tiene fama por tener muchos expertos en el ramo. De ser así, al inicio puede ser bastante complicado y que los precios incluso sean bastante competitivos; sin embargo, si en la zona geográfica en la que te encuentras el producto no se produce o el servicio no se ofrece, es donde puedes tomar oportunidad y ser tú quien designe el precio final.

ACTIVIDAD: Crea un documento de texto y determina en media cuartilla el grupo social y sector económico al que va dirigido tu producto o servicio.

ESCALAS DE PRECIOS

Tener escalas de precios te brinda un arsenal de propuestas listas para atraer la atención de tus diversos tipos de clientes. Te ayudarán a atraer ventas mayoristas, o para hacer un gancho al público y que puedan motivarse a comprar el servicio o el producto que les estás ofreciendo. Incluso hay clientes que solo están buscando los precios de ofertas o con descuento.

Sea cual sea tu escala de precio, es una excelente técnica de neuromarketing. Si tú ofreces un descuento a tu cliente, él percibe esa buena acción como una oportunidad que debe tomar y muchas veces la aprovecha. Psicológicamente el poner un producto con promoción siempre va a generar un impacto diferente al simple hecho de ofrecer un producto, quizá al mismo precio, pero que no diga promoción. Analiza de qué manera puedes incorporar esta técnica en los precios de tus productos.

Cuando recién empiezas, si quieres generar un grupo de seguidores o clientes en específico, las escalas de precios es una de las mejores maneras para conseguirlo, porque de esta manera premias su lealtad a quellos frecuentes, les brindas un descuento atractivo al que compra al por mayor, o brindas beneficio a un sector en específico, que pueda ser tu cliente preferencial.

ACTIVIDAD: Estipula tu precio final, un precio mayorista y precio de promoción a tus productos o servicios.

DETERMINA TU PLAZA

SITUACIÓN DEMOGRÁFICA Y SOCIOECONÓMICA. ESTUDIO DE ZONA

Estos puntos e indicadores son los que por lo general te dicen si un lugar es pequeño, grande o muy grande. Conoce los alrededores del local donde pretendes establecer tu emprendimiento, corrobora si hay centros comerciales, tal vez escuelas. Observa si hay edificios para vivienda o de corporativos, en general el tipo de personas que hay en los alrededores. Guíate con mapas y de cualquier otro tipo de información en la red que te sirva para determinar qué tanta gente hay alrededor y si la gente que vive en esos rededores efectivamente puede ser potencial para adquirir el producto o servicio que estás apunto de ofrecer.

Toma en consideración si el local que pretendes arrendar se encuentra sobre una avenida o en un centro comercial, en la calle o en una esquina. Busca colocar tu emprendimiento cerca de aquellos negocios ancla que puedan servirte para atraer a más clientes con gustos similares, este tipo de negocios ancla siempre trabajan muy bien de la mano y garantizan un éxito mutuo. Solo por poner un ejemplo, podemos mencionar a una carnicería y una pollería, ambos venden carne, sin embargo productos totalmente diferentes, pero la gente en general busca carne y puede aprovechar la oportunidad de estar en esa zona y comprar ambos productos. Es por este tipo de cuestiones que los supermercados, con el paso del tiempo, han tenido tanto éxito, pues concentran en un lugar una amplia variedad de productos, todos ellos son productos ancla y complementarios entre sí, lo que hace que la gente aproveche la visita y compre ambas cosas. Una vez que hayas determinado y encontrado estos negocios afines al tuyo, podrás buscarlos y de ser posible, establecerte cerca de ellos y generar sinergia.

Los datos principales a considerar en el momento de hacer tu estudio de zona son:

1. Negocios aledaños. Que tipo de comercio se desarrolla en los alrededores.
2. Tamaño. Si el local en cuanto al espacio cumple tus expectativas y requerimientos.
3. Precio. Analizar si es la mejor opción o si el monto a pagar es acorde a tu presupuesto.
4. Los tipos de servicios que están a 5 km a la redonda. Escuelas, parques, hospitales, etc.
5. Locación. Si el local a considerar se localiza sobre una calle, una avenida o dentro de una plaza comercial.
6. Estacionamiento. Si cuentas con espacios de estacionamiento para tus clientes y cuántos.
7. Horarios pico. Los horarios de mayor afluencia en dicha zona.
8. Cantidad. El número aproximado de personas que transita por ahí.
9. Medios. Los diferentes medios en los que transitan las personas cerca de tu negocio, quizá caminando, en auto o bicicletas, etc.

Una vez teniendo todos estos resultados, analiza si las opciones que encontraste derivado de tu estudio se empatan y van acorde a tu público meta, a tu nicho final.

ACTIVIDAD: Realiza un estudio de mercado en tu zona, abarca al menos 5 km a la redonda e identifica el tipo de personas que viven alrededor de donde pretendes ubicar tu negocio. Utiliza los datos demográficos principales: Cantidad de escuelas, centros comerciales, colonias o conjuntos habitacionales, negocios ancla o afines, etc

LOCACIÓN, LOS PUNTOS DETERMINANTES

La locación debe ser un punto en donde tengas certeza que tu cliente potencial constantemente puede verte y encontrarte.

Elegir la plaza o el lugar donde abras de asentar tu próximo negocio o emprendimiento, sin duda es un momento crucial, y en un principio cuando se es inexperto, puede llegar a ser un momento un poco aterrorizante. Por ello, toma en consideración los puntos determinantes sobre la locación de tu negocio para garantizar el éxito en menor tiempo.

1. El precio no lo es todo. Cuando inicie mi vida emprendedora y que estaba en busca del local para dónde iniciar mi negocio, todos los locales que visitaba se me hacían demasiado costosos, y no es que en realidad lo estuvieran, lo que ocurría es que yo no tenía noción del precio de una renta. Me daba mucho miedo pensar que por alguna razón no alcanzara para pagar la renta. Creía que lo mejor era encontrar el local de menor precio, aunque no precisamente fuera el mejor ubicado, lo único que buscaba era el menor precio. No caigas en ese error y recuerda que

hay muchos otros factores muy importantes al momento de elegir el local, y no solo el precio. Conforme pasa el tiempo y empiezas a formar tu modelo de negocio y tu empiezas a adquirir la experiencia necesaria, te das cuenta que este paso realmente es muy sencillo y no hay que temer, pero en un principio siempre es complicado, pues tu mente apenas empieza a adentrarse en este mundo y el pánico por no conseguir el pago de la renta puede ser elevado.

2. Estacionamiento. Algunos de los factores más importantes en cuanto al lugar, es que tenga espacios para estacionamiento. Hoy en día los vehículos, motos y bicicletas se ocupan más que nunca y si un cliente no encuentra dónde estacionarse, sin duda seguirá su camino e irá con tu competencia, donde sí puede aparcar su medio de transporte. Analiza con anticipación ¿cuál es el flujo de gente que pasa por tu negocio? Analiza si el flujo de gente son personas que pasan en sus vehículos, o tal vez en bicicletas y patines, al hacer ejercicio o que solo pasan caminando. Analiza este tipo de factor para que determines si la gente que pasa y que puede ver tu negocio es efectivamente la que se encuentra en tu principal nicho de posibles compradores.
3. Tamaño. Considera, en metros cuadrados, el tamaño que necesita tu negocio para funcionar adecuadamente. Este punto se vuelve sencillo de entender y determinar conforme vas avanzando y vas entendiendo cómo funciona tu negocio, pues la intención es que con cada error, hagas lo posible por modificar y mejorar. Piensa y dimensiona cada mueble, pared, pasillo, etc. de esta manera podrás obtener los metros cuadrados mínimos necesarios.

Teniendo los parámetros anteriores, puedes establecer un rango, para que cuando hagas la búsqueda de local sepas exactamente a dónde dirigirte y qué es lo que necesitas, así como determinar si el espacio que te ofrecen cumple con tus necesidades básicas operativas. Una vez con las medidas precisas, debes pedir a un diseñador de interiores que desarrolle tu proyecto o idea de negocio (si es que no la tienes aún) Pareciera que hacer este gasto es innecesario, sin embargo, con el paso del tiempo y el crecimiento en tu negocio, te darás cuenta que el conocimiento de un diseñador experto es esencial para que se haga eficiente el uso de los espacios, sea más sencillo caminar dentro del establecimiento y los clientes puedan visualizar la mayoría de tus productos cuando ingresan. Ahora que sabes tus necesidades en metros cuadrados, puedes encontrar el precio por metro cuadrado de las ofertas en las plazas comerciales, o locales comerciales, para encontrar aquellos que te ofrecen la mayor ventaja en cuanto al costo, aunque te recuerdo que el precio no lo es todo.

4. Amenazas. Al considerar tu locación, debes tener en claro los factores externos que puedan ser amenazas para tu local, un ejemplo puede ser su ubicación respecto a posibles inundaciones o terremotos, robos o el índice delictivo, etc. Trata de identificar si el local que estás apunto de rentar tiene algunas medidas de seguridad en las cuales te pueda ayudar a prevenir este tipo de situaciones. En este sentido, normalmente lo más conveniente es rentar establecimientos que se encuentren dentro de un supermercado o dentro de plazas comerciales. En la mayoría de las ocasiones,

los administradores de estos establecimientos ofrecen seguridad a los locatarios, y por ello también cobran un gasto de mantenimiento adicional a la renta. Si para tu giro o industria se vuelve complicado y no va con tu locación el ubicarse en plazas comerciales, al menos identifica una zona comercial que tenga una buena reputación en cuanto a seguridad.

5. Situación actual del lugar. Como último punto pero no menos importante, debes Identificar cuál es la situación actual del local o establecimiento, de tal manera que puedas prever cuánto tendrás que invertir para hacer que este establecimiento sea viable para que tu organización opere. Por ejemplo, debes considerar la situación actual del piso, si es que requieres cambiarlo. Analizar las paredes, ver cuál es la situación de la pintura, los techos; ver si es viable hacer instalaciones que sean necesarias para tu giro, tal es el caso de aires acondicionados, cámaras de seguridad, ventiladores, etc.

ACTIVIDAD: Pide información de al menos 5 locales diferentes, que cumplan con las características mínimas requeridas para tu giro. Al final podrás elegir el que te brinda la mejor opción en la mayor cantidad de sentidos.

HERRAMIENTAS DE VISIBILIDAD

La visibilidad de tu negocio es algo primordial, implica el estar consciente de qué tipo de personas son las que pueden ver tu negocio y desde luego tú como emprendedor analizar si efectivamente el espacio que estás apunto de rentar tiene el impacto que deseas en la sociedad. Para saber qué tanto es el impacto analiza la gente que está en los alrededores, analiza toda la gente que está por ahí y pregúntate ¿qué es lo que hacen ahí?, ¿porque pasan por ahí?, pues muchas circunstancias hacen que las personas pasen por ahí; porque queda de camino a sus hogares, quizá sus trabajos están de paso, quizá la gente pasa porque va a un supermercado o a un lugar donde pueden satisfacer otras necesidades. Identifica si el local o espacio que estás a punto de adquirir está en un punto donde la gente tenga que pasar forzosamente y la visibilidad sea inmediata e inevitable; como en las entradas de las plazas comerciales, o quizá en la entrada de un estacionamiento o en la esquina de un cruce importante de avenidas, etc. Todo este tipo de factores van a darle un plus de visibilidad a tu marca y con el tiempo mientras más gente pueda ver tu negocio mayor presencia de marca en la comunidad donde se encuentra podrá tener.

Si por alguna circunstancia consideras que tu punto de venta no es lo suficientemente visible, analiza la opción de utilizar por tu cuenta alguna de los siguientes herramientas de visibilidad:

1. Un toldo. Que brinda sombra a tu negocio a la par de generar un espacio visual más amplio para darte a notar.

2. Pintura. Sin descuidar tu branding y usando tus colores corporativos, mejora tu diseño exterior o modifica el actual. Los cambios son buenos y necesarios para hacerte notar.
3. Letreros exteriores. Que indiquen los productos que vendes o tus horarios.
4. Letreros luminosos. Por la noche también debes darte a notar, los anuncios luminosos son una excelente alternativa.
5. Banners. Usa tripies o cualquier sujetador que pueda ayudarte a colocar un banner que represente la esencia de tu negocio. Debes colocarlos en puntos clave donde más gente pueda ver sobre tu negocio.
6. Promociones. Hazle saber al cliente que te mira las ofertas que tienes, siempre es un aliciente para ingresar a un negocio.

ACTIVIDAD: Observa tu entorno e identifica de qué manera puedes incorporar las herramientas de visibilidad para que tu negocio o punto de venta sea más visible y llamativo que tu competencia.

ESPACIO ADECUADO A TUS NECESIDADES

Una vez que empiezas a conocer tus necesidades básicas operativas podrás darte cuenta que necesitas un espacio mínimo, en el cual pueda estar cada área que requieres bien pensada y en pro de un mejor funcionamiento. Mi sugerencia es que a pesar de que es una inversión que quizá pueda resultar costosa y que quizá en un principio parezca que no valga la pena (pero vaya que lo vale) es el hecho de hacer un render o un diseño arquitectónico digitalizado donde se muestre cómo administrar los espacios en el local que estás apunto de rentar. Esto te dará una amplia perspectiva de todo aquello que necesitas y podrás economizar de la mejor manera los espacios. Además, este primer render o diseño, puede servirte de base para las próximas aperturas de sucursales; es una inversión y un proceso importante que debes hacer para que tu negocio se vuelva escalable en el futuro.

La eficiencia en la operatividad radica en el orden de los espacios, que se hayan pensado bien y que se acoplen a las necesidades actuales del entorno. Estas ideas bien plasmadas y aterrizadas en archivos digitales siempre serán un plus en cualquier negocio y para hacerlo realidad están los arquitectos y diseñadores gráficos que están especializados en brindarte soluciones operativas según el tipo de negocio que vas a administrar. Con el tiempo tú también te podrás dar cuenta cuáles son las cuestiones operativas básicas necesarias, y si te es posible incluso podrás patentar algunos muebles o diseños de anaqueles que sean ad hoc exclusivamente al tipo de servicio que tú ofreces

ACTIVIDAD: Plasma las cuestiones básicas necesarias que debe contener tu negocio para que sea operativamente eficiente: almacenamiento, atención al cliente, aparadores, entradas, flujo de clientes, entrada de mercancías, salas de espera, etc. En su momento podrás apoyarte con un diseñador de interiores y en conjunto diseñar cada espacio de tu nuevo negocio.

SEGURIDAD PARA TU PATRIMONIO

Invertir en la seguridad y la preservación de tu patrimonio siempre será buena idea. Analiza de acuerdo a tus necesidades, qué tipo de seguridad es la que puedes implementar en tu próxima unidad de negocio. Las más básicas, fáciles de conseguir y/o incorporar a tu organización son las siguientes:

1. Sistemas de alarma. Aquellos en los que se les brinda una clave de acceso a los colaboradores que tienen como responsabilidad abrir el punto de venta o unidad de trabajo. En caso de que se haga una apertura y no se coloquen las claves válidas, las alarmas se activan y se hará un llamado a las autoridades o a la empresa que te brinda el servicio de seguridad. Tener este tipo de alarmas y sensores, te dará una certeza de quién abrió e hizo una apertura es porque tenía un usuario y una contraseña exclusivos. Puedes encargarte de brindar estas contraseñas de usuarios a los miembros más importantes o aquellos que tengan las responsabilidades de abrir o cerrar dichas unidades de negocio.
2. Intercomunicación con vecinos. Además de alarma, también puedes usar otro tipo de sistemas cómo la intercomunicación con los vecinos. Puedes usar whats app o cualquier otro medio de comunicación que consideres pertinente. La comunicación y la unión hacen la fuerza.
3. Guardia comunal. Analiza si en la plaza o el espacio donde vas a rentar tendrás la oportunidad de tener un guardia o servicio de seguridad similar.

4. Cortinas, cadenas y/o candados. Para mejorar tu seguridad también puedes analizar la opción de usar cortinas, cadenas, candados y/o cualquier otro accesorio similar que pueda permitir tener un minucioso control de los accesos y/o aperturas de puertas, ventanas o accesos en específico.

Los bienes materiales que puedas tener en tu espacio siempre va a valer la pena que estén bien resguardados. Analiza los procedimientos de seguridad que tienen tus arrendadores o en la plaza donde te pretendes ubicar, así podrás darte cuenta el tipo de seguridad en la cual dispondrá tu local. Tú podrás determinar si es necesario contratar servicios adicionales de alarma, seguridad o quizá nada de eso es necesario; todo depende de lo que te ofrezca el arrendador y las circunstancias del local en cuestión.

ACTIVIDAD: Determina qué aspectos de seguridad se requieren considerar para garantizar el óptimo funcionamiento de tu negocio. Planea, según el caso, en qué momento podrías o deberías incorporarlos a tu negocio.

EL CONTRATO Y LAS CLÁUSULAS MÁS IMPORTANTES

Cada que firmes un contrato de arrendamiento, debes leerlo con antelación de principio a fin y entender cada párrafo a la perfección. Esto va a garantizar que con el paso del tiempo no tendrás ninguna dificultad con tus arrendadores o administradores y que todo habrá de quedar claro. Las cláusulas más importantes que debes considerar son:

1. Renovación. Observar si en el contrato se menciona alguna renovación automática al término de cierto tiempo.
2. Duración. Analiza por cuánto tiempo va a ser el contrato; ya sea un año, dos, tres, etc.
3. Precio. Pon atención al precio que está pactado y verifica que ya sea precio neto, de esta manera podrás analizar si es el precio que te conviene y que va de acuerdo a lo que estás buscando.
4. Intereses. Pregunta sobre el cobro de intereses en caso de demora.
5. Gastos adicionales. En el contrato también debe estipularse si habrá de pagarse algún gasto adicional por ejemplo por mantenimiento; algunas plazas comerciales lo ponen como adicional, pues de esta manera garantizan que la plaza tendrá el mantenimiento, seguridad y limpieza necesaria.
6. Garantía de precio. En general corrobora que la política de precios sea accesible a lo que estás buscando y que te garanticen el precio costo por el tiempo que se firma el contrato.
7. Periodo de gracia. Normalmente es un tiempo gratuito que ofrece el dueño del local al locatario para que este pueda hacer la adecuación y/o modificación del local para dejarlo listo operativamente en todos los sentidos.
8. Fecha de pagos. Fija o analiza la fecha en la que se han determinado los pagos que deberás hacer mes a mes, así puedes organizarte de la mejor manera y evitar algún interés moratorio.
9. Depósitos en garantía. Por lo general siempre hay un monto por depósitos en garantía. Pueden ser 1 mes o 2 meses de

depósito, depende del local y las políticas del arrendador, con esto garantiza que tú como locatario, habrás de pagar todo lo que corresponda y no dejar adeudos en la propiedad. Al término del contrato si no se renueva, este monto que se dejó como depósito en garantía debe ser devuelto al locatario.

10. Aval. En algunos contratos, para plazas comerciales de mayor prestigio y renombre, tu arrendador te pedirá tener un aval, por si en alguna situación te negarás o te retrasas demasiado en hacer el pago de algunas rentas, ellos tengan los títulos de propiedad de alguna persona que en representación tuya pueda hacer el pago de lo que se adeuda, pues normalmente se deja una propiedad como aval. Analiza quién será tu responsable solidario en caso de que lo necesites, pero procura siempre ser lo suficientemente responsable como para no meter en problemas a tus responsables solidarios.

ACTIVIDAD: Analiza minuciosamente el clausulado del contrato. Sobre todo aquellas cláusulas relacionadas con pagos, multas y/o penalizaciones, periodos de gracia para adecuación del local, duración del contrato, medidas del local, etc.

DETERMINA TU PROMOCIÓN

3 HITS PARA PUBLICIDAD

Puede llegar el momento en que tengas el mejor producto, el mejor servicio y el mejor local pero si no logras llevar de manera adecuada tu publicidad, difícilmente la gente podrá conocerte, no sabrán quién eres y tendrán cierta desconfianza de probar tus productos o servicios. Utiliza estos 3 hits en publicidad que puedes incorporar desde ya y no cuestan nada.

1. Enfócate en el servicio y la atención al cliente. Esto será tu mejor publicidad y la menos costosa; la de mayor impacto y la que puedes empezar a realizar desde ya. La gente que se va satisfecha de tu negocio es la gente que hablará bien de tu organización y poco a poco se correrá la voz. Esto es lo que llaman publicidad de boca en boca y puede funcionar tanto de manera positiva como negativa, así es que enfócate en que la gente que atiendas se vaya realmente contenta con tus servicios y productos al grado de que puedan recomendarte con sus familiares y amigos.
2. Utiliza las redes sociales para publicitarte. Analiza cuál va mejor a tu negocio según tu producto o servicio y empieza a generar contenido de valor. No solo ofrezcas tus productos, también ofrece publicaciones divertidas, educativas o informativas a tus seguidores. Si logras canalizar tus publicidades con contenido ideal, en el cual puedas generar interacción de tu público, podrás llegar a más gente y tu contenido puede hacerse viral. Estudia y programa de

forma concreta y certera tu estrategia de marketing en redes sociales, podrás eficientar al grado de que te salga realmente económico ser visible ante los ojos de miles de personas. En un inicio, puedes optar incluso por invertir poco en esta cuestión y enfocarte en que todo el contenido de valor haga su trabajo solo y poco a poco consigas más seguidores.

3. Cuentales a todos. Informa a todo tu círculo social, cuéntale a tu familia, amigos, compañeros y demás personas con las que tengas contacto. Cuéntales lo que estás haciendo y cómo lo haces, quizá ellos puedan ser clientes potenciales o al menos referirte con quien pueda serlo. Pide de manera sincera un apoyo a tu emprendimiento y hazles saber que su apoyo en la difusión de tu negocio con sus conocidos te será de gran ayuda. Pedir ayuda de tus amigos no cuesta nada y en muchos casos obtienes excelentes resultados.

ACTIVIDAD: Diversifica en la mayor cantidad de plataformas sociales tu contenido. Crea una cuenta empresarial en cada plataforma y haz crecer poco a poco tu contenido. Empieza con las más relevantes, puede ser Facebook, Tik Tok, Instagram, Twitter, o cualquiera que consideres ideal para tu industria.

ACTIVIDAD: Informa sobre tu emprendimiento a todo tu círculo social; cuéntale a tu familia, amigos, compañeros y demás personas con las que tengas contacto. Cuéntales lo que estás haciendo y cómo lo haces, quizá ellos puedan ser clientes potenciales o al menos referirte con quien pueda serlo.

AGENTE DIFERENCIADOR

Analiza qué es lo que hace diferente a tu negocio de los demás. ¿Qué hace diferente a tu negocio respecto de tu principal competencia? Piensa que puedes ofrecer o hacer ahora y que no esté haciendo ya tu competencia. Este agente diferenciador será un factor de publicidad crucial con el que te identificaran los clientes entre todo el mercado de posibilidades; tu ventaja competitiva en este aspecto será considerable.

Para hacer que tu cliente prefiera tu negocio debes ofrecer beneficios, tal como sistemas de referidos, monederos electrónicos, un buen servicio, un trato excepcional, alguna cortesía, productos de prueba, muestrarios o la combinación de varios de estos. Muchas empresas te ofrecen una bebida cuando recién llegas, otras tantas te ofrecen cupones para tu segunda compra, algunas más te dan un descuento en tu primera compra o tal vez en tu segunda. Este agente diferenciador es variable en cada negocio y tiene relación estrecha con tu creatividad. Ponte creativo y determina cómo puedes crear ese agente diferenciador en tu negocio. Encuentra aquello que quizá no te cueste mucho pero que sea realmente un detalle interesante para tu cliente, de este modo garantizas que siempre te va a recordar.

Este agente diferenciador debe servirte de publicidad de boca en boca entre tus clientes y orgánicamente poder consolidar el valor de tu marca. Mientras más único y especial sea este agente diferenciador, más rápido llegarás al éxito y cumplimiento de tus metas en comparación con tu competencia.

ACTIVIDAD: Encuentra tu agente diferenciador e incorpóralo en breve a tu negocio para que sea parte de tu publicidad de boca en boca.

DETECTA EL PÚBLICO META

No trates de publicitarte con todo el público o para todo el mundo, no todos son clientes potenciales. Mientras más especializado y cuanto más específica sea la población a la que esté dirigida tu publicidad, mayor probabilidad de éxito tendrás. Conforme vayas cimentando tu negocio, tu nicho puede ir creciendo y expandiéndose, pero en un principio debes tener muy claro cuál es la persona o el tipo de gente a la que te estás dirigiendo. Sé lo más claro y concreto posible y no dejes ningún tipo de ambigüedades, plasma en escrito cuál es tu público meta final, aquel cliente perfecto, aquel cliente ideal que está buscando tu producto para satisfacer su necesidad o problemática. Determina si habrá de ser para un hombre o una mujer, anota qué edad debe tener, a qué se debe dedicar, incluso cuáles son sus ingresos económicos aproximados.

Mientras más específico seas para detectar tu público meta, mayor será el beneficio, pues el conocer tu cliente a profundidad te servirá para que al momento de hacer tus publicidades en redes sociales, puedas filtrar tu información y ser todavía más conciso y preciso en el público meta en el que habrás de llegar. No te enfoques en que te vea todo el mundo, no es necesario. Enfócate en que te vean los necesarios y los idóneos, pues es ahí donde está tu principal nicho de mercado, tu principal oportunidad de vender. Si te enfocas en un sector en específico, incluso el recurso económico que inviertas puede ser menor, pues solo llegas a aquellos clientes potenciales, con quien en verdad vale la pena publicitarte.

Identifica también las actividades, gustos o intereses en común que tienen estas personas, son personas que acostumbran ejercitarse, llevar su auto a lavar, vestir ropa de marca, llevar ropa a lavandería, consumen cierto producto en especial; en fin, los factores en común pueden ser muy diversos, descubre la mayor cantidad de ellos, de tal manera que puedas conocer más sobre tu cliente meta potencial.

ACTIVIDAD: Encuentra los 10 factores, gustos o intereses en común que tiene tu público meta, de tal modo que puedas usar esta información para seccionar tus públicos meta en las publicidades que hagas en redes sociales.

3 TÉCNICAS GANCHO PARA FIDELIZAR CLIENTES

Fidelizar clientes es una tarea complicada si no tienes las herramientas o la guía adecuada. Mediante las 3 técnicas gancho, puedes fidelizar a la mayor cantidad de prospectos y clientes posibles. Usalas independientemente de tu giro y verás la satisfacción en tus clientes cada que te visitan.

1. Referidos. Incorpora en tu negocio algún sistema de referidos, es decir, una manera en la cual los clientes que ya te visitan puedan obtener un beneficio si le cuentan a más personas de ti. Analiza de qué manera puedes implementarlo en tu giro, pero invariablemente, siempre hay una manera. Los referidos son una herramienta poderosa porque son los principales agentes de la publicidad de boca en boca, si adicional a tu excelente servicio les brindas un aliciente por sugerirte, te aseguro que en poco tiempo podrás llegar a mucha gente y por ende tus ventas se incrementarán. Es un proceso, a veces lento pero siempre funciona, no te desesperes, no es inmediato.
2. Monederos electrónicos. Otras maneras de hacer publicidad en la gente que ya te visita es brindándole monederos electrónicos o alguna manera en la que tú agradezcas sus visitas a tu establecimiento. Entre tanta competencia, el que una persona visite tu negocio es de agradecerse; ofrécele a tu cliente un monedero electrónico en el cual ellos puedan obtener beneficio de visitarte a ti y no visitar a la competencia. Analiza qué margen es el más conveniente

según tus utilidades, también considera sí debes brindar el mismo porcentaje a quién paga en efectivo o a quién paga con tarjeta, recuerda que las comisiones con tarjeta bancaria siempre te las va a cobrar tu banco y estarán reflejadas en tu estado de cuenta mes a mes, tenlo en consideración cada que pienses en estos métodos de pago.

3. Cupones. Los cupones puedes brindarlos en descuentos escalonados, quizá puedas ofrecer un cupón con el 10% de descuento en tu segunda compra, otro cupón con el 15% para la tercera compra y para la cuarta compra, un cupón del 20%. Es solo un ejemplo, los cupones puedes ocuparlos según tu ingenio y creatividad.

Cualquiera de estas técnicas logra fidelizar al cliente, lo hace partícipe de tu modelo de negocio y hay un ganar - ganar, tanto para ti como proveedor de productos o servicios como para los clientes que son los consumidores finales.

ACTIVIDAD: Implementa una técnica gancho para fidelizar a tus clientes. Premia a los más frecuentes y/o aquellos que te generan una mayor escala y/o volumen de ventas.

CAPÍTULO 4.

EL PLAN DE NEGOCIO

Cualquiera con un poco de entusiasmo y dedicación puede llegar de un punto A a un punto B. En cambio, un emprendedor educado valora el tiempo y los modos. El emprendedor es un estratega que traza un plan para la consecución oportuna de sus metas.

Vamos muy bien, al momento puedes identificar claramente tu producto o servicio a ofrecer, ya tienes un precio adecuado, una plaza idónea y un plan de promoción atractivo. Has dado pasos importantes para consolidar tu emprendimiento, sin embargo, esto apenas es el inicio. Ahora debes dar forma a tu modelo de negocio. No basta con estar en tu mente o en la mente de los principales colaboradores, debes empezar a cimentar por escrito muchas cosas fundamentales para consolidar tu negocio como una empresa formal y con tendencia al crecimiento.

Vale la pena que estructures la mayor cantidad de procesos en tu modelo de negocio, de tal modo que cada una de las necesidades en tu negocio estén cubiertas y el sistema funcione sin distracciones ni dilaciones. Durante este capítulo, nos enfocaremos a brindar identidad a tu emprendimiento, vamos a crear las bases del ADN empresarial que tendrán todos los colaboradores de tu empresa en un mediano plazo.

Vamos a tocar temas importantes respecto a las finanzas y el juego de números para determinar los más importantes de tu organización, tal como el ingreso, el egreso y por supuesto la utilidad.

Al término del capítulo tendrás los conocimientos necesarios para crear las bases de cualquier empresa, las habilidades para determinar el modelo de negocio ad hoc a tus posibilidades y crear con conocimientos sólidos y verídicos las estrategias financieras óptimas para tu crecimiento y desarrollo.

LOS 3 OBJETIVOS INSPIRADORES DE LA EMPRESA

Para determinar los objetivos inspiradores es necesario que te realices la siguiente pregunta: ¿Cuál va a ser el objetivo de mi nuevo emprendimiento? Desde luego uno de los principales es el obtener libertad financiera, pero recordemos que no todo es dinero y tu emprendimiento debe cumplir con un fin, servir a alguien o erradicar algún problema o necesidad. ¿Cuál va a ser el objetivo de tu empresa? Básate en los 3 objetivos inspiradores de la empresa e incorpora los 3 a tu emprendimiento.

1. Objetivo descabellado. Ten en mente siempre tu objetivo más desafiante o demandante, el máximo logro a cumplir como empresa u organización. Sí de plantear objetivos se trata, siempre tienes que generar varios, pero el principal es el que pareciera imposible de lograr, pero por más complicado o difícil que parezca te gustaría cumplir. Es aquel objetivo que pareciera descabellado y salido de la mente de un loco, pero que sin duda se puede cumplir; es tu máximo o tu meta ideal. Por ejemplo, pudieras decir que tu misión es ser la empresa número uno en comunicaciones y transportes del mundo con presencia en más de 150 países. Sin duda es una meta y objetivo bastante ambicioso pero se puede lograr. No tengas miedo de plantearte este tipo de retos, ese objetivo que pareciera difícil de conseguir y que solo en sueños has de obtener. Créeme que se consigue, a veces tardarás un año, 10, 20, 30 o tal vez 50, pero si desde un principio tienes claro cuál es tu objetivo primordial, el más exagerado, de locos o

descabellado, podrás sentar las bases de tu desarrollo y tu camino a largo plazo.

2. Objetivo empresarial. Posteriormente plantéate el objetivo de saber con certeza ¿Qué problema o qué necesidad vas a atender de la población? Quizá has detectado un producto o servicio que carece en tu comunidad y que tú puedes brindar solución con tu negocio; o porque has detectado que cierto problema interfiere de manera constante con muchas personas, y tú tienes la solución a ello.
3. Objetivo personal. Está encaminado a los valores personales y más intrínsecos de nuestra personalidad. Cómo ser un mejor líder, tener mejores habilidades de comunicación, ser un mejor empresario o un mejor directivo. Es tener claro qué reto o desafío te hace obtener motivación para levantarte día a día y luchar por tu sueño.

ACTIVIDAD: Conoce más sobre los objetivos de la empresa y otros temas empresariales que seguro puedes aplicar en tu emprendimiento en el libro Scaling Up por Verne Harnish y el equipo de Gazelles

MISIÓN, EL GRAN PROBLEMA QUE RESUELVES

Una misión es un escrito de suma importancia que debes crear para especificar que insatisfacción o qué problema es el que estás solucionando a la sociedad o a tus clientes finales, va de la mano con tu objetivo empresarial. Debe estar escrito y redactado de manera clara atendiendo la pregunta de ¿cuál es tu sueño como empresa a largo plazo mientras cumples esta necesidad o problema en tus clientes?. Debes dejar en claro cuál es el cliente meta al que estás enfocado, para que toda persona que lea tu misión sepa si tu empresa habrá de ayudarle a solucionar su problemática o necesidad o es algo totalmente ajeno a sus inquietudes y necesidades. Cuando especifiques quién es tu cliente meta, también debes mostrar ese agente diferenciador, con el cual atraigas a más gente y tu empresa suene agradable desde el momento que leen tu misión.

La misión también abarca los hechos actuales, dejar claro lo que estás creando y para quién estás creando esto. Debe de estar escrito en pocas palabras y conciso, de tal modo que la gente en breves segundos puedan sentirse compenetrados con tu misión. Debes mostrar aquellas bondades o aquel extremo problema que has logrado resolver con tu emprendimiento. No temas y no te desesperes si en un principio no encuentras la frase o la misión adecuada, recuerda que tienes que analizarlo porque la misión dice mucho de tu organización y cómo te perciben no solo los colaboradores sino toda la sociedad en general.

Ejemplos de Misión:

- Google: Organizar la información del mundo y hacerla universalmente accesible y útil.
- Coca-Cola: Refrescar al mundo. Hacer la diferencia.
- Apple: Diseñar las mejores computadoras personales del mundo, liderar la revolución de la música digital y definir el futuro de los medios móviles.
- Nike: Llevar inspiración e innovación a cada atleta del mundo.

- McDonald 's: Proveer un ambiente divertido y seguro donde los clientes disfruten de buena comida con ingredientes de calidad y a precios accesibles.

ACTIVIDAD: Crea la Misión de tu emprendimiento. Determina cuál es tu sueño como empresa a largo plazo mientras cumples una necesidad o problema en especifico en tus clientes.

VISIÓN, TU PROYECCIÓN EN EL TIEMPO

Cuando redactas tu visión, debes expresar en una manera clara qué es lo que le dará forma a tu objetivo en ese largo plazo, es decir cómo lograrás conseguir esa meta que te has planteado. Es especificar cómo te ves como empresa u organización en un futuro; al tener en claro cómo te ves en un futuro todo tu personal podrá hacer suya la visión y luchar día con día para hacer que se cumpla.

La visión debe ser una frase memorable en la cual expreses para dónde vas, cuál es tu sueño máximo. Recuerda que esta visión habrá de ser todo el tiempo apoyada por el equipo y por el paso de las generaciones. Tiene que ser aquella frase motivadora con la cual todos en la empresa sepan de manera realista y concisa qué es lo que tienen que hacer para hacerlo cada vez mejor o para cumplir ese objetivo descabellado, esa visión máxima a largo plazo que se ha impuesto la empresa.

Visión de grandes empresas:

- Google: Proporcionar acceso a la información del mundo en un solo clic.

- Coca-Cola: Ser un ciudadano global, responsable, que hace su aporte para un mundo mejor.
- Apple: Hacer excelentes productos y poner el foco en la innovación.
- Nike: Permanecer como la marca más auténtica, conectada y distintiva.
- McDonald 's: Ir hacia un crecimiento rentable y mejorar para servir comida deliciosa a más clientes, cada día y en todo el mundo.

ACTIVIDAD: Crea la visión de tu emprendimiento. Expresa con una frase memorable para dónde vas, cuál es tu sueño máximo.

VALORES, TU GUÍA MORAL DE ACTUAR

Con los valores debe quedar claro cómo es que tu empresa y tu organización deben trabajar. Debes dejar en claro cuáles son las cuestiones más importantes y más valorables para el éxito de tu organización. Debes dejar por sentado y de manera clara qué actitudes y servicios son los que más se apreciarán, para que tus seguidores, colaboradores y también tus clientes sepan cuáles son tus agentes diferenciadores. En esos valores debes especificar cómo quieres que te perciba la sociedad y cómo deben actuar cada uno de tus colaboradores.

Para que los valores de una organización queden bien sentados y aprehendidos en el ADN de la organización, deben ser cumplidos y aplicados en las acciones de todos los miembros, sobre todo en los más altos rangos, como directivos y hasta llegar al último rango del escalafón organizacional. Los directivos son los principales que deben sentir cada valor que tiene la organización para que posteriormente sean aceptados y replicados por el resto del equipo. Los valores se aprenden con actitudes, con tu actuar diario, no solo con juntas y manuales que indiquen dichos valores.

Valores de grandes empresas:

- Google: Aprendizaje, éxito e inclusión.
- Coca-Cola: Liderazgo, colaboración, integridad, responsabilidad, pasión, diversidad y calidad.
- Apple: Excelencia, enfoque, desarrollo e innovación.
- Nike: Innovación, trabajo en equipo, sustentabilidad e impacto social.
- McDonald 's: Calidad, responsabilidad, unión y mejora.

ACTIVIDAD: Crea los valores medulares de tu organización. Determina cómo quieres que te perciba la sociedad y cómo deben actuar cada uno de tus colaboradores.

ESPECIFICA EL TIPO DE MERCADO Y CLIENTE FINAL

Conocer el tipo de Mercado y cliente final al que estarás dirigido te brindará grandes pautas y muchas pistas para determinar cómo debes actuar, cómo debes vestir y en general como habrán de ser todos tus procesos. No es lo mismo ofrecer tus productos a un adulto de la tercera edad que a un adolescente, no es lo mismo vender a un hombre que a una mujer. Siempre habrás de tener claro cuál es el tipo de mercado que estará comprando y adquiriendo tus productos regularmente. En razón de lo anterior, debes tratar de encaminar todos tus esfuerzos para que la comunicación y en general todo lo que ofreces a tu cliente sea con la intención de brindarle satisfacción, posteriormente obtener compras recurrentes de parte de cada uno de ellos. Debes estar a la altura de las expectativas del cliente e incluso superarlas.

Sea cual sea tu mercado o cliente final, hay ciertos factores que deben de ser fundamentales en las operaciones de tu establecimiento, como el hecho de estar presentable y aseado, el ser amable y proactivo, el tratar de solucionar la necesidad del cliente etc. Al conocer al tipo de mercado podrás identificar qué tipo de clientes estarás recibiendo y con quienes estarás tratando regularmente. Podrás determinar si es gente realmente educada e instruida o quizá pueda ser gente que apenas esté cursando niveles básicos de educación. La comunicación siempre es muy importante y tienes que identificar a qué tipo de persona te vas a dirigir. Si bien es cierto todos merecemos un respeto independientemente de nuestra edad o escolaridad, si tienes que analizar a tu cliente, sobre todo su edad, sexo, grado de estudios, intereses etc. A partir de esto, podrás determinar cómo comunicarte. No uses palabras rimbombantes, extravagantes o demasiado técnicas con un adolescente que probablemente no las entienda, de igual manera no utilices términos coloquiales con alguien que es un profesional en cierto ramo.

Reconocer al ramo al que estará dirigido tu negocio también te dará pautas para saber en qué horario habrás de abrir y cerrar tu negocio; además sabrás en qué horarios tendrás mayor afluencia de gente, es en esos momentos en que debes enfocar tus energías para satisfacer las expectativas de esos clientes.

ACTIVIDAD: Reconoce tu tipo de mercado o cliente final. Redacta en al menos media cuartilla tu mercado o cliente final, se lo más específico posible y no descuides nada, agrega tantos detalles como te sea posible. Recuerda que el conocimiento es poder, mientras mejor conozcas y logres identificar a tu cliente, mejor preparado estarás para poder abordarlo y garantizar ventas recurrentes.

ANÁLISIS DE RENTABILIDAD Y PORCENTAJE DE GANANCIA

El mejor emprendedor es aquel que conoce sus números, sus variables y sabe promediar y generalizar su utilidad. Para encontrar tu margen de utilidad y en general conocer más sobre tu negocio, debes tener en en consideración las siguientes variables:

1. Costo de materia prima o precio costo del producto.
2. Costo de transporte y paquetería. Desde que recibes del proveedor hasta que lo pones en el anaquel para venderlo al cliente final.
3. Impuestos. Considera los impuestos que aplica el gobierno en tu país.
4. Publicidad. Analiza lo que gastas en publicidad para llegar a tus clientes finales.
5. Mermas. También considera un pequeño porcentaje para mermas, porque siempre puede suceder.

6. Precio público final. Derivado a investigaciones de mercado se determina el precio público final promedio.

Al finalizar y contabilizar todas estas variables que son las más importantes, podrás tener una mejor idea y un panorama más amplio de cuál es el porcentaje de utilidad en tus productos. Analiza cuáles son aquellos en los que tienes mayor utilidad y enfócate en ellos, pues son los que mayores ganancias te brindan.

Mediante un promedio de las ventas en un periodo determinado, debemos restar los gastos fijos y variables de nuestro negocio. El resultado es un aproximado de nuestras utilidades. Este resultado nos brinda certeza para determinar si el negocio está siendo rentable o por el contrario está en números rojos.

Los porcentajes de ganancia que determines a tus productos o servicios serán un factor fundamental para analizar si están siendo los adecuados para lograr la rentabilidad necesaria. Recuerda investigar los precios en el mercado para que no te excedas en cuanto al precio público promedio que se ofrece en la zona.

ACTIVIDAD: Utiliza la tabla de excel llamada "Cálculo de Utilidad", la encuentras en www.filosofiaemprendedora.com Mediante tus ventas y restando tus gastos fijos y variables, podemos obtener las utilidades aproximadas.

3 FUENTES DE FINANCIAMIENTO POTENCIALIZADORAS

Tener un financiamiento siempre será de gran ayuda para garantizar que los gastos operativos se cumplan en un inicio y no haya problemática económica o financiera que impidan que continúes con tu desarrollo. En el mediano plazo ese financiamiento también se puede invertir para hacer crecer el negocio. Una ayuda económica puede ser fundamental para potencializar y detonar el desarrollo. Conoce las 3 fuentes de financiamiento potencializadoras:

1. Apoyos Gubernamentales. Investiga si en tu comunidad hay algún apoyo o incentivo hacia aquellas personas que están iniciando su negocio. En algunas ocasiones los gobiernos estimulan el desarrollo de las micro y pequeñas empresas, pues las empresas son el motor de la sociedad, económicamente hablando. Investiga en la secretaría de economía, ahí pueden informarte si hay algún crédito disponible o algún financiamiento. En algunos sectores, el gobierno incentiva la creación de ciertas empresas, que ya sabe mediante estudios previos, que van a ayudar a la sociedad. Por ejemplo, las energías limpias o renovables. Investiga qué tipo de beneficios puedes obtener según tu régimen fiscal y según el giro o industria de tu negocio.

2. Inversionistas o socios. Quizá una de las maneras más efectivas para poder financiarte. Lo más importante a considerar antes de conseguir un inversionista o socio, es que encuentres a una persona que se complemente a

lo que actualmente tú eres. Evita asociarte con gente que sea muy similar a ti. Recuerda que los mejores equipos están formados por diversas personas y cada una de esas personas atiende diferentes cosas según sus habilidades y potencialidades. Busca un inversionista que además de financiarte, pueda ayudarte con su experiencia. Si solo te asocias con alguien por el capital que va a aportar, asegúrate dejar en claro cada uno de los aspectos que tendrán que ver con el pago de utilidades, pues tarde o temprano tu negocio debe generarlas y más vale que se deje bien claro cuánto corresponde a cada uno de los inversionistas. Lo anterior es en la mejor de las circunstancias, pero si por azares del destino, estuvieras en números rojos, deben dejar por escrito todo, incluso cuánto aporta cada quien respecto a las pérdidas. En una sociedad ayuda mucho saber y dejar en claro cuál es la responsabilidad de cada quien, es por eso que debes elegir sabiamente quién será tu socio. Formaliza ante la instancia gubernamental competente o ante algún notario la sociedad que habrás de crear. Apóyate de algún abogado, vale la pena hacer esta inversión, pues formalizas y aseguras los derechos y responsabilidades de los socios en cuanto al patrimonio. Si desde un principio dejan claro cómo se manejarán las responsabilidades y los derechos, habrás dado un gran paso en la cimentación de tu negocio, no lo dejes para cuando ya sea exitoso o demasiado tarde. Mientras más pronto lo hagas más fácil será, si te esperas y dejas que pase el tiempo habrá muchos problemas de intereses y puede resultar más complicado hacer este tipo de cálculos. Desde un principio estipula que es lo que está aportando cada quien ya sea capital de trabajo, ya sea experiencia o ya sea algún producto, lo que sea que esté aportando cada socio déjalo por escrito y regulado ante una instancia competente que pueda interceder ante cualquier incongruencia o controversia. Ten presente que los documentos que certifican las aportaciones de cada socio son muy valiosos, debes darles especial cuidado. Para añadir seguridad, añade las huellas digitales de los inversionistas en cada contrato. Debes archivarlos y ponerlos con algún protector de hoja para que se preserven la mayor cantidad de tiempo. Si tienes posibilidad de digitalizarlos, hazlo. Escanea y guardalos en tu nube o espacio de almacenamiento en internet, de este modo, los puedas tener disponibles cada que se requiera. TIP: Investiga más sobre los contratos de asociación y participación, ese tipo de contratos podrán ser de gran ayuda para ti.

3. Fondeo Colectivo Fintechs. El internet ha crecido de una manera descomunal. Aplicaciones de gran renombre a nivel mundial han aprovechado esta herramienta para unir a una persona que ofrece "algo" con otra que necesita ese "algo". Hay empresas de alojamiento que fungen como nexo entre un propietario que da en renta un espacio para alguien que necesita un espacio para vivir un tiempo o vacacionar. Lo mismo sucede con este tipo de fondeos colectivos. Existen empresas que realizan préstamos y lo pueden realizar mediante un fondeo colectivo que consiguen mediante la tecnología implementada en su aplicación o página web. Si tú requieres un préstamo, haces tu solicitud, y si después

del proceso de selección fueras acreedor al préstamo, tu necesidad economica sale en la plataforma y tienes la posibilidad de obtener fondeo colectivo con cientos de personas decididas a invertir en ti y que pueden cooperar a tu solicitud de préstamo y hacerte un micro préstamo. Al cabo de varios cientos de micro préstamos de muchas personas, se cumple tu necesidad económica solicitada. Las fintechs que realizan este tipo de actividades deben estar reguladas ante el gobierno local, y tener certeza del porcentaje de cartera vencida que tienen. Analiza qué porcentaje de cartera vencida tienen, y si es un porcentaje muy alto, significa que los usuarios que solicitaron préstamos no están haciendo los pagos en tiempo y forma. Lo anterior puede ser derivado a un mal manejo de la empresa o de los procedimientos en cobranza. Certifica y aprende más sobre las fintechs disponibles en tu comunidad y comprueba la veracidad de lo que ofrecen.

ACTIVIDAD: Investiga si en tu país el gobierno ofrece algún tipo de ayuda, estímulo o subsidio según tu régimen fiscal, giro o industria.

ACTIVIDAD: Si decides asociarte, deja en claro los derechos y responsabilidades de los socios, así como el porcentaje de participación tanto en las utilidades como en las pérdidas. Dale validez oficial a tu contrato con un notario certificado.

ACTIVIDAD: Investiga si puedes verte beneficiado con el apoyo económico recibido mediante un préstamo de un fondeo colectivo.

CAPITAL INICIAL

Con tu capital inicial podrás comprar todos tus insumos, material de trabajo, mano de obra, rentas, impuestos y demás gastos fijos y variables que pueda generar tu negocio para su óptimo funcionamiento.

Un detalle muy importante a considerar es si tu idea o emprendimiento lo vas a desarrollar como único inversionista o bien, tendrás algún socio. Si es por tu cuenta podemos dar paso a realizar los cálculos correspondientes que te explicaré más adelante. Sin embargo, si estarás con algún socio vale la pena pactar todos los detalles en un contrato. Un contrato muy sencillo de hacer y que tiene validez oficial, es el contrato de asociación por participación, en la cual entran dos figuras: un asociante y un asociado. Un asociante es quien prácticamente desarrolla el negocio (a menos que se estipule en el contrato lo contrario), es decir, es el director general y guía las riendas del negocio bajo las políticas que éste determina. Este personaje asociante es quién se encuentra registrado ante hacienda y es quién paga los impuestos relativos al negocio.

Por otro lado se encuentra la figura del asociado. Este personaje es quien aporta capital y/o servicios y no necesariamente tiene que estar registrado ante hacienda. Normalmente en el contrato se pacta con cuánto capital inicial se inician operaciones. El asociado, quien aporta el capital y servicios, debe garantizar que su contraparte, el asociante efectivamente está dado de alta ante hacienda y que es una figura física legal y en facultades para celebrar un contrato. La parte asociada, sugiero sea quién aporta el capital, las ideas y toda aquella experiencia que pueda hacer que el negocio se desarrolle; el asociado aquel que destina su tiempo e ideas para desarrollar en lo operativamente necesario al emprendimiento.

Ahora bien, si vas a desarrollarte como inversor único te sugiero proceder a hacer tu lista de gastos iniciales. Vale la pena analizar qué productos e insumos son los básicos que requieres para operar. Lo interesante del proyecto es que conforme se desarrolla la idea, los gastos y necesidades van creciendo acorde a tus ventas, así es que no te preocupes con empezar con muy poco, más bien ocúpate en empezar con lo necesario operable, las ganancias se irán reflejando día con día, siempre y cuando seas muy puntual en el pago de tus gastos y seas responsable en el manejo de tus recursos.

Crea una tabla de excel que te permita usar y manipular datos para obtener un aproximado en tus gastos iniciales, tendrás claro cual es tu capital inicial requerido. En primera instancia, puedes agregar a la tabla tus gastos variables y tus gastos fijos, tus costos de productos, el costo de todo tu mobiliario y gastos de adecuación, gastos gubernamentales, gastos administrativos y/o gestoría, etc. Para hacerlo correctamente y no omitir ningún gasto, trata de hacer una simulación mental de lo que necesitarías para operar durante la primera semana, el primer mes o según lo que requiera tu nueva idea de negocio.

ACTIVIDAD: Desarrolla una tabla en Excel que te permita saber tu capital inicial necesario para iniciar operaciones. Descarga la tabla guia en www.filosofiaemprendedora.com "Tabla de gastos iniciales de operación"

PUNTO DE EQUILIBRIO

Al inicio de tu negocio o emprendimiento todos tus esfuerzos habrán de estar dirigidos a cuando menos alcanzar el punto de equilibrio. No cometas el error de muchos emprendedores de no saber qué es el punto de equilibrio y cómo encontrarlo.

El punto de equilibrio es esa cantidad de venta diaria que tienes que alcanzar para que al final de mes logren cubrir todos los gastos tanto fijos, variables u operativos del negocio. Todo lo que se logre vender arriba de esta cantidad o punto de equilibrio será parte de la ganancia antes de los impuestos.

Mediante la tabla "punto de equilibrio" que podrás encontrar también en nuestra página web y que podrás descargar, te ayudaré a encontrar tu punto de equilibrio tomando en consideración cuál es el porcentaje o margen de utilidad que obtienes de la venta de tus productos o servicios, además, también vamos a considerar el costo de los gastos fijos y variables. Por último y derivado a los datos anteriores obtenidos, podemos determinar cuál será el monto final de ventas que debes conseguir para que se cumpla el punto de equilibrio y no entres en números rojos o simplemente no tengas que seguir invirtiendo.

Si no tienes en consideración cuáles son los objetivos y los requerimientos mínimos, nunca sabrás para dónde dirigirte y estarás perdido, no sabrás para dónde enfocar tus esfuerzos y cada esfuerzo será en vano. Sin embargo, sí desde un principio ya tienes claro cuál será tu mínimo de venta a alcanzar, te aseguro que la conseguirás de manera más fácil y estarás enfocado en conseguirlo. Con el paso del tiempo te sorprenderás al ver como poco a poco se rompen records: El ticket de venta más alto, el valor del ticket promedio, el día de mayor venta, etc.

Tomando como referencia tu punto de equilibrio por día, determina metas de venta para ti o para tu equipo. Esto compromete al personal a lograr los objetivos y les mantiene motivados cuando se logra la meta. Si no se logra, podrás analizar donde estuvo el error y determinar los ajustes necesarios que debas realizar. Premia a quien se esfuerza y cumple o sobrepasa las metas y/o expectativas. Este es un excelente aliciente y es un método efectivo de ganar - ganar tanto para el emprendedor como para los colaboradores de la organización

ACTIVIDAD: Descarga la tabla de excel "Punto de equilibrio" en www.filosofiaemprendedora.com en donde pondrás tus números generales para conocer tu punto de equilibrio tanto por día como por mes. Ten siempre presente esta cantidad y busca maneras de hacer crecer tu venta para que logres mayores utilidades.

PROYECTAR LOS GASTOS A 3, 6 Y 12 MESES

Para iniciar tu negocio, debes tener claro todos los gastos tanto fijos como variables que habrá de hacer tu organización mes a mes, de tal manera que puedas determinar cuánto necesitas destinar al cabo de 3 meses, 6 meses y un año de operaciones. Toma en consideración todos los gastos que se te ocurran pues es mejor tenerlos en consideración ahora a que por el contrario, te tomen por sorpresa y en un momento inoportuno. Ante estas proyecciones podrás determinar cuánto es el capital que tienes disponible para destinar a otros rubros como por ejemplo el marketing, en nuevos productos o servicios que hagan más completo y robusto tu negocio y que el día de mañana garanticen un mejor servicio y atención a tus clientes. Esto es parte del crecimiento y fortalecimiento de la marca.

Teniendo en consideración el listado de gastos, podrás complementar perfectamente tu estrategia de crecimiento tomando también en consideración tu punto de equilibrio, pues podrás encontrar cuál es el punto en ventas que quieres conseguir para que tu negocio se mantenga en pie. Una vez conseguido, podrás empezar a tener utilidad y esa utilidad podrás destinarla en las áreas más débiles de tu organización o en las que se requiere una especial atención, para poco a poco fortalecerla.

Tener una clara proyección de los gastos te brinda una excelente herramienta de visualización, donde poco a poco vas esclareciendo el panorama de tu organización. No hay mejor manera de crear el futuro que visualizando. Los hábitos de visualizar y después programar con los números claros te van a garantizar resultados de excelencia. No solo es visualizar un panorama ideal, si no que se tiene que visualizar tomando en consideración los datos reales y medibles de tu organización, todo con hechos y números certeros.

ACTIVIDAD: Proyecta los gastos de 3, 6 y 12 meses. Analiza si durante el proceso puedes destinar algo a proyectos o inversiones especiales que fortalezcan tu organización en un corto o mediano plazo.

TRIDENTE DE PODER PARA POSICIONAMIENTO DE MARCA

Si quieres que tu marca se posicione con éxito, tienes que unir tu talento con un diseñador y con un gestor de redes sociales. Juntar tu capacidad de dirección, tu conocimiento de la industria y del negocio en general debe conjugarse con la habilidad artística de algún diseñador gráfico, así como con la destreza y creatividad de alguien que pueda ayudarte en las redes sociales. Desde luego, si estás empezando, habrás de ocupar los tres puestos tú mismo. Ten en consideración que conforme vaya siendo tu crecimiento y desarrollo, estos talentos serán primordiales para ir concretando un branding o imagen de marca de excelente calidad.

Plasma tus ideas y trata de compartirlas con un diseñador que pueda darle forma, que pueda orientarte sobre aquellas cuestiones en colores y diseños que vayan más adecuados a lo que quieres expresar; además, el diseñador podrá darte las imágenes en los tamaños correctos según la plataforma social en la que habrás de utilizar el contenido. En conjunto con la parte creativa de diseño y la persona que te ayude en el marketing, principalmente de redes sociales, identifiquen de qué manera pueden hacer que la gente interactúe más con las publicaciones del negocio. Lanza alguna pregunta creativa a tu público para fomentar la interacción. Recuerda añadir una imagen sugerente y cautivadora que los motive aún más a interactuar.

Dirección, imagen y marketing son un tridente poderoso. Son los talentos que en un principio brindan el cimiento a la organización para que poco a poco y con el paso de los días, la empresa genere una mayor confianza en los clientes, tengan una excelente referencia de tu reputación y por consecuencia el valor de marca esté claramente posicionado en la mente de tus consumidores o posibles clientes.

ACTIVIDAD: Une a tu organización el talento de un diseñador y alguien que te ayude en marketing digital.

PLASMAR TU IDEA DE ÉXITO MEDIANTE EL TALENTO DE UN DISEÑADOR

Un diseñador aporta sobremanera a una organización. Esta pieza clave de tu organización, es el artista que da a tu empresa u organización ese aporte creativo y emocional a la imagen de tu negocio. Además de eso, le brinda la identidad necesaria que cualquier negocio formal y establecido requiere para sobresalir y diferenciarse de la competencia.

Trata de identificar cuáles son las cosas, tareas o pendientes principales de atender y en las que quieres que tu diseñador trabaje. Recuerda que el diseñador no es adivino y si quieres garantizar el éxito en los diseños o en los trabajos que habrá de realizar, debes brindarle en primera instancia una pauta sobre qué es lo que necesitas: un cartel, tarjeta de presentación, imagen exterior, un banner, etc. Como segundo punto debes describir para qué lo quieres, es decir cuál es el objetivo que buscas lograr concretando este producto o servicio que va a desarrollarte. Como último punto expresa de manera clara cómo lo quieres, o como te gustaría que se viera una vez concluido.

Se detallado y muy explicito en cuanto a las palabras que utilices para describir tus proyectos en los que necesites que te apoyen los diseñadores, de esta manera podrás transmitir tu conocimiento y hacer que tu idea de éxito se plasme lo más cerca posible a lo que estás pensando; el diseñador podrá agregar su talento y creatividad a lo que tú le has brindado y en conjunto lograr una imagen de marca excepcional.

Una vez concretados los servicios que te brindará el diseñador, es importante que tengas documentos legales en donde se expresen los acuerdos que se están contrayendo entre tú y el diseñador. La intención siempre es protegerte y siempre estar preparado para lo peor. Imagina que tu negocio crece y se vuelve internacional. Tu diseñador te hizo el logo y demás detalles visuales que forman parte de tu imagen corporativa, pero nunca firmaron la cesión de derechos de los servicios y/o productos creados por el diseñador. El diseñador, con todo su derecho, puede exigir las regalías por el uso de su marca. Evita sorpresas y se claro con el pago de los honorarios correspondientes, de tal forma que tú como director o dueño de marca, puedas garantizar que los productos y servicios obtenidos por parte del diseñador pasarán a ser parte de la empresa que representas a cambio de una contraprestación previamente pactada por mutuo consentimiento. La intención siempre debe ser ganar - ganar y evitar sorpresas desagradables.

ACTIVIDAD: Firma un contrato de contraprestación de servicios con tu diseñador de confianza. Estipula el clausulado más importante para garantizar un ganar - ganar.

ACTIVIDAD: Retroalimenta constantemente al diseñador. Brindale evaluaciones efectivas en pro de que él o ella plasme de mejor manera la idea de negocio que tienes en mente, la identidad y el ADN de marca que solo tú conoces y que hasta este momento, solo está en tu mente.

BRANDING, 5 HERRAMIENTAS PARA VENDER MÁS

Todo negocio debe cuidar de su imagen y lo que transmiten al cliente. Deben tener una imagen que comunique a sus clientes efectivamente el mensaje que quieren transmitir según el giro del negocio, que vaya acorde a los colores de la empresa, que refleje profesionalismo y también pulcritud.

El branding implica como construyes la imagen de tu empresa, enfocándote en cómo quieres que el cliente visualice todo lo relacionado a tu negocio. Esto implica 3 momentos importantes:

1. Pre venta. Durante la preventa es como el cliente se entera de tu negocio y cómo poco a poco van incrementando sus deseos de visitarte, porque se ha enterado que en tu negocio se ofrece el producto que está buscando. Si al cliente le llamó la atención tu negocio es porque seguramente le llamaron la atención los colores exteriores de tu local, o tu anuncio, tus publicaciones en redes sociales o aquellas cosas que forman la imagen exterior de tu negocio.
2. Venta. Durante la venta, son todos los estímulos que el cliente puede percibir con sus sentidos al llegar a tu establecimiento y que forman parte de tu marca, de

tu esencia como negocio, que invariablemente de que sucursal visite, el estímulo debe ser el mismo.

3. Post venta. Todo lo que haces para mantener la comunicación efectiva con tu cliente. Los medios que usas y que compartes por esos medios. Quizá cupones personalizados, tarjetas de fidelidad, correos electrónicos, etc.

Tanto previo como durante y post venta, todos estos detalles forman parte del branding y lo que tu organización expresa al público; son muy importantes pues generan un perfil, un aspecto en la mente de tus clientes sobre tu negocio. Si es positivo el estímulo que recibe el cliente al visitarte, seguro es porque las mayores cuestiones de tu branding han sido atendidas de manera correcta. Todo lo que se pueda percibir por los sentidos del cliente forman parte del branding: olores, colores, sonidos, texturas y sabores.

Para afianzar tu branding y consolidar cada vez más tu marca, utiliza las 5 herramientas de branding para vender más:

1. Aroma. Lograr que cuando el cliente llegue a tu negocio, pueda percibir un aroma fresco y agradable. Investiga por difusores especiales para negocio y empresas que se dediquen a distribuirlos.
2. Exhibidores. Exhibe tus productos en muebles únicos y llamativos. Que sean adecuados a lo que deseas mostrar.
3. Uniformes. Refleja profesionalismo y unidad en todo el equipo de trabajo.
4. Imagen Corporativa. Cualquier tipo de imagen y/o formato que sea utilizado para estandarizar la imagen y/o los documentos oficiales del negocio.

5. Música. Logra un ambiente acogedor y de confianza para tus clientes mediante música alegre y en tendencia. Elige el volumen adecuado.

ACTIVIDAD: Afianza tu marca atendiendo tu branding. Identifica cuál de las 5 herramientas de branding para vender más puedes agregar a tu negocio para que el cliente reciba múltiples estímulos positivos cuando te visita.

IMAGEN CORPORATIVA

La imagen corporativa que se incluye en las imágenes, en los letreros, en las tarjetas o en las imágenes que compartes en tus redes sociales dicen mucho de tu empresa u organización. Si logras crear una imagen corporativa ad hoc a tu branding, la gente tendrá certeza de que eres una organización profesional y confiable. Si el contenido que brindas a tus seguidores además de lo anterior es recurrente, vas a generar una gran fidelidad de marca por parte de tus clientes, estarás presente siempre en sus mentes.

El diseñador será el principal responsable de generar todo este tipo de contenido: desde marcas de agua para tus imágenes, contenido que habrás de publicar cada determinado tiempo en tus redes sociales, generación de tarjetas de presentación, páginas membretadas y en general que te ayude en todo lo necesario para dar una excelente imagen de tu negocio u organización al mundo.

Procura que la generación del contenido antes mencionado cambie cada cierto tiempo, para que no se vuelva obsoleta y aburrida ante la percepción de los clientes. Determina un tiempo ideal, procura que no pase más de ciertas semanas o meses, según tu giro o industria, para que realices un cambio en la imagen. Designa también los contenidos básicos necesarios por temporada del año en cuanto a las estaciones, como ocurre con los catalogos de zapatos primavera-verano; o las festividades más representativas en el sector en el que te encuentras, como la navidad, las vacaciones de verano, el dia del amor y amistad, etc

Las acciones más importantes a desarrollar para tener una excelente imagen corporativa son las siguientes:

1. Determinar tus colores corporativos.
2. Seleccionar tus tipografías de marca.
3. Crear tu logo.
4. Implementar tus uniformes.
5. Desarrollar toda tu papelería (folletos, tarjetas, membretes, etc).

Estas actividades debes desarrollarlas en conjunto con tu diseñador para crear el manual de imagen de marca. A grandes rasgos en este manual se expresa el uso adecuado de los colores, las tipografías y los logos. También los uniformes y demás detalles visuales del negocio.

➡ **ACTIVIDAD:** Crea en conjunto con tu diseñador de confianza el manual de imagen de marca de tu organización.

➡ **ACTIVIDAD:** Conoce más sobre los colores y cómo repercuten en tu branding y la identidad de marca que reflejas a tus clientes

UNIFORMES, LOS 2 FACTORES

Los uniformes son una poderosa herramienta de ventas y de branding, porque cuando tu cliente percibe al staff o equipo de trabajo alineado con la marca, le genera certeza y confianza y sabe que está en un lugar que está bien pensado y bien estructurado, por profesionales o expertos en el ramo o industria.

El éxito al crear un diseño y/o forma de uniforme debe implicar pensar en cada detalle de tu prenda. Para lograrlo debes considerar atender los 2 factores principales de un uniforme:

1. Percepción del cliente. Cómo lo percibe el cliente mediante los colores utilizados, el diseño y la forma única.
2. Percepción del colaborador. La percepción que genera la prenda en cuanto a la comodidad, el tipo de tela, etc.

Sería una excelente inversión si logras que tus colaboradores puedan sentirse cómodos y que a la vez la tela y/o los materiales de fabricación sean duraderos, porque con el tiempo, estos uniformes seguirán haciendo su labor de venta día con día, siendo la imagen principal de los colaboradores que atienden a tus clientes. Procura tener también un stock necesario de estos uniformes, incluyendo las tallas que creas que son las más comunes para ti o tu personal.

Si deseas que tus colaboradores estén obligados a presentarse con uniforme, tu organización o negocio debe proporcionarles el uniforme. Derivado a lo anterior, te sugiero que les brindes una dotación al personal cada cierto tiempo. Analiza qué tiempo es el más prudente según el tipo de actividades. Evita que las prendas luzcan desteñidas o que no sean acorde a la talla de tu colaborador, porque esto lejos de ayudar, dará una mala imagen y aspecto a tus clientes. Procura que el hecho de usar uniforme sea algo que les dé mayor vista y pulcritud a tus colaboradores, que reflejen profesionalismo.

ACTIVIDAD: En conjunto con tu diseñador, crea los uniformes de tu personal. Atiende los 2 factores principales a considerar al crear uniformes.

ESTRUCTURA ORGANIZACIONAL, DEPARTAMENTOS BASE

Para crear una estructura organizacional habrás de pensar en todos y cada uno de los detalles que hacen que toda la organización en conjunto funcione de manera engranada y sistemática, como si fueran un reloj suizo. Para lograrlo, debes tener claro y en orden el escalafón jerárquico de tu empresa. Considera a todos y cada uno de los miembros o puestos que hacen que la organización sea posible y marche en orden, agrega desde el director general (lo que te convertirás y lo que ya eres desde el momento en el que empiezas a crear tu organización) hasta el último peldaño organizacional del negocio, es decir aquellos colaboradores que recién se integran al equipo de trabajo y que por lo general tienen las tareas operativas como ventas o atencion al cliente.

Haz un análisis e identifica cuáles son los departamentos más importantes para tu organización y poco a poco estructura cada departamento hasta conformarlo con el personal ideal. Los siguientes departamentos son mis sugerencias respecto al orden de incorporación y representan la base de cualquier organización sólida.

1. Contable. En primera instancia, sugiero incorporar el departamento contable, ya sea un contador externo o alguien que ya trabajé en tu organización con conocimientos teóricos y prácticos contables. Por lo general para empresas de reciente creación recomiendo que sea un externo, pues te será menos oneroso.
2. Diseño y marketing. Como hemos visto en temas anteriores, un departamento que no puede faltar desde el inicio de tu organización es el departamento de diseño y marketing, pues es con el que habrás de generar la publicidad necesaria para que la gente te conozca. Analiza cuáles serán los canales ideales y poco a poco empieza a desarrollar los métodos y estrategias de venta que seguirás en el corto, mediano y largo plazo.
3. Recursos Humanos. Indispensable para mantener una buena gestión conforme al crecimiento de la organización.

Cuando tengas contemplado hacer una estructura organizacional, ten en consideración cómo será tu tipo de crecimiento y desarrollo. Sí tendrás un crecimiento del tipo franquicia que te ayude abriendo más puntos de venta, tendrás que crear dos estructuras organizacionales: una que te servirá para la unidad de venta o sucursal y otro que habrá de servirte para tu corporativo, aquel lugar que tendrá centralizada toda la información de la organización en cuanto a todo lo operativo y administrativo de tu sistema.

Procura que tu estructura organizacional sea clara y sencilla, que de manera concisa se pueda determinar quién es el responsable de rendir cuentas por cada área o departamento de tu empresa.

Conforme avanza el tiempo y la necesidad, podrás ayudar a tus líderes de área asignándoles otras personas que puedan ayudarles a la consecución de los objetivos y metas.

Lo más importante es que quede claro quién será el responsable de cumplir, si no hay un encargado de rendir cuentas, nunca podrás encontrar el responsable de solventar o subsanar dicho problema. Recuerda que la mayoría de los problemas se generan por una falta de liderazgo, entonces debes analizar muy bien quienes son las piezas clave en tu negocio, que son los líderes de cada una de estas áreas y cada uno de estos departamentos que habrás de crear, para que en caso de que no cumplan con los estándares, lineamientos o metas encomendadas, puedas hacer cambios en tu organización para corregir el camino.

ACTIVIDAD: Crea la estructura organizacional de tu emprendimiento con los departamentos base u otros que consideres necesarios según el panorama de crecimiento de tu negocio. Asigna a los responsables de rendirte cuentas por cada departamento.

PERSONAL ADECUADO

Cuando de buscar al personal indicado para tu emprendimiento se trata, debes ser muy cuidadoso. Recuerda que la persona que tiene la responsabilidad de contratar funge una actividad primordial y de gran valor a la empresa, pues es la encargada de reclutamiento de todos los talentos. Una persona que no esté preparada para reclutar a la persona indicada, sin saberlo, puede hacerte perder mucho dinero y también tiempo y esfuerzo. En cambio, si la persona que está como encargada de reclutar comprende a cabalidad los valores, principios, misión y visión de la empresa, te aseguro que tu emprendimiento conseguirá más rápido los resultados, porque el crecimiento de toda organización es a razón de la calidad de su gente. Lograrás con mayor eficacia los objetivos si en tu grupo de trabajo hay personas comprometidas y que conocen la visión del negocio, que asimilan y cumplen de la mejor manera posible sus responsabilidades. Comunica constantemente al equipo cuáles son las metas y los objetivos a cumplir, de tal modo que pueda quedar bien trazado en las mentes de cada colaborador lo que deben hacer, qué responsabilidades tendrán durante el proceso para garantizar el éxito en el cumplimiento del objetivo.

Ya sea que en un principio tú seas el responsable de reclutar o en un futuro tengas a un encargado, el siguiente procedimiento te va a ayudar a entender de mejor manera todo el proceso de reclutamiento.

1. Tener claro el organigrama.
2. Tener claro las funciones de los puestos.
3. Identificar el puesto a reclutar y publicar la vacante.
4. Informar dónde se requiere la vacante y dónde y a qué hora pueden dejar su solicitud de empleo.
5. Brindar un periodo para la recepción de las solicitudes de empleo para los aspirantes.
6. Llamar a entrevista a los candidatos que mejor se acoplen a las necesidades del puesto.
7. Hacer entrevista con las preguntas clave de tu sector o tu necesidad y evaluar.

8. Tomar la decisión en cuanto a la evaluación y también involucrar el presentimiento o corazonada, pues la premonición juega un papel importante en la química organizacional.
9. Solicitar al posible seleccionado referencias laborales y personales; llamarles para corroborar la veracidad.
10. Solicitar documentación y respaldar con copias.
11. Firmar contrato.
12. Asignación de uniformes y áreas de trabajo, así como responsable de su capacitación, jefes directos o equipo en general según sea el caso.
13. Periodo de prueba y análisis de viabilidad para renovación de contrato.

ACTIVIDAD: Crea tu propio proceso de reclutamiento, para que el responsable tenga un panorama amplio de cómo debe realizar el trabajo.

PLAN DE VIDA Y CARRERA DEL COLABORADOR

Parte importante del éxito en cualquier negocio es debido a su equipo de trabajo. Para que este equipo logre estar motivado y cumpliendo las metas establecidas, deben existir alicientes que brinden al colaborador la certeza de que el trabajo y conocimiento que adquiere hoy, le puede servir en un futuro para garantizar su crecimiento y desarrollo en la empresa.

Fomenta el desarrollo del colaborador mediante su plan de vida y carrera, es decir, estipula el cronograma (semanas, meses, años o como corresponda con tu giro) de capacitación y conocimientos básicos necesarios que debe tener cierto colaborador para ir ascendiendo en la organización. Estipula cuales son las experiencias necesarias que debe haber tenido el aspirante para poder subir en el nivel organizacional y fungir con destreza en el nuevo cargo encomendado. Lo ideal es que conforme pasa el tiempo y conforme el colaborador va adquiriendo experiencia, este pueda ir creciendo y desarrollándose, fungiendo como líder y enseñando a los nuevos colaboradores que recién se integran como hacer las cosas, siempre compartiendo los conocimientos y experiencias adquiridas en el pasado.

El desarrollo y crecimiento en la escala jerárquica genera entusiasmo y energía en cualquier colaborador, pues sabe que además de sus responsabilidades, también sus contraprestaciones van a crecer. Es un aliciente muy poderoso y que fomenta el liderazgo en tu equipo. Procura que toda la gente que se integra a tu equipo, tenga la posibilidad de crecer con el tiempo. Nada se puede volver más rutinario y aburrido que un trabajo en el cual siempre es lo mismo. Cierto compromiso extra a cambio de una remuneración más alta por lo general siempre resulta atractivo para el colaborador.

El beneficio del plan de vida y carrera no solo es para el colaborador que incrementa sus habilidades y aptitudes con el paso del tiempo y de sus capacitaciones, el beneficio también es para tu organización, pues existe una rotación menor de colaboradores. Las vacantes en cargos jerárquicos de mayor liderazgo por lo general se solventan en breve debido a que hay colaboradores que vienen capacitándose y conociendo más al respecto del puesto en cuestión. Cimentar el plan de vida y carrera fomenta que tu negocio poco a poco se vuelva más autosustentable, que no dependa de nadie y que el crecimiento y desarrollo sea de poco en poco, pero perpetuo, entre todas las diferentes personas y sus puestos operativos que actualmente ejecutan.

Otro beneficio fundamental para tu organización al implementar el plan de vida y carrera de tus colaboradores es que cuando deseas expandir tu negocio o abrir nuevos puntos de venta, puedes hacerlo con cierta ventaja y/o facilidad en cuanto al tema de los recursos humanos necesarios, ya que dispones de un equipo de trabajo que está dispuesto a superarse y continuar su plan de vida y carrera en tu organización. Tú puedes y requieres apoyarte de ellos para continuar tu crecimiento, de lo contrario, será más complicado.

ACTIVIDAD: Crea el plan de vida y carrera de tus colaboradores.

LA UTILIDAD Y LA REINVERSIÓN

Cuando se inicia un negocio por lo general se tiene la idea de obtener esa libertad financiera y conforme más logras afianzar tu negocio, tu estilo de vida cambia y empiezas a consumir más allá de lo que antes consumías, y todo aquello que generas de utilidad lo gastas en cosas tal vez innecesarias. Este es el claro ejemplo de lo que no se debe hacer y la idea errónea al empezar un negocio. Cuando recién inicias una entidad operable que pronto deseas que te genere ingresos, es decir que haya negocio, debes contemplar que la mayoría o gran cantidad de las utilidades que puedas generar habrás de ocuparlas para la reinversión y de esta manera puedas ir solventando y cumpliendo con aquellos panoramas y objetivos que te has ido planteando.

Todo es de poco en poco. Contempla la posibilidad de que en las primeras semanas sea complicado obtener utilidades, pero no es imposible, todo depende de cómo iniciar tu negocio; puede ser que desde el principio tengas utilidades, desde el primer día, porque ¡claro que es posible! Pero para lograrlo, tienes que tener ese conocimiento de cada uno de los puntos que necesita tu negocio para que funcione como una máquina, como el anhelado reloj suizo que funciona de manera sistemática para generar un ingreso y utilidades. Para llegar a ese punto, habrás de invertir mucho, no solo en dinero, si no también en el tiempo y el trabajo que destines para mejorar las cuestiones operativas en tu organización.

Todo aquello que habrás de reinvertir en tu organización, será de gran ayuda en el mediano y largo plazo. Primero vuelve rica y sustentable a la empresa, y la empresa con el tiempo te hará rico y sustentable a ti. Al principio no intentes ser avaricioso y de ser posible debes contemplar reinvertir todas las utilidades o lo que tú consideras prudente. Con esto no quiero decir que no tengas un beneficio y un sueldo o remuneración, porque no es a lo que me refiero. Muchos iniciamos nuestro primer negocio porque queremos tener un flujo de capital, incluso mantener nuestro estilo de vida depende de nuestro ingreso.

Es muy importante invertir los primeros años de vida de tu negocio, de tal modo que el crecimiento lo puedas hacer exponencial y las utilidades también. Ve con calma y analiza cada uno de los factores que necesitas para concretar tu gran siguiente paso, pero para ello, necesitas disponer de efectivo y ese efectivo lo consigues con la habilidad y el hábito del ahorro además de tu capacidad para decidir y tomar las oportunidades de reinversión que se te presenten, anteponiendo los primeros años un poco de tus gustos o placeres con tal de darle prioridad a tu columna de inversiones. Recuerda, haz abundante a la empresa y la empresa te hará abundante después.

Es muy importante que desde los inicios de tu organización, te brindes un sueldo. Este sueldo podrá variar cada determinado tiempo y acorde al crecimiento. Al inicio de tu organización, te sugiero que te asignes el sueldo mínimo necesario para mantener un estilo de vida modesto. Esto te ayudará a poder ahorrar y en el mediano plazo seguir invirtiendo. Conforme se va dando el crecimiento puedes otorgarte un aumento. Navega en páginas web especializadas en recursos humanos y reclutamiento e investiga cuál es el sueldo promedio a directivos de tu tipo. Es una buena métrica para que tú puedas determinar cuánto te corresponde. Mantén siempre atención y esfuerzos en el ahorro, es la mejor estrategia para el crecimiento.

ACTIVIDAD: Determina tu sueldo y se puntual con tu pago. Mantén siempre atención y esfuerzos en el ahorro, es la mejor estrategia para el crecimiento.

MIS RECURSOS, MIS LIMITACIONES (ANALISIS FODA)

"Un emprendedor es un agente económico que une todos los medios de producción, la tierra de uno, el trabajo de otro y el capital de un tercero y produce un producto." Jean Baptiste Say

Todo emprendedor y visionario siempre tendrá que ingeniárselas para que, aprovechando sus recursos, pueda cumplir los objetivos que se ha planteado. Los emprendedores deben aplicar sus fortalezas, aprovechar las oportunidades, contrarrestar sus debilidades y protegerse de las amenazas si desean conseguir el éxito.

Según tu entorno, tus experiencias, hábitos, conocimientos y mentalidad, serán las características y cualidades que deberás adquirir para ir generando un progreso en tu organización. Aprovecha el conocimiento adquirido en cada experiencia y poco a poco podrás generar estrategias claras para hacer que tus fortalezas sigan en crecimiento, de tal manera que aquellas debilidades puedan contrarrestarse y de alguna manera puedas encontrar alternativas que te ayuden incluso a evitar o esquivar aquellas amenazas que siempre se presentan en todo negocio.

FORTALEZAS

Las fortalezas son todas aquellas cuestiones, en las que con el paso del tiempo, has creado cierta habilidad o agilidad para desarrollar de manera más eficiente algo. Es esa ventaja competitiva que tienes sobre tu competencia. Puede ser alguna ventaja del tipo económica, tecnológica o simplemente de experiencia en el mercado o giro. Estas fortalezas se pueden trabajar dia a dia, para desarrollarse y perfeccionarse, de tal modo que todas las áreas de tu vida/negocio pueden crecer y desarrollarse si les dedicas el tiempo y la atención necesarias

Mi recomendación es que siempre trates de enfocarte en tus fortalezas, por supuesto sin descuidar tus áreas débiles o áreas de oportunidad. Aprovecha tus fortalezas para tener un crecimiento cada vez mayor, te será más sencillo alcanzar tus objetivos porque tus fortalezas son aquellas características que por lo general tu competencia y otras personas del entorno no tienen. Saca ventaja de tu experiencia y habilidades, puedes sacar gran provecho y generar estrategias de crecimiento sólidas para tener cada vez mayor participación de mercado.

Los líderes de cada sector lo son, porque supieron aprovechar de manera oportuna sus fortalezas. La mejor defensa es el ataque, así que si deseas minimizar tus debilidades, no te enfoques en ellas tanto como te enfocas en las fortalezas.

ACTIVIDAD: Escribe al menos 5 fortalezas y/o ventajas competitivas con las que cuentas como emprendedor y que les puedes sacar provecho.

ACTIVIDAD: Dedica el 80% de tu tiempo a perfeccionar tus fortalezas y el 20% del tiempo restante a subsanar poco a poco tus debilidades. Enfócate en lo realmente importante y en lo que te puede ayudar a tener el crecimiento exponencial que necesita tu organización.

OPORTUNIDADES

Las oportunidades son todas aquellas cuestiones que ocasionalmente se presentan a ti o a tu negocio, aquellos instantes en los que se puede tomar una decisión y que seguramente tendrán un beneficio mayor en un corto, mediano o largo plazo. Las oportunidades se presentan a todo el mundo, sin embargo, solo las personas que están realmente preparadas son capaces de apreciarlas y aprovecharlas. Puede presentarse una o mil oportunidades, pero si tu conocimiento o tu habilidad no es la correcta o necesaria, simplemente no tendrás la capacidad cognitiva para apreciar y aprovechar la oportunidad que se te presenta. Dicen que la suerte no existe. La suerte no es más que la preparación más una oportunidad, y cuya oportunidad se la crea el mismo individuo.

Las oportunidades también son aquellas cuestiones que tal vez por tu infraestructura o capacidad actual no puedes cumplir, pero en un cierto tiempo a futuro te gustaría concretar y desarrollar. Son aquellas áreas en las que vislumbras éxito, pero para lograrlo requieres cosas que aún no tienes en este momento. Por ejemplo, has identificado que para tu modelo de negocio, es ideal que se incorpore un vendedor de calle, o quizá un nuevo servicio, ser distribuidor exclusivo de alguna marca o incluso importador. Identifica qué puedes hacer y qué pasos debes seguir para que poco a poco, consigas estos objetivos y lejos de ser una oportunidad, en el futuro sean un hecho.

ACTIVIDAD: Describe 5 oportunidades que pretendes aprovechar y/o incorporar en un mediano plazo a tu emprendimiento para consolidar tu desarrollo.

DEBILIDADES

Tus debilidades son aquellas cuestiones en las que por lo general, tienes que trabajar más en ti o en tu unidad de negocio, porque quizás no tienes la experiencia necesaria, o tal vez no tienes la habilidad o la infraestructura suficiente para hacerlo tan bien como lo hace tu competencia. Es por eso que las debilidades tienen mucho que ver con tu competencia, porque ahí podrás darte cuenta cuáles son las fortalezas del competidor de enfrente y si tú, por alguna razón no puedes ofrecer algo similar en ese aspecto, sin duda será una debilidad, porque no puedes compararte ni ofrecerle algo similar al público; entonces tu competencia tiene un paso adelante de ti en este aspecto. La ventaja es que cuando te das cuenta y empiezas a ser consciente de esto, además de poner especial atención en la competencia, también pondrás atención en tratar de mejorar e incluso llegar al punto en que esas debilidades se subsanan y se vuelven una fortaleza. Para ello debes canalizar de manera adecuada tus energías siempre. Recuerda potencializar tus fortalezas sin descuidar tus debilidades, pues las debilidades no puedes dejarlas pasar en alto, debes atenderlas y encontrar las soluciones o alternativas que te brinden un apoyo para que no sea una debilidad tan preocupante para ti o tu organización.

ACTIVIDAD: Encuentra las 5 ventajas y/o fortalezas más importantes que tienen tus competidores, de tal modo que pueda ser una debilidad para tu organización.

AMENAZAS

Las amenazas son aquellos sucesos que eventualmente pueden implicar un riesgo o un peligro para ti o tu unidad de negocio. Son amenazas porque, por lo general, no tienes oportunidad de preverlas; pueden suceder en cualquier momento y sin que estés preparado. Sin embargo, si haces un análisis y pones a trabajar tu mente, tu imaginación y tu creatividad, podrás encontrar varias amenazas que puedan afectar a tu negocio y al detectarlas y plasmarlas en este ejercicio de FODA, podrás preverlas y estar mejor preparado para cualquier situación que acontezca. Una persona prevenida siempre vale por dos.

Las amenazas pueden ser en diversos temas y pueden afectar en diversas áreas a tu organización, desde el área económica, administrativa o incluso en las áreas operativas; siendo un peligro pues son las áreas principales que dan vida a tu negocio: La administración, las operaciones y el flujo de capital.

Las amenazas siempre significarán un riesgo y un peligro; también pueden implicar problemas. Recuerda que todo problema no resuelto o todo error, tarde o temprano te va a costar tiempo, dinero o trabajo solucionarlo.

Para poner ejemplos más claros de las amenazas, puedo mencionar las amenazas del medio ambiente, tales como huracanes, inundaciones, temblores, tsunamis, epidemias, etc. Las amenazas sociales, como robos o asaltos, manifestaciones; amenazas de salud como enfermedades, pandemias, roturas de huesos, o cualquier otro acontecimiento similar a ti o a tus colaboradores.

ACTIVIDAD: Analiza las amenazas más frecuentes en tu zona y trata de contrarrestarlo con seguros que puedan ampararte por cualquier amenaza.

CRUCE DE FACTORES EN UN FODA

Lo más importante de hacer un análisis FODA, además de tener una percepción más amplia de 4 factores muy importantes en ti y en tu negocio, es que puedas sacarle provecho a cada uno de estos cuadrantes, y de manera cruzada, encuentres los factores y cuestiones determinantes para que consigas mejorar en las áreas que tengas que hacerlo, además de potencializar tus áreas fuertes.

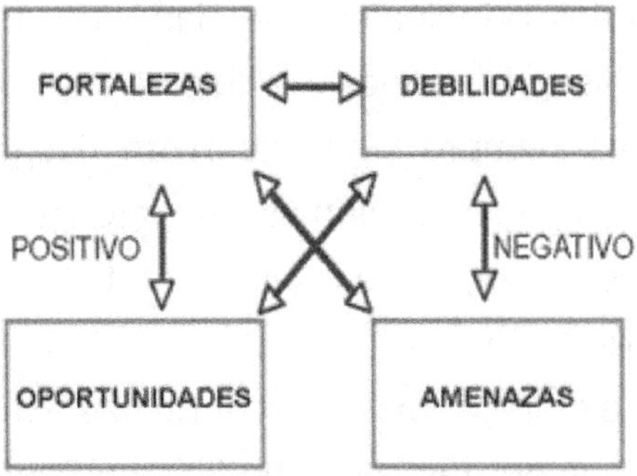

F + O = ESTRATEGIA OFENSIVA

Cuando sumas a tus fortalezas las oportunidades que has detectado, estás trabajando en el lado positivo de los cuadrantes, porque tu fortaleza te ayudará a encontrar aquellas oportunidades que se te presentan. Si con el paso del tiempo cultivas fortalezas como la disciplina, el ahorro y la resiliencia, seguro en el futuro encontrarás múltiples oportunidades para seguir haciendo crecer tu unidad de negocio. Presta atención a estos dos factores porque se encuentran en las áreas positivas y de crecimiento.

Atiende estos dos factores y tu estrategia será totalmente ofensiva, le sacarás el máximo provecho a tus ventajas competitivas y cada vez serás mejor que tu competencia

ACTIVIDAD: Genera 3 estrategias ofensivas para tu emprendimiento

F+ A = ESTRATEGIA DEFENSIVA

Cuando aprovechas tus fortalezas para enfrentar las amenazas del entorno, seguramente podrás encontrar mejores maneras para estar preparado ante cualquier amenaza que pueda presentarse; además, si alguna amenaza se presenta, tu fortaleza podrá hacerte salir a flote y encontrar la creatividad necesaria para resolver cualquier tipo de problema.

Si bien es cierto, siempre quisiéramos evitar las amenazas, la realidad es que ellas existen y están ahí siempre. La mejor manera de evitar problemas por amenazas es: previendo. Apóyate de tus fortalezas para prever cualquier necesidad que se suscite.

Esta estrategia defensiva es básica y necesaria para contrarrestar cualquier amenaza del entorno que pueda implicar un peligro a tu negocio. Ante cualquier amenaza o problema que estes pasando, enfrenta la situación haciendo uso de tus fortalezas.

ACTIVIDAD: Observa cuál es el mayor problema o dificultad al que te enfrentas ahora mismo y busca una estrategia efectiva usando tus fortalezas para resolverlo. No hay problema que dure cien años, ni problema que no tenga solución si te enfocas en resolverlo usando tus áreas fuertes.

D + O = ESTRATEGIA DE REORIENTACIÓN

Cuando has detectado una debilidad, que en tu competencia es una clara fortaleza, debes analizar cuáles son tus oportunidades y tratar de reorientar tus estrategias para hacer los cambios y ajustes que tengas que hacer en pro de tu subsistencia. Analiza que está bien actualmente en tu negocio o que está mal. Analiza que está bien actualmente en tu persona y qué aspectos debes trabajar o aprender más.

Reorienta tus estrategias según el cumplimiento de tus objetivos o según las oportunidades que percibas en el entorno y con tus competidores más cercanos. Observa las fortalezas de la competencia y trata de emularlos, mas no copiarlos. La creatividad y el desarrollo siempre deben ser tu prioridad.

Tu estrategia de reorientación siempre será para trabajar tus áreas débiles, lo que ya has detectado que es lo que debes trabajar y en donde mayor esfuerzo y enfoque debes mostrar porque en el futuro cuando se presente cualquier tipo de oportunidad, podrás estar mejor preparado para aprovecharla.

ACTIVIDAD: Pon en marcha tus estrategias de reorientación. Brinda el cambio que tu emprendimiento necesita

D + A ESTRATEGIA DE SUPERVIVENCIA

Ante una debilidad y una amenaza que eventualmente se pueda presentar, debes tratar de hacer esta estrategia para subsistir y salir lo menos perjudicado posible. Probablemente al plantear estrategias trabajando en este sector del cuadrante, en el cual es aspecto negativo, no encuentres una solución aparente, y quizá te sea un poco complicado encontrar la estrategia ideal, porque seamos conscientes que estamos trabajando en áreas de debilidad, y son aquellas áreas en las que debes de trabajar más.

No es fácil trabajar en áreas de supervivencia, porque en estas circunstancias lo más perjudicial es el desconocimiento. La mejor estrategia en este punto es continuar la capacitación y la especialización. Mientras más tiempo dediques a crecer tu conocimiento y aprendizajes, más rápido podrás concretar tus estrategias y salir del cuadrante negativo de la supervivencia. No pierdas la calma y sé consciente que el mejor marinero no se hizo en aguas calmadas. Cuantos más problemas tengas que solucionar y resolver, con el paso del tiempo tu conocimiento, tu eficacia y tu madurez serán mayores.

➡ **ACTIVIDAD:** Encuentra 3 temas en los que te consideres ignorante, después empieza a educarte en ellos. Este es el camino correcto a la sabiduría para salir del cuadrante de supervivencia.

CAPÍTULO 5.

BRINDA SOLUCIONES, DEJA TODO POR ESCRITO (MANUALES)

El desarrollo y la evolución son posibles gracias al conocimiento. A mayor conocimiento más exponencial el desarrollo. Un manual implica conocimiento, automatización y estandarización; 3 cualidades básicas para hacer organizaciones sostenibles con el paso del tiempo.

Todos los artículos, productos, aparatos y demás accesorios que hay en tu entorno son el producto de miles y miles de horas de investigación y trabajo; ya sea de una persona o miles de ellas.

Un vehículo como lo vemos hoy en día ha sido el resultado de muchos inventos y descubrimientos previos. Desde la invención de la rueda, la revolución industrial con el uso de motores de combustión, hasta los últimos descubrimientos en seguridad que hacen a los autos más seguros y eficaces. Lo anterior solo por mencionar algunos ejemplos, pues algo tan complejo como un automóvil es el resultado de miles de horas de trabajo, haciendo prueba tras prueba para obtener resultados, muchas veces negativos o desfavorecedores, pero muchas otras veces alentadores y certeros. La suma de estas pruebas ya sea con aciertos o errores, brindaron respuestas claras y las pautas para saber cómo proseguir o como obtener mejores resultados. Al paso del tiempo estos conocimientos se pudieron transmitir de persona en persona, generación tras generación, de tal modo que todo el conocimiento obtenido no se perdió, pues se dejó sentado en manuales, infografías, libros, videos, y demás material didáctico. Los nuevos aprendices y las nuevas generaciones podrían adquirir el conocimiento y ponerlo en práctica lo más rápido posible, evitando perder el tiempo realizando acciones que puedan entorpecer o dilatar los resultados favorecedores.

El hecho de crear un manual tiene como objetivo el poder transmitir conocimiento de la manera más rápida y eficaz posible a quien desee aprender o a quien se requiera que lo aprenda. No puedes perder el tiempo en explicar la misma cuestión una y otra vez a cada nuevo colaborador. Además de impráctico, es muy tedioso. Necesitas automatizar y estandarizar los procesos de capacitación apoyándote de manuales. Los manuales y el correcto uso que les brindes, serán parte importante para el desarrollo de tu negocio. Vamos a ver más a detalle sobre los más importantes y los que debes atender en breve para que tu negocio de un salto al siguiente nivel.

MANUAL ADMINISTRATIVO

COMPRAS - PROVEEDORES

El propósito principal de tener un manual de compras es tener estandarizado y en un solo lugar la información sobre todo lo que tenga que ver con las compras de tu producto, insumos, mobiliario; todo aquello que tenga que comprar tu organización para subsistir. Estas compras pueden dividirse en aquellas destinadas para las cuestiones operativas, como insumos de cafetería, de limpieza, etcétera; así como las compras de productos o materia prima para su comercialización, lo que vas a vender a tus clientes.

Lo más importante que debes dejar en claro es:

1. ¿Quién es tu proveedor? Agrega datos específicos que te ayuden a tener una base de datos más robusta.
2. ¿Cuándo comprarle? Ya sea por fecha especificada por ti, o porque resulte más viable en ciertas etapas del año o del mes.
3. ¿Cuánto comprarle? Según tus estimaciones y resultados reales de ventas previas, determina un monto promedio que gastas en cada proveedor.

4. ¿Qué comprarle? Especifica los productos o insumos que pertenecen a dicho proveedor y cuales son los más vendidos.

Teniendo como pauta estas cuatro preguntas podrás crear un manual bastante preciso. En el futuro, conforme tu organización se desarrolla, podrás capacitar a alguien que lleve cabalmente esta responsabilidad de compras a proveedores.

Te sugiero que incorpores tablas de datos en Excel en las cuales coloques la información básica de tus proveedores, pongas el nombre de contacto y que también pongas la ubicación donde se encuentran, su RFC, referencias bancarias, en fin, la mayor cantidad de detalles que puedas obtener de ellos.

En un cronograma adicional, estipula cuáles son los días en los que debes de hacer las compras más importantes, ya sea porque te convenga más fiscalmente, administrativamente, o según cómo te convenga, pero decide y estipula un día para realizar estas compras. Determina si habrás de hacer una vez por semana, por quincena o mensual, dependiendo de tus necesidades.

En el manual de compras también habrás de especificar aquellas cuestiones básicas al momento de hacer la compra, como un stock mínimo y máximo, para que evites desperdicio innecesario. También estipula un mínimo y un máximo que habrá de gastarse para cada proveedor o para cada cuestión en la que tengas que gastar. Aplica el conocimiento y experiencia que hayas obtenido con el tiempo para estipular cuál es el monto mínimo o máximo para cada área, proveedor o departamento, de esta manera garantizar que aun alguien que no tenga el conocimiento que tú tienes, pueda tener un parámetro estimado y saber cuál es el mínimo o máximo permitido para gastar y/o invertir.

ACTIVIDAD: Descarga la tabla en excel de "proveedores" que podrás encontrar en www.filosofiaemprendedora.com y empieza a llenarla con la mayor cantidad de datos posible. Si lo necesitas, puedes editar a tu gusto cualquier celda.

ACTIVIDAD: En un cronograma estipula ¿cuales? son los días de compra y ¿qué? corresponde comprar. Puedes descargar el cronograma guia "Cronograma de compras" disponible en www.filosofiaemprendedora.com

INVENTARIOS

Sin un manual de inventarios, tu negocio o emprendimiento fácilmente puede irse a la quiebra o mantenerse estático, sin apariencia de mejorar con el paso del tiempo; todo por un mal uso y manejo de los inventarios.

¿Sientes que te esfuerzas demasiado y haces todo lo que te corresponde, sin embargo no logras encontrar ese avance significativo en tus ingresos que te haga seguir creciendo? muchas veces el problema puede estar en tus inventarios. No hay nada más triste que una organización que vende productos y que no maneja procesos de inventarios. Si no llevas un control de tus inventarios, pueden ocurrir muchas cosas: quizá estés recibiendo producto de menos por parte de tus proveedores, puede ser que estés teniendo robos hormigas por parte de clientes o incluso por parte de tus colaboradores, tampoco sabrás cuál es el total de productos en merma o productos fallados. Al no llevar un correcto sistema de inventarios no podrás visualizar ni planificar a corto, mediano y largo plazo

La importancia de contar con un manual sobre los inventarios es evidente, nos brinda la certeza sobre aquello que debemos comprar, pues ya nos hace falta o aquello en lo que actualmente nuestro stock está rebasado y es más prudente esperar en comprar.

Con el uso regular de inventarios, podrás ver que al paso del tiempo tu flujo de capital empieza a fluir de mejor manera porque podrás administrar de manera eficiente los recursos que habrás de vender o comercializar; podrás sacarle el máximo provecho y evitar a toda costa la merma o los productos que puedan causarte un gasto si no se venden pronto.

El propósito principal de un inventario es que puedas tener un panorama amplio de lo que dispones y esto te sirva para planificar tus compras y ventas aproximadas. Todo aquello que se puede medir se puede mejorar. Realizar inventarios constantemente te ayuda a identificar tus productos, los productos más vendidos, los menos solicitados. También te ayuda a detectar cuando hay fallas o anomalías en las existencias, tanto diferencias negativas como positivas, pues podrás monitorear la falla: cuando entró la mercancía, cuando salió, o incluso si quizá ha habido errores en captura en el sistema al registrar la compra.

Los roles de inventarios debes hacerlos según las características de tus productos. Puedes hacerlos por categorías, por productos similares, por áreas, por proveedores, o como tú consideres necesario. Estipula una frecuencia a cada inventario y hazlo un hábito. Los inventarios deben ser una actividad obligatoria.

ACTIVIDAD: Determina según el tipo de tus productos, la frecuencia en que harás tus inventarios. Puedes guiarte con la tabla de excel "Calendario de inventarios" que puedes descargar en www.filosofiaemprendedora.com

VENTAS

Nada más importante para una organización que vender. Al vender y obtener clientes, obtienes el flujo de capital que cualquier organización requiere para mantenerse vigente.

Analiza de manera clara cuál es el proceso de venta para con tu cliente, es decir, cómo interactúas con él y procuras la venta. La venta inicia desde que el cliente te ve por primera vez, desde que pasa por la calle, por la plaza o el lugar donde te encuentras y echa un vistazo. La imagen vende y las ventas no solo es el trato al cliente, sino también es lo que hay antes y postventa, incluso lo que haces para no perder un cliente.

Recuerdo una ocasión en que me di cuenta del gran valor que tiene en la empresa el hecho de capacitar y hacer partícipes a los colaboradores para no perder clientes. Era una ocasión en la cual yo me encontraba decidido a dar de baja mis servicios de internet y televisión con una compañía porque los percibía muy costosos, además no me ofrecían los canales que hubiese preferido ver. En fin, llamé para dar de baja mi contrato, pues ya había estado con la compañía más de 18 meses, los mínimos requeridos para no tener penalización. Me di cuenta que había algo especial en esta compañía cuando la primera asesora me dijo que iba a canalizar mi llamada con un "Departamento especial" Entendí que es ahí donde tienen a todos los expertos en telemarketing de la empresa, donde les brindan el conocimiento más certero para evitar que un cliente cancele y/o dé de baja servicios. También entendí más adelante, que quizá les penalizan si algún cliente cancelaba su contrato, pues el experto en telemarketing de la empresa haría diferentes artificios para garantizar que ni yo ni ningún otro cliente cancelara sus servicios, y menos un cliente que había sido tan puntual en sus pagos durante 18 meses previos. Al entrar la llamada con el agente del "departamento especial" él me ofreció diversos descuentos, fue de menos a más. Llegamos al punto que por 6 meses bajaron los costos de mis servicios y me motivó a continuar con la compañía. En realidad fue una genialidad de parte de ellos, garantizaron un cliente más por 6 meses.

En un manual de ventas debes estipular

1. ¿Qué hacer cuando llega un cliente? Menciona que es lo que debe de hacer el personal que está a cargo de atender a cada cliente que te visita.
2. Saludo. Especifica cuál es el saludo que deben de hacer y cómo deben de hacerlo.
3. Discurso básico. Estipula un discurso básico que deben decir las personas de ventas, que puedan modificar en caso de ser necesario para no parecer robot, pero que la esencia siempre sea la misma. Recuerda que mientras más logres estandarizar tu organización, más fácil será la escalabilidad y que se puedan reproducir los discursos básicos de ventas de tus productos clave o insignia.
4. ¿Cómo dirigir al cliente? Deja en claro qué es lo que debe de hacer tu colaborador desde que llega el cliente, a dónde debe dirigirlo y qué palabras debe decirle.
5. Identifica el tipo de cliente. Enseña a tus colaboradores a identificar el tipo de cliente. Tu organización tendrá muchos tipos de clientes, pero podrás clasificarlos para que sepa tu equipo cómo atender cada una de sus necesidades.
6. No permitas perder clientes. Deja en claro que debe hacer el colaborador para no dejar ir clientes: preguntando las necesidades del cliente, las expectativas y en general

sondeando al visitante para saber de qué manera nuestra organización puede satisfacer su necesidad, o en su defecto, tener el panorama más amplio de lo que está solicitando el mercado y si es un producto que se adapta a tu giro, podrás considerar el incorporarlo a tu línea de productos después.

Tu objetivo además de orientar al equipo de ventas, también es mantener una retroalimentación constante de parte de clientes, para tener siempre canales amplios de venta, ofreciendo cada vez más y mejores productos, que se acoplen a las necesidades del entorno.

ACTIVIDAD: Desarrolla un pequeño guión de bienvenida. Este guión es el que tus colaboradores deben seguir para saludar, guiar y orientar de manera efectiva al cliente.

ACTIVIDAD: Si tienes en mente guiones para otro tipo de situaciones como manejo de objeciones para cerrar ventas, o demás relacionadas con las ventas, incorpóralas, siempre son una buena herramienta de capacitación.

SUPERVISIÓN

Todas las áreas y procesos de tu organización deben mantenerse con supervisión constante. Es bueno, de hecho muy bueno delegar, pero es aún mejor el supervisar, porque con una correcta supervisión, se eliminan muchos problemas que en la mayoría de los casos se hubiesen podido prevenir si el personal hubiera tenido la capacitación o supervisión necesaria. La persona que supervisa preferentemente debe ser alguien con mayor experiencia en el ramo, capacidad comprobable, madurez e incluso liderazgo, pues un supervisor debe orientar, capacitar y/o corregir a los nuevos elementos que se incorporan en la organización, todo con el objetivo de eliminar los errores más comunes.

Tu supervisor también debe detectar cada uno de los errores y áreas de mejora en los que se deba trabajar en la organización, tomando en cuenta la mayor cantidad de puntos de vista para tener un panorama más amplio y encontrar las posibles soluciones. Para lograr esto, debe mantener una comunicación constante con la primera línea de ventas de la organización, para escuchar los problemas más frecuentes y tratar de solucionarlos. Si no es competencia únicamente del supervisor solucionar o redirigir, puede solicitar la ayuda correspondiente a su superior en el escalafón organizacional.

Para tener un manual de supervisión destacado y que te ayude en tu organización o emprendimiento, debes saber cuáles son las actividades o procesos en tu organización en las que debes poner mayor atención para evitar perder cualquiera de tus tres recursos más valiosos: tiempo, dinero o trabajo. Cada uno de los procesos en tu organización son importantes, pero hay algunos que son más que otros. En algunos casos, como en las ventas, tienes que supervisar porque deseas que se venda mucho y de la manera correcta al cliente, no solo vender por vender. Supervisar en las ventas implica lograr sacar de cada vendedor su máximo potencial y lograr el máximo aprovechamiento.

Cuando el crecimiento se propague y tu organización se vaya consolidando, será necesario que incorpores supervisores a tu organización. Es en este momento cuando debes tener listos y detectados cuáles son los procesos más importantes que quieres que te supervisen para evitar fallas, errores, omisiones o cualquier cuestión que genere un retraso o pérdida.

Tu supervisor debe conocer todos tus manuales, saber de manera clara los procedimientos en cada área de su competencia, pues todos estos procesos, con el paso del tiempo se han consolidado como el ADN de tu negocio, y un supervisor debe encargarse de hacer que este ADN llegue lo más rápido posible a la mente de cada colaborador, de tal forma que pueda trabajar en sinergia con sus compañeros y equipo de trabajo en general, siempre al mismo ritmo para obtener el mayor beneficio posible en cada tarea y trabajo asignado.

ACTIVIDAD Identifica las 3 áreas o procesos de tu organización que has detectado que requieren mayor supervisión para evitar fallas, errores, omisiones o cualquier cuestión que genere retraso o pérdidas para tu organización.

ACTIVIDAD Determina ¿Quién?, ¿Cuándo? y ¿Cómo? Se deben hacer las supervisiones a las áreas o procesos detectados y qué formato de supervisión debe seguir para validar que se ha realizado la supervisión correcta.

CONTROL

Si en verdad quieres que tu organización funcione de manera automática, bien engranada y que no necesite de ti, debes tener un control muy eficiente.

El control podrás lograrlo fácilmente siempre y cuando aproveches cada día, dándote cuenta cuál fue el problema más importante que enfrentaste. Procura que durante el día, analices cuál ha sido el problema más importante o aquel reto que te ha dejado ese día. Si no ocurrió algo novedoso en ese día, haz la actividad por semana. Lo importante es que puedas identificar aquellos problemas que en su momento no tenías idea de cómo resolver, pero que con el paso del tiempo, lograste hacerlo gracias a la experiencia, la prueba y el error.

Cada problema es una oportunidad para mejorar el control, porque si un problema se te presento a ti en alguna ocasión, seguramente podrá presentarse a cualquiera de tus colaboradores en un futuro. La intención de tener un control es que puedes volver tu negocio escalable y replicable, que cada persona de tu organización tenga en claro que debe hacer ante cada situación, reto o problema al que se enfrente.

Analiza cuáles han sido los retos más importantes que has enfrentado en el último mes, del último semestre o en el último año. Lo preponderante es que puedas dejar por escrito cuáles son las cuestiones que has atendido para mejorar tu organización; todo ese tipo de detalles que tú consideres que incluso pueda ayudarle a cualquiera de tus colaboradores o a aquellos que son parte de áreas específicas de la empresa. Escríbelo, dale un formato y dale un aspecto profesional, de tal modo que ese documento pueda ser parte de tu manual de control para quien tenga que supervisar o dirigir.

Aprovecha todo el conocimiento que ya has adquirido y el que te falta por adquirir. Una gran técnica es el crear formatos que te ayuden; aprovecha Word, Excel o cualquier paquetería de office para que desarrolles los recibos, formatos, cartas, tablas o cualquier documento que pueda ayudarte en un futuro a mantener el control. Prácticamente todas las áreas de tu organización requieren un control, desde que una nueva persona se incorpora y tienes que darle un uniforme, o desde que organizas su firma de contrato, todo este tipo de detalles son importantes para que tengas un control; optimizas el tiempo y tus recursos.

ACTIVIDAD: Haz una lista de los problemas o situaciones más complicadas que has enfrentado en el último año como emprendedor. Describe el aprendizaje que a la fecha te ha dejado.

ACTIVIDAD: Considera los formatos necesarios para llevar el control de toda tu organización. En www.filosofiaemprendedora.com podrás descargar varios que harán más fácil la gestión del control en tu organización.

MANUAL DE RECURSOS HUMANOS

PERFIL Y DESCRIPCIÓN DEL PUESTO

Tener un perfil de puestos estipulado y claro para cada una de las plazas en tu organización es primordial para mantener un control y garantizar que cada miembro que se incorpora a tu negocio cumple con un estándar mínimo requerido para cada puesto; tomando en consideración varios factores, tanto la cuestión académica como la cuestión de aptitudes y actitudes.

En este perfil de puestos debes estipular de manera clara los siguientes datos:

1. Edad. ¿Cuál es el mínimo y el máximo de años que debe tener el postulante?
2. Experiencia. Sí habrá de tener experiencia previa en algo similar o afín.
3. Responsabilidades. Estipula cuáles son sus responsabilidades diarias, esporádicas o temporales.
4. Rendición de cuentas. ¿A quién le rinde cuentas, quién está por encima en el rango jerárquico?
5. A quién dirige. ¿Quienes están abajo en orden jerárquico y a quienes debe dirigir?
6. Objetivo del puesto. Debe incluir cuál es el objetivo principal del puesto y cómo debe lograrlo.

7. Medios. Debe estipular con qué medios dispone para lograr ese objetivo, es decir, los bienes que están a su cargo: si tiene vehículo, computadora, celular o cualquier otro dispositivo o aparato que sea de la empresa.
8. Remuneración y prestaciones. Debe incluir la remuneración que obtendrá el trabajador por sus actividades, así como estipular si adquiere algún bono o comisión adicional. De esta manera el colaborador tendrá claro cuáles son sus derechos y contraprestaciones.

En general el perfil y descripción de puestos debe ser una guía para el colaborador, para que sepa que hacer y lo que se espera de su puesto.

ACTIVIDAD: Asegúrate de contar con el perfil y descripción de cada uno de los puestos en tu organización. Empieza con los más importantes y conforme sea el crecimiento de tu emprendimiento, incorpora los que sean necesarios.

SUELDOS, COMISIONES Y BONOS

Cuando estructuras los pagos en tu organización y en general la forma en la que se entregan remuneraciones a tu personal, puedes tener un gran éxito en el futuro o un rotundo fracaso si no analizas y estructuras bien la manera de hacerlo. Debe ser un sistema bien pensado en el que se estipule de manera clara, eficaz y con base en los resultados obtenidos lo que debe ganar cada colaborador.

En primera instancia debes tener claro cuál será el sueldo base que le darás como remuneración a cada colaborador, según el puesto que va a desempeñar o la responsabilidad en la toma de decisiones. Para determinar el sueldo puedes investigar con empresas que sean afines a la tuya. Existen herramientas de búsqueda e incluso páginas en internet donde se comparte en foros, por propios trabajadores de diversas empresas, cuál es el margen promedio de sueldo que perciben según el puesto desempeñado. Informándote e investigando, podrás darte cuenta cuál es el sueldo promedio según el puesto, las actividades que se deben desempeñar o la especialización en conocimientos que debe tener el postulante. Podrás encontrar información sobre cajeros, vendedores o tal vez encargados de sucursal, quizá gerentes, oficinistas, secretarias, almacenistas, en fin, podrás comparar varios puestos. Estas páginas web también te ayudan a saber el promedio que se percibe según el país, estado o localidad. Cada zona geográfica puede tener sus variaciones en cuanto al ingreso percibido, toma en consideración los negocios afines y tu localidad, de este modo podrás determinar cuál es el sueldo base que brindarás a cada colaborador.

No solo asignes un sueldo fijo, que se torne aburrido y rutinario, asigna también comisiones o bonos según el desempeño y logro de objetivos específicos. Por ejemplo, considera la opción de brindar un bono a aquella persona que generó la mayor cantidad de ventas en el mes o quizá un bono a aquella persona que nunca faltó en el año laboral. Premia con bonos aquellas actitudes y aptitudes que de manera rutinaria son indispensables y de suma importancia para tu organización; que suman y brindan valor. Si premias estas cuestiones, tu equipo se esforzará por ser los mejores en estas áreas y por ende tu organización funcionará de manera más efectiva.

Las comisiones son otro sistema muy eficaz, en el cual puedes retribuir al colaborador una cantidad de dinero según las ventas que ha realizado de cierto producto o servicio. Analiza cuál es tu margen de ganancia por producto o servicio ofrecido y cuál es su utilidad neta, para que de esta manera designes cuánto puedes brindar al colaborador por cada determinado número de piezas vendidas. Analiza la manera de proponerle un reto, algo que en verdad le genere un esfuerzo y que por ende, a ti como dueño o director del proyecto, también represente una ganancia, o un beneficio mayor, de tal modo que puedas pagar por su esfuerzo adicional y siempre sea una relación de ganar - ganar.

Analiza tu situación financiera, investiga los esquemas de pagos de las empresas afines a la tuya, estudia tus números y haz las combinaciones necesarias entre sueldos fijos, comisiones y bonos para crear tu propio esquema de pago a tus colaboradores. Hazlo eficiente y plantea un reto o desafío, para que ante cada logro obtenido se sientan motivados, agradecidos y mantengan un compromiso constante de mejora para con la organización.

Hacer este esquema de remuneración no es cosa sencilla. Brinda el tiempo necesario para hacer los números y cálculos adecuados. Si realizas un esquema justo y llamativo, vas a evitar la rotación de personal; tu equipo estará bien remunerado y estarás en disposición de exigir trabajo de mejor calidad.

ACTIVIDAD: Crea el sistema de pagos y remuneraciones que vas a utilizar en tu organización para cada puesto. De ser posible, además de un sueldo base, también incorpora bonos y/o comisiones según el desempeño.

PROCEDIMIENTO DE CONTRATACIÓN

Debes tener claro, por escrito y en un manual, cómo debe ser el procedimiento para contratar. Es muy importante para garantizar que tu unidad de negocio va a funcionar sin ningún retraso cuando algún colaborador, por alguna u otra razón, deje de laborar en tu negocio. Con tu proceso bien establecido podrás prever, encontrar un reemplazo si es necesario y padecer poco por la ausencia de alguien. Evita que haya piezas clave en la organización. Una organización sólida y bien pensada, está diseñada para funcionar en equipo y sin la dependencia de una sola persona. Todos son muy importantes en la organización, pero nadie debe ser indispensable, ni siquiera tú mismo como dueño, fundador, socio o director del proyecto.

Establece de manera clara en este manual de contratación lo que se debe hacer y quién lo debe hacer una vez que se detecta que hay una vacante. Estipula dentro de tu equipo de trabajo quién debe ser responsable de atender este punto. Esta actividad requiere mucho profesionalismo, visión amplia del negocio y mucha empatía.

Una vez que hayas determinado al responsable puedes proceder a generar el proceso con detalle. En primera instancia, estipula cuáles son los medios con los que se dará a conocer al público tu vacante; si es que será directamente en el punto de trabajo con un anuncio, mediante redes sociales o quizá requieras contratar servicios personalizados para encontrar un puesto más especializado.

Una vez claro el punto anterior debes estipular el tiempo promedio que dejarás está vacante abierta, con el fín de recibir la mayor cantidad de postulantes. Establece por qué medio deseas recibir su currículum o solicitud de empleo. Este paso es necesario pues al recibir un curriculum puedes examinar a cada candidato y determinar si te resulta interesante; de ser así, puedes proceder a la siguiente etapa, que son las entrevistas.

ACTIVIDAD: Estipula de manera cronológica cuales son los pasos a seguir cada vez que se requiera contratar a alguien en tu organización.

MANUAL PARA ENTREVISTAS

Una vez que has detectado aquellos candidatos con un currículum atractivo, puedes proceder a generar un manual para entrevistas. El objetivo de este proceso es que el entrevistador pueda detectar la personalidad, aptitudes y lo más importante, las actitudes del postulante. Tomando como ejemplo la vacante de una persona encargada de ventas en una tienda de ropa; las aptitudes para saber cómo organizar, acomodar y mostrar la ropa se pueden ir creando y adquiriendo si van de la mano con una buena capacitación. La personalidad alegre y proactiva aunada con una excelente actitud de servicio, pueden ser características innatas no tan fáciles de percibir en currículums o solicitudes de empleo. Muchos postulantes tienen estas actitudes cuando aspiran a puestos que en verdad les generan pasión y satisfacción alcanzar, en esos casos si muestran de manera efectiva esa personalidad. Es muy importante elegir a estas personas, las que tienen la intención de colaborar con el equipo para encontrar beneficio grupal y personal; elegir bien solo se puede mediante el contacto e interacción personal que se da en una entrevista, de tal modo que se pueda detectar cómo se desenvuelve el aspirante.

Durante este proceso de entrevista, es importante que tengas claro cuál es el objetivo del puesto, además de las preguntas concretas que se deben realizar al aspirante, para que se pueda determinar si aquello que te responde se acerca un poco al panorama de lo que está buscando la organización. Procura hacer preguntas claras, concisas, que puedan ayudarte a saber un poco más del postulante. Las preguntas pueden ser aquellas en las que pueda expresar y demostrar cómo es su carácter, o cuáles son sus valores principales. Las preguntas no solo te ayudarán a conocer más del aspirante en su aspecto emocional y de personalidad en general, sino que también te pueden dar respuesta a aspectos muy importantes como ¿dónde vive?, ¿le será fácil llegar al trabajo? (para garantizar que no tendrá ausencias o retardos), también sus estudios y si es que ha conseguido algún tipo de reconocimiento adicional por algún conocimiento o habilidad.

Además de todas las preguntas que debes realizar para conocer más sobre el postulante, debes recordar que dos de los puntos más importantes que no puedes dejar fuera son el presentimiento y la empatía que se puede sentir en las entrevistas; aquello que percibas y que te haga pensar o sentir que tal postulante es un buen candidato por la energía que irradia, o su personalidad alegre, o su inminente actitud de servicio. La personalidad no se puede esconder y si en una entrevista logras sentir que el postulante se desenvuelve con claridad, se expresa con elocuencia y además tiene actitud de servicio, es muy probable que actúe de la misma manera ante tus clientes.

ACTIVIDAD: Genera 10 preguntas que te sirvan de guía durante la entrevista y que son las básicas necesarias para conocer más al postulante

ACTIVIDAD: Estipula 3 preguntas incómodas, no ofensivas, pero que hagan denotar la personalidad y la manera de actuar del postulante ante ciertas circunstancias de estrés, por ejemplo: ¿Qué harías si te despiden injustificadamente? ¿Qué harías si te pido que trabajes 2 hrs extras porque es necesario para la organización? ¿Cómo actuarías ante un cliente molesto por una confusión que cometiste?

HEADHUNTING

El headhunting es un método y forma de encontrar personal para tu organización con la ayuda de un tercero. Lo interesante del término, es que el headhunter, busca al candidato para el puesto que estás buscando, según el perfil de puestos que le has asignado. Muchas empresas usan este método sobre todo para aquellos puestos que puedan ser complicados de encontrar, ya sea porque son puestos muy específicos o escasos en el mercado. En estas circunstancias, vale la pena buscar el servicio de headhunting. Ellos pueden ayudarte a encontrar y seleccionar a los candidatos mejor preparados, normalmente tú tomas la última palabra y decides a qué colaborador emplear.

Investiga si en tu comunidad hay empresas de este tipo, en cuanto a la gestión de la contratación de los recursos humanos o algo similar. Ellos tienen la experiencia para conocer a los candidatos, llamar a sus referencias y cerciorarse de la veracidad de los documentos del colaborador que estás a punto de contratar.

DOCUMENTOS PARA EXPEDIENTE

Debes ser muy cuidadoso y organizado con los documentos de todo tu equipo de trabajo, no tenerlos actualizados o en orden te puede hacer perder una gran cantidad de tiempo y de dinero.

Date a la tarea de organizar todos tus documentos. Debes tener un expediente por cada colaborador y debes tenerlo listo desde antes de que el colaborador se incorpore a tu unidad de trabajo. Tener estos documentos te brinda un respaldo legal, además de que es tu obligación hacerlo. Cada expediente de cada colaborador debe contener al menos los siguientes documentos:

1. Contrato
2. Identificación oficial
3. Comprobante de domicilio
4. Acta de nacimiento
5. RFC
6. Número de seguridad social
7. CURP
8. Referencias laborales o personales
9. fotografías

Brinda una protección especial a cada expediente con protectores de hojas para que con el paso del tiempo se mantengan intactos, además de que los proteges de cualquier agente externo que pueda dañarles. Lo ideal es que también los puedas escanear y tener respaldados en digital en carpetas bien organizadas en DRIVE, o cualquier otro medio de almacenamiento en internet. Tener ambos respaldos te brinda una gran certeza y fortaleza en la cuestión jurídica para tu organización.

Hay colaboradores de muy buena fe y que buscan un trabajo digno y honrado, pero existen otros que no precisamente tienen las mejores intenciones. Existen pseudo colaboradores que en realidad son estafadores, se encargan de que les contraten en las empresas, trabajan bien un tiempo y después sin decir nada se van. Al paso del tiempo demandan sin razón a la empresa y de manera consuetudinaria se dedican a hacer esto, tratando de encontrar algún beneficio en aquellos pequeños negocios que no están bien amparados.

Ante cualquier demanda que pueda recibir tu empresa, tener el expediente de cada colaborador es primordial. Además de los documentos básicos del expediente antes mencionados, que solicitas cuando se incorpora un nuevo miembro, también debes mantener en resguardo los documentos que se generan con el paso del tiempo y mientras dura la relación laboral y que también son muy importantes. Estos documentos son:

1. Recibos de nómina timbrados
2. Comprobantes de pago de vacaciones
3. Comprobantes de pago de aguinaldos
4. Comprobantes de pago de utilidades
5. En general todo tipo de recibos similares que puedan representar una evidencia de que cumples con tus responsabilidades legales como patrón.

ACTIVIDAD: Brinda certeza y fortaleza jurídica a tu organización, crea los respaldos de los documentos del expediente de cada colaborador. Organiza la información en carpetas con protectores de hoja y también en digital, escaneando el documento y respaldando en DRIVE o cualquier otro medio de almacenamiento en internet.

ASIGNACIÓN DE RESPONSABILIDADES Y ROLES

Independientemente del tamaño de tu organización, en todo equipo de trabajo y en todo círculo social de emprendimiento hay roles y responsabilidades que se deben cumplir. El hecho de tener estos roles o responsabilidades involucra a la gente y la hace partícipe al trabajo en equipo para asegurar que todo en la organización funcione bien, cada quien aportando desde su respectivo puesto o rol.

Es muy importante que a los miembros nuevos, que recién se incorporan al equipo de trabajo, se les brinde un área o actividad de responsabilidad. que se les asigne un rol o algo que los haga involucrarse con el bienestar de todos en el equipo. Por ejemplo, puede haber alguien a quien se le asigne un área en específico de limpieza. El objetivo es que esta persona se encargue de mantener esta área en perfectas condiciones, tener cada espacio y rincón limpio. Si tu empresa es de productos, con cada uno de ellos correctamente frenteados, cada producto con las etiquetas de precio correspondiente, lo mejor colocados posibles y velar por el buen funcionamiento de esa área. Si hay algún producto que se ha agotado, ver la manera de conseguirlo, avisar a quien corresponda para que lo consigan. En caso de ofrecer servicios, no hay mucha variación, también se pueden encontrar áreas de oportunidad en tu organización.

Un negocio que empieza y que da sus primeros pasos, e incluso aquellos que ya tienen tiempo, siempre tienen nuevas necesidades. Estas nuevas necesidades, no siempre es conveniente que las atienda una sola persona, pero tampoco hay necesidad de invertir en una persona más a la nómina, puesto que quizá la labor o responsabilidad no lo amerita; sin embargo, si puedes delegar a alguien de tu actual equipo de trabajo esa responsabilidad. Si consideras que es una responsabilidad adicional que en verdad repercuta un esfuerzo extra o responsabilidad importante, debes considerar darle una contraprestación por esos servicios, de tal manera que sea conveniente tanto para ti, como para los colaboradores involucrados. Un ejemplo claro en este sentido es cuando detectas que la mercadotecnia digital es necesaria para cualquier negocio, y requieres generación de contenido sobre tus servicios o productos. Necesitas un poco de ayuda en este sentido, y lo más viable es disponer de los recursos con los que ya cuentas, es decir, apoyarte de los colaboradores que ya son parte de tu organización.

Determina todas aquellas actividades, roles o responsabilidades que son necesarias para que toda tu organización funcione bien. Cada actividad debe tener un responsable, en algunos casos quizás debas asignarles segundos grados de capacitación, es decir, mayor tiempo en fortalecer sus conocimientos del puesto en cuestión o responsabilidad que debe desarrollar en tu empresa. La responsabilidad nos hace madurar laboralmente, darnos cuenta que nuestro servicio repercute en los resultados de la organización. Cada colaborador debe sentir el compromiso que implica su responsabilidad, pues es quien rinde cuentas sobre los resultados obtenidos en esa área, ya sean positivos o negativos.

ACTIVIDAD: Asigna responsabilidades y roles a cada miembro del equipo para garantizar el éxito de tu organización. Tener una responsabilidad y rendir cuentas por algo nos hace madurar laboral y profesionalmente.

MANUAL DE CAPACITACIÓN

INSERTAR EL ADN ORGANIZACIONAL

Parte importante para la correcta sistematización es la capacitación; porque para sistematizar, se requiere uno de los recursos más valiosos en una organización: el equipo de trabajo. El equipo de trabajo logra su máximo potencial cuando se encuentra bien capacitado, cuando se logra insertar en ellos el ADN organizacional de tu empresa.

El capacitar implica determinar un lapso de tiempo en el cual la empresa puede desarrollar la habilidad de sus colaboradores para que en el menor tiempo posible, puedan alcanzar las aptitudes necesarias, o puedan reforzar aquellas en las que tengan que hacerlo. Determina el tipo de capacitación que habrá de necesitar tu equipo de trabajo para obtener los óptimos resultados.

La capacitación puede ser desde teórica, práctica o incluso mixta. Analiza cuál es el mejor programa y cronograma para concretar una capacitación adecuada. Estipula tiempos para que puedas medir el avance de cada uno de los colaboradores. Utiliza herramientas que te ayuden también a medir su desempeño y el avance que han tenido en cualquier rubro que tú quieras medir. Hoy en día puedes encontrar herramientas en internet, como formularios o cuestionarios que te podrán ayudar a hacer evaluaciones con las cuales puedas evaluar a tu personal y analizar qué tanto han aprendido sobre cierto tema en específico.

Toma como hábito el capacitar y evaluar a tu personal cada determinado tiempo, de tal modo que ellos forzosamente tengan que estar capacitados y actualizados sobre cualquier tema, y siempre puedan tener las herramientas adecuadas para continuar su capacitación. Brinda especial atención a tu modelo y plan de vida y carrera de los colaboradores, pues con este modelo poco a poco puedes desarrollar múltiples niveles de conocimiento y/o responsabilidad.

Estipula mediante logros, méritos o tiempo de experiencia, el grado que habrá de tener cada colaborador para subir de nivel; de este modo habrás de enfocar todos tus esfuerzos a que conforme pasa el tiempo, la rotación sea la más mínima y los equipos puedan ser sólidos, con gente capacitada. En cuanto detectes que alguno de los equipos tiene eslabones débiles, porque tiene gente de poca experiencia, podrás nivelar, incorporando a gente de nivel más avanzado. Estipula este tipo de modelos de crecimiento, para que también tu personal pueda involucrarse más con las responsabilidades que implica su entorno, es decir la unidad de negocio para la cual prestan sus servicios.

ACTIVIDAD: Desarrolla un cronograma o tabla con los temas que los nuevos colaboradores deben aprender para adquirir las habilidades y aptitudes necesarias que requiere el puesto en cuestión. Descarga la tabla ejemplo en www.filosofiaemprendedora.com

LAS REGLAS DEL JUEGO

Dice un viejo dicho popular que las reglas fueron creadas para romperse.

Si no hay reglas en tu organización, ni siquiera puedes saber en qué enfocarte y qué corregir para que tus colaboradores no las rompan. Es por eso que es imprescindible que cuentes con un reglamento de trabajo, en donde se especifique de manera clara y certera todos estos lineamientos que harán que tu organización se mantenga con disciplina y con orden.

En el reglamento de trabajo se expresa cómo se debe actuar ante aquellos detalles que en la operatividad del día a día se puedan presentar y que puedan generar dudas y/o mal interpretaciones. Debes estipular cada detalle respecto a las sanciones, todo lo que implique el hecho de hacer o no hacer algo. ¿Qué pasa si alguien falta a labores? ¿Qué pasa si alguien consume sustancias ilegales? ¿Qué pasa si hay una falta de respeto? etc.

Desde el reglamento, se deben especificar las condiciones generales del empleo. Tú como directivo puedes encontrar aquellos detalles que deseas evitar, o aquellas cuestiones que por experiencia sabes que entorpecen el correcto desarrollo del trabajo, por ejemplo, el uso desmedido de celulares en horarios laborales.

ACTIVIDAD: Crea las 10 primeras reglas para tu reglamento de trabajo. Si consideras necesario puedes agregar más y actualizar cada que lo requieras.

ORGANIGRAMA, LA REPRESENTACIÓN GRÁFICA

En un organigrama debes representar gráficamente mediante un esquema cómo es que se va a organizar la empresa, es decir, vas a estructurar los departamentos y también las jerarquías. Con este tipo de esquema tu empresa puede entenderse de manera más clara y promueve que cada miembro sepa con exactitud a quién le debe rendir cuentas, quién es su jefe inmediato, y en general todos sus superiores; así como también si es que tiene subalternos. El respeto en las jerarquías siempre va a ayudar a que haya una mejor organización en cuanto a la comunicación, para que los colaboradores no se salten estos canales y respeten los procesos de comunicación de la información.

Si no fomentas las buenas costumbres, respetando los canales de comunicación según la escala jerárquica u organigrama, tu organización caerá en el síndrome del "teléfono descompuesto". Este síndrome es cuando no se tiene certeza en la información, ya sea porque se mal entendió el dato transmitido o porque el canal de comunicación no fue el adecuado.

Fomenta dentro de tu organización la comunicación efectiva. Promueve el diálogo en todos los niveles. Hablando se entiende la gente. Hablando se crean maravillosos planes, se mitigan problemas y se pueden encontrar soluciones inimaginables. La comunicación es un arma muy poderosa que se debe fomentar siempre. La comunicación efectiva no solo implica hablar bien y coherentemente, también implica lo que expresas con tu presencia, con tus ademanes y en general con tus actitudes.

ACTIVIDAD: Crea gráficamente el organigrama de tu organización. Si es muy pequeña puedes hacerlo con una visión a 3 años para incorporar más áreas y departamentos. Recuerda que el primer paso es la previsión.

ASIGNACIÓN DE UN MENTOR

Asignar un mentor a cada uno de los miembros que recién se integran a tu organización es una buena decisión que debes realizar porque de esta manera garantizas que las capacitaciones se realizan en un tiempo más corto. Principalmente debes fomentar el trabajo en equipo y la relación entre aquel colaborador que ya tiene suficiente conocimiento y experiencia, con aquel nuevo colaborador que tiene energía y júbilo, pues acaba de integrarse al equipo y la expectación es alta pero el conocimiento es bajo.

Para tener un crecimiento sostenido, debes fomentar el desarrollo de aquella persona que ya tiene el suficiente conocimiento y tiempo en la organización como para poder guiar y dirigir equipos de trabajo. Normalmente la gente de mayor experiencia y que muestran mayor dedicación a su trabajo, son las que en el pasado, tuvieron que pagar con tiempo, dinero o trabajo sus errores. Solo así se aprende y se adquiere la experiencia necesaria.

Al fomentar el desarrollo de alguien, sin duda es porque a esa persona lo percibes comprometido con la empresa, que es responsable y que consideras que en definitiva sus valores pueden ser un ejemplo a seguir. Esta persona puede ser mentor en la organización, y en un corto plazo, subir en el organigrama y la jerarquía organizacional. Ten en consideración que los mentores preferentemente deben de ser personas tolerantes, con habilidades de comunicación. Mientras más desarrolladas tengan estas habilidades, mejor capacidad de ser mentores tendrán y mayor eficiencia en los resultados al brindar conocimiento a la gente que recién se integra. Ser un mentor fomenta el liderazgo y les prepara para subir en la escala. Es primordial que primero se practique y desarrolle el liderazgo, siempre de la mano con la tolerancia y las habilidades de comunicación.

Otra cuestión importante de formar mentores, es que estos, se vuelven expertos con el tiempo. Su conocimiento es extenso y son pilares en la organización. Su liderazgo se desarrolla más y conforme sea el crecimiento de la organización puede ser el crecimiento del colaborador.

El conocimiento de cada mentor y en general de cada persona en tu organización debe ir directamente proporcional a su aporte al negocio. Premia en remuneración adicional a aquellos mentores que por su amplio conocimiento, pueden seguir aportando educación, buenos valores y en general el ADN de tu empresa a todos los nuevos miembros.

ACTIVIDAD: Asigna mentores. Estas personas son encargadas de brindar y transmitir conocimiento a los miembros de nuevo ingreso en tu organización.

ATENCION A CLIENTE

La atención al cliente debe ser una de tus prioridades. Cuando tú te encuentras inmerso en la operatividad y directamente en las ventas, es decir, en la atención directa con el cliente, puedes confiar en que tu negocio va a funcionar bien, porque nadie pone tanto esfuerzo y dedicación como el propio fundador, dueño o directivo. Una vez que tienes que despegarte y enfocarte en actividades más directivas, tendrás que delegar la atención al cliente a tus colaboradores y la única manera de cerciorarse de que lo están haciendo bien es poniendo los lineamientos, los procesos y métricas para que ellos, incluso los menos capacitados, sepan brindar una atención de excelencia y servicio personalizado a cada cliente.

Hazles saber a los colaboradores, que es parte de su responsabilidad el cuidar a los clientes y fomentar la adquisición de nuevos. Tus colaboradores de ventas deben esforzarse por obtener buenos comentarios y valoraciones en las plataformas digitales o en los buscadores de internet. Enseña a tu equipo de trabajo la importancia de brindar un excelente trato al cliente. Un cliente que se va molesto de tu punto de venta puede repercutir en más gente molesta si esta persona se encarga de hablar pestes de tu negocio. En cambio, si tu equipo está encargado y comprometido en atender de manera correcta y servicial al cliente, te aseguro que este cliente se multiplicará y hablará bien de ti con sus conocidos y amigos; te van a recomendar y te aseguro que generan más ventas y beneficios esos detalles.

Estipula métricas para medir el desempeño de tus colaboradores en cuanto a la atención al cliente. Mide la cantidad de clientes que tienes en promedio al día, semana y mes; estipula como reto a tu equipo de trabajo obtener nuevos. No te conformes con generar nuevos clientes, parte importante del éxito en cualquier organización es mantener las compras frecuentes del cliente. Atraer nuevos clientes solo fue tu primer gancho o anzuelo, ahora debes brindar el producto o servicio que resuelva la necesidad para que tu comprador no solo sea eso, si no que vuelva a comprar una y otra vez hasta que se convierta en un ferviente cliente.

Para tener un mayor control en tus unidades de negocio y promover el excelente trato al cliente utiliza la tecnología. Utiliza aplicaciones especiales para teléfonos inteligentes con grabación de llamadas, de este modo tu equipo de ventas sabe que debe dar un esfuerzo adicional en la venta, pues un supervisor puede revisar el desempeño derivado de las grabaciones. También debes incorporar cámaras, micrófonos y todo aquello que pueda serte útil para monitorear el desempeño de tus colaboradores ante el cliente. El objetivo es que el colaborador tenga en cuenta que el trato al cliente y la atención personalizada es uno de los puntos básicos en el ADN de tu organización y que por supuesto más valoras como administrador y/o director del proyecto.

Para evitar anomalías, y burocracia, es muy importante que brindes a tus clientes los caminos de comunicación adecuados para que brinden sus comentarios y/o valoraciones sobre tus productos o sobre su experiencia en su última visita a tu establecimiento, lo importante es que puedas estar enterado en caso de que algo no este bien en cuanto al trato al cliente, ya sea por parte de un colaborador en específico o toda la unidad de negocio en general. Brinda la oportunidad a tus clientes de dejar sus comentarios en buzones de comentarios, quejas y sugerencias; invitalos a enviarte correos electrónicos, sus comentarios directo a tu buzón en las plataformas digitales, etc. Lo importante es que el cliente sepa que la dirección general desea saber su opinión y que le puedes atender de manera rápida y eficiente en caso de dudas.

Ante la queja de cualquier cliente siempre busca solucionarlo de inmediato, porque recuerda que un cliente que se queda enojado puede repercutir de manera negativa en tu organización en el corto y mediano plazo, pues cabe la posibilidad que hable mal y brinde malas referencias respecto a tu negocio con todos sus amigos y conocidos.

ACTIVIDAD: Estipula métricas que te permitan saber qué tantos clientes nuevos estás obteniendo, para después enfocarte en hacerlos clientes recurrentes.

ACTIVIDAD: Incorpora cámaras, micrófonos, software o cualquier otro artefacto o aparato que te permita monitorear el desempeño del equipo de ventas.

CRONOGRAMA DE PUBLICACIONES

Deja el anonimato, date a conocer con cada vez más personas para que tu catálogo de clientes se incremente. Utiliza un cronograma de publicaciones en redes sociales.

Nos queda claro que uno de los principales medios con los cuales toda la gente puede comunicarse mejor es mediante el internet, por que en ese medio puedes usar las redes sociales, que son unos de los inventos que han revolucionado a la humanidad y que son consecuencia de los cambios y los avances generados en la tecnología y el uso de procesadores para crear computadoras.

Las redes sociales han llegado para generar interacciones entre múltiples personas, de diferentes áreas geográficas. Esto hace que tu negocio pueda tener posibilidad de ser visto por más y más personas cada vez, todas ellas interesadas en tus productos o servicios. Es una excelente herramienta de mercadotecnia y publicidad, con las redes sociales, tus publicaciones pueden llegar más fácilmente a la gente que en verdad consideras que puede ser tu cliente potencial.

Es fantástico todo lo que la publicidad y el SEO (search engine optimization) pueden aportar a tu organización. De la publicidad en línea es que puedes seccionar el público meta, a quién quieres dirigirte. Si por ejemplo, has detectado que tu cliente ideal es una persona de 40 años, de sexo femenino y quizá de profesión vendedora, seguramente podrás seccionar mas facilmente tu publicidad y garantizar llegar a los verdaderos clientes potenciales que se asemejen a las caracteristicas que has puesto como base.

Cuando brindes el uso correcto a tus redes sociales, te aseguro que tu mensaje y productos o servicios van a llegar a la gente indicada. Una vez que has detectado el canal indicado, ya sea Facebook, Instagram, TikTok o cualquiera que determines, siempre tienes que tener en consideración que es muy importante determinar el contenido esencial de las publicaciones y la vibración de estas, es decir que tan frecuentemente las vas a estar publicando a tus seguidores.

El éxito de tus campañas en las redes sociales radica en el hecho de que a la mayoría de los clientes les gusta tenerte presente y saber que cuando necesitan algo podrán acudir a tu negocio y encontrar justo lo que estaban buscando. Para estar presente en la mente de los usuarios se requiere mantener una vibración constante, de tal modo que el público se vaya familiarizando poco a poco con tu marca. No solo publiques en tus redes sociales tus productos, también brinda conocimiento, tutoriales, tips y todo aquello que agregue valor a tus productos. No solo vendas el producto, primero enseña al cliente como usar el producto y te aseguro que habrás dado un gran paso en la creación de una necesidad en el usuario, que en el corto o mediano plazo se puede convertir en tu cliente.

Hay múltiple información de interés que puedes brindar, incluso para que el cliente potencial conozca un poco más de tus productos y servicios, sobre todo cuando aún no te han visitado físicamente y apenas están conociéndote en las redes sociales. Publica tus horarios de trabajo y haz saber a tus clientes que en esos horarios podrán atenderles. Promueve tus productos estrella, así como aquellos que desees promocionar para agilizar su venta. No dejes de publicar promociones y descuentos, a todos nos gustan las promociones y descuentos.

Tus publicaciones deben ser constantes y dependiendo tu giro y horarios más comunes puedes determinar si hacer una o varias publicaciones al día o tal vez cada determinados días. Realiza con prudencia tu estudio para que puedas programar y asignar:

1. ¿Cantidad de publicaciones al día?
2. ¿Tipo de publicación? PDF, VIDEO, GIF, etc
3. ¿En qué plataformas se deben publicar?
4. ¿En qué hora del día se deben publicar?
5. Fechas especiales (días festivos). ¿Cuántas y qué fechas en especifico?

Atendiendo las preguntas anteriores, podrás crear tu cronograma de publicaciones, la principal herramienta para darte a conocer al público

ACTIVIDAD: Crea el cronograma de tus publicaciones para las diferentes redes sociales contemplando todo el mes.

¿EN QUÉ MEDIOS Y CUÁNTO INVERTIR PARA PUBLICIDAD?

El canal donde decidas invertir depende mucho de cuál será tu estrategia respecto a tu público meta final. Analiza de qué manera puedes llegar más fácil a tus clientes: mediante textos en artículos, con una imagen o una secuencia de ellas, o incluso una combinación de texto e imagen. En las redes sociales como Facebook puedes compartir todo tipo de elementos y por lo general es una de las redes sociales que más seguidores tiene hoy en día.

Debes considerar otras opciones, no solo aquellas que consideres que sean las más utilizadas, pues podrías estar dejando ir un público muy amplio si no abarcas otras redes sociales. En este sentido es como las ventas, mientras más canales de publicidad tengas, mayor posibilidad de conversión a ventas tendrás. Considera usar aplicaciones como Tik Tok, Instagram, Whatsapp, Twitter o cualquier otra que surja y/o esté en tendencia, pues lo único certero en esta industria de la tecnología es que todo debe cambiar y mejorar.

Siempre habrá nuevas redes sociales y nuevos elementos en los cuales se puede hacer publicidad: en plataformas de búsqueda como Google, en plataformas para videos como YouTube etc, Determina cuáles son las que va más ad hoc a tu negocio y procura usar al menos 2 o 3 plataformas diferentes. Usa diferentes canales de comunicación, diferentes redes sociales o bien diferentes plataformas, no te limites solo en una.

Es muy importante que tu contenido sea atractivo a los seguidores o fans de tu proyecto, es por ello que debes procurar que cada publicación sea de gran valor. Recuerda que también es muy importante la optimización de tu trabajo; si realizas una publicación rica en contenido e información, incluso puedes respaldarla de algún modo, de tal forma que toda esa información e imágenes o videos que utilizaste, puedan ser ocupados en un futuro en otra red social. La intención es que el contenido de cada una de tus redes sociales sea diverso y nunca sincronizado, pues mantenerlo sincronizado podría brindar una percepción de poca creatividad por parte del community manager o encargado de redes sociales. En cambio, si en todas tus redes sociales estas mostrando contenido diferente, esto motiva a los seguidores a querer saber más de ti en diversos medios, pues sabrán que el contenido es diferente, aunque tú bien sabes que ocasionalmente reciclas el contenido. No abuses de esta técnica, pues no se trata de engañar a tu público, solo se trata de optimizar y aprovechar el esfuerzo que ya has hecho en crear la publicación.

El cuánto invertir siempre va a depender de la dimensión de tu negocio y la cantidad de gente a la que quieras llegar. Siempre se coherente en cuanto a tus posibilidades, porque si bien es cierto, quisieras llegar a todo el país, y a toda la gente, muchas veces esto no es lo más conveniente, además de que puede resultar muy costoso. Debes centrar tus estrategias en aquello que más te conviene, tomando en consideración dónde se encuentra tu público meta. Determina si vale la pena que tu publicidad llegue a más ciudades o si solo conviene centrarse en el área local. Si no tienes manera de enviar tus productos u ofreces un servicio que implique tu presencia, tu enfoque será definitivamente local. Si centras tu estrategia de publicidad en un mercado más certero y no tan amplio, puedes garantizar que tu inversión será menor y el alcance de manera orgánica mayor.

No dejes de invertir en publicidad, la publicidad siempre brinda una garantía de que lleguen personas nuevas a tu negocio, a veces funciona mejor tu publicidad y llegarán muchas, en otras ocasiones quizá el alcance sea mínimo y debas reajustar o simplemente parar la publicidad. El adquirir nuevos clientes siempre es un costo operativo. Destina entre un 3% y un 5% de tus utilidades para seguir tus planes y estrategias de publicidad en los diversos medios posibles. Todos los giros pueden ser muy diferentes, y en algunos casos debas, casi forzosamente, invertir una mayor cantidad en publicidad. Lo importante es que tengas ya destinado este capital para tu publicidad y que seas consciente que no es un gasto, esta publicidad debe ser una inversión, y para que en verdad sea una inversión, debes poner tu esfuerzo para que así sea, brindando publicidad provechosa al cliente y no solo contaminación visual. Recuerda que lo más importante es aportar algo a quien te observa.

Conforme pasa el tiempo tendrás oportunidad de aprender más sobre las métricas en las diversas plataformas dónde vas a invertir en publicidad, de este modo puedes tener una certeza de cuando una publicación en verdad te está resultando benéfica, o si debes parar y no seguir gastando más dinero. Anota tus puntos más importantes, pues estas plataformas y las métricas que utilizan suelen ser muy variadas, y no solo eso, los gustos de la gente también pueden ser diversos, por ello analiza qué publicaciones son las que más les gustan a tu público, ya sea por la cantidad de comentarios o interacciones en general que recibes. A las plataformas les encanta ver que la gente reacciona a tus publicaciones, si logras esto, tu gasto publicitario puede ser menor conforme tu experiencia crece.

ACTIVIDAD: Aprende más sobre las diferencias en el tipo de publicidad que te ofrecen las diversas plataformas o redes sociales. Haz un comparativo e invierte en la que mejor se acople a las necesidades de tu organización.

INVESTIGA A LA COMPETENCIA

La realidad es que en el entorno comercial, nuestro negocio no es el único que existe, estamos en constante compromiso con el público de ofrecerle mejores precios, mejores productos, en general mejor calidad. Además de eso, estamos inmersos en un mundo competitivo, pues también surgen nuevos negocios que implican una competencia directa a nuestra organización. Esta competencia no siempre es mala y si lo vemos por el lado positivo, es totalmente sana y necesaria para que se desarrolle de mejor manera todo el ambiente microeconómico del entorno.

Si quieres ser mejor cada día tienes que analizar ¿quién es tu competencia? tienes que tener en consideración cuál de tu competencia está en un nivel inferior al tuyo, cuál está en un nivel similar y aquella competencia a la cual aspiras llegar a ser algún día; aprende de las 3, evita los errores que te harán ser mejor que tu competencia, aprende de las cosas buenas y copia las cosas que creas que se puedan incorporar en tu estilo de negocio. Si algo ha funcionado con el paso del tiempo, es porque tiene un buen cimiento y buenas directrices. Trata de aprender las cosas buenas de las grandes empresas y las grandes multinacionales, copia lo que te sea posible pero no solo copies por copiar, en todo aquello que imites, debes agregar tu sello personal, agregar un plus de calidad, de esmero que haga que no solo sea una copia, sino que sea algo que has mejorado y perfeccionado.

De vez en cuando pon en práctica la técnica del Mystery Shopper: acude a tu competencia y realiza compras. El objetivo es analizar qué es lo que venden, cómo acomodan los productos, los muebles, analiza cómo es el servicio, cómo te atienden: desde que ingresas al establecimiento hasta que sales. Analiza qué consideras que hace mal esa competencia y qué puedes hacer tú para mejorar y no cometer el mismo error. Si detectaste que hay algo que hacen muy bien, y qué crees que tú puedes implementar en tu negocio, hazlo, es el objetivo: tratar de ser la mejor versión de tu giro.

Cuantas más competencias puedas visitar, mejor será tu experiencia y tu retroalimentación. En cada visita a tu competencia, ten en consideración desde antes qué preguntas son las más importantes que te gustaría saber: quizá el precio del producto más vendido, quizá si ofrecen algún descuento especial, pregunta si manejan algún paquete, si aceptan pagos con tarjeta o aquellos pagos diferidos en 12 o 6 meses, investiga sus horarios, investiga qué servicios adicionales manejan, tal vez un servicio a domicilio, tal vez un servicio de 24 horas, quizá un servicio de WhatsApp personalizado; en fin, analiza cada detalle que hace tu competencia y si es posible para ti, impleméntalo y mejóralo en tu organización.

En promedio analiza a tu competencia cada trimestre, de esta manera podrás estar al pendiente de cualquier novedad en tu giro y en tu sector. Si te es posible, debes conocer a tu competencia indirecta: aquella que se encuentra en una área geográfica diferente a la tuya. Muchas veces el salir de tu territorio y conocer una cultura diferente también te llenará la mente de ideas nuevas, serás una persona más creativa y al momento de regresar a tu zona geográfica original podrás implementar un montón de cosas nuevas que jamás se te hubieran ocurrido si todo el tiempo hubieras estado enfocado solamente en tu zona geográfica. Explora, conoce fuera de tus horizontes, conoce otros estados y si te es posible otros países e incluso continentes. El propósito de hacer esto es que puedes convertirte en una persona visionaria y multicultural.

Si tienes la fortuna de visitar algún país en el cual tengan cierto producto o servicio bastante evolucionado en comparación con el resto de los países, tú tendrás una ventaja competitiva enorme, porque al regresar a tu país podrías implementar ese tipo de técnicas, servicios o productos que viste en el extranjero. Atiende este tipo de necesidades en tu comunidad y verás que podrás convertirte en un pionero; el ser pionero implica una gran responsabilidad pero con el paso del tiempo también implica un gran beneficio y todo esto lo obtienes si analizas tu competencia tanto local, nacional o internacional; directa e indirecta.

ACTIVIDAD: Visita a 5 negocios que consideres sean competencia de tu organización. Investiga los puntos más importantes, como los productos que vende, el modo de acomodarlos, los muebles y/o aparadores que usa, cómo es el servicio de atención al cliente, y cualquier detalle adicional que te ayude a mejorar la manera de comercializar tus productos.

CAPÍTULO 6.

PREAPERTURA Y APERTURA DEL NEGOCIO

Iniciar un negocio implica un deseo de cambio y/o evolución. Dar el primer paso es renacer a tu nuevo yo; es el punto de partida que nos recuerda que no importa donde empezamos, sino tener claro a dónde nos dirigimos.

Todo negocio es una unidad de trabajo que debe funcionar sistemáticamente. Cuando decidas empezar de manera formal tu carrera como emprendedor debes considerar siempre que el negocio que estás a punto de montar debe ser una unidad de negocio que en el mediano plazo debe funcionar sin ti. No solo debes crearte un empleo, debes crear todo el entorno necesario para que ese negocio sea un lugar donde ofrezcas oportunidades de trabajo a más personas, debe ser una fuente de empleo. Tu dirección y liderazgo harán el resto para consolidar el negocio al paso de los meses y años.

Para lograr lo anterior, los puntos expuestos en este capítulo te ayudarán a crear desde el principio las cuestiones básicas necesarias para optimizar tu negocio. Lo más importante es lo que se crea al inicio. Vale la pena que desde el principio hagas las cosas bien, para evitar errores que puedan costarte pérdidas de cualquier tipo. Además los tiempos son muy importantes, debes ser consciente del "timing", es decir, el momento oportuno en el que debes incorporar cada detalle para garantizar los resultados más óptimos.

Cada uno de los detalles que veremos en este capítulo harán que tu negocio se perciba más profesional ante la vista de tus clientes. Los clientes necesitan certeza de saber que están comprando o adquiriendo los servicios de un profesional. Para ser un profesional, primero debes aparentarlo sin descuidar los detalles más importantes.

PERSONAL

Es común al empezar un negocio el no saber qué esperar. Simplemente no lo sabes porque no tienes la experiencia, estarás experimentando y todo cuanto recibas de información te será nuevo y útil. Debes pensar siempre en el mejor de los casos pero aun así, ser precavido respecto a la cantidad de personas a contratar.

Una clave para acertar es recordar que parte importante del éxito de un negocio es su estabilidad respecto a los horarios. Si brindas horarios amplios, todos los días de la semana, brindas mucha comodidad al cliente, pues sabe que te puede encontrar en amplio horario y todos los días de la semana; es una ventaja competitiva enorme respecto a la competencia que no lo ofrece. Por supuesto lograr esto implica más personal, pues debes tener abierto todos los días, y tener el suficiente personal para cubrir los descansos de cada colaborador. Vale la pena la inversión, pero se precavido en un principio.

Organiza tu nuevo sistema, fija los puestos que hagan falta. En una primera instancia es válido que una persona realice más de 2 funciones, incluso tres si es muy necesario, pero no más. Si detectas que una persona en tu organización debe cumplir con más de 3 responsabilidades, es porque indudablemente debes conseguir más personal para aligerar la carga de trabajo. Lo mismo aplica para ti. En un principio eres tú nada más, y puedes fungir con diversos puestos y responsabilidades, pero en cuanto estés realizando el trabajo de 3 personalidades diferentes, debes considerar la opción de contratar a alguien.

¿Cómo vas a organizarte para que ese nuevo punto de venta tenga el suficiente personal? No solo pienses en el personal que habrá de trabajar en esa locación, también piensa en el personal administrativo, el personal encargado de supervisar, en quién hará la contabilidad, o cualquier otro detalle adicional en caso de que corresponda.

ACTIVIDAD: Identifica el personal que requieres para garantizar el éxito durante la apertura y al menos los primeros 3 meses de operación de tu negocio.

LA IMAGEN EXTERIOR

Los clientes no son adivinos y si no les haces saber que próximamente se va a aperturar tu negocio, ellos jamás lo sabrán. Las cosas más importantes a considerar de tu imagen exterior son las siguientes:

1. Letrero de próxima apertura
2. Pintura exterior acorde a tu branding
3. Logo y eslogan
4. Mostrar los medios de contacto: teléfono, WhatsApp, correo electrónico, etc.
5. Horarios de trabajo
6. Anuncios luminosos, en caso de que corresponda y/o sea necesario.

Veamos más a detalle de qué trata cada una de ellas.

LETRERO DE PRÓXIMA APERTURA

Una excelente estrategia de publicidad, es el hecho de colocar un letrero o anuncio que simplemente señale la próxima apertura de tu negocio. Asegúrate de dejar de manera clara y explícita de que trata tu negocio, de tal modo que los clientes poco a poco puedan familiarizarse, y con el tiempo te tengan presente en sus mentes. Aprovecha los tiempos de adecuación para empezar a realizar tu publicidad. Un simple letrero de próxima apertura puede ser muy significativo y representar gran diferencia en las ventas. Desde los primeros días en los que tengas posesión de tu local, coloca este letrero. La gente que camina o pasa en los alrededores ya tendrá idea de lo que próximamente abrirá en esa locación. La apertura de nuevos negocios siempre o en la mayoría de los casos genera expectativa y duda en las personas que miran el establecimiento, por ello, debes aprovechar para poner tu letrero.

ACTIVIDAD: Cerciorate de contar con tu letrero de próxima apertura, con una medida que sea visible y entendible para quien lo mira.

PINTURA EXTERIOR

En tu negocio no solo vende tu producto y servicio, también vende la imagen que le brindas al cliente, ya sea de ti, de tus colaboradores o del negocio mismo en su interior y exterior. Es por ello que no debes descuidar la imagen exterior, por el contrario, debe ser una de las cuestiones en las que más debes enfocarte para garantizar que tu negocio sea atractivo y llamativo a la vista de los clientes. Pinta de manera adecuada el exterior y siempre con los colores representativos de tu organización. La imagen exterior debe ir acorde a tu branding, debe reflejar lo que estás vendiendo de tal manera que alguien que te vea inmediatamente sepa de qué trata tu negocio u organización. Ocupa los colores indicados según lo que vas a ofrecer. Ocupa la creatividad y analiza qué puedes incorporar en tu imagen exterior para hacerte diferente a los demás negocios, de tal forma que pueda ser una manera eficiente de llamar la atención del cliente y estar presente en sus mentes.

ACTIVIDAD: Diseña la fachada de tu negocio utilizando los colores de tu branding.

LOGO Y ESLOGAN

Brinda atención a la imagen de tu logo y las letras o palabras de tu eslogan. Con la imagen de tu logo vas a representar mucho sobre tu emprendimiento, debe ser una imagen clara y concisa que represente en gran medida la esencia de tu organización. Esta imagen es la que va a estar presente en la mente de tus clientes siempre, incluso la imagen que estará en la mayoría de tus anuncios publicitarios y en documentos corporativos, como tarjetas de presentación, sellos, minutas, etc. No es poca cosa.

Con la tipografía de tu eslogan debes dejar en claro, para cualquiera que te vea, a qué te dedicas. No hay nada más confuso que aquellas empresas que tienen nombres rimbombantes pero a simple vista no se sabe o no se logra distinguir a qué se dedican. Se pierden gran cantidad de clientes si no queda claro al público a qué te dedicas, puesto que no generan esta curiosidad en el cliente o simplemente no despiertan la necesidad que pudieran tener. En cambio, si tu eslogan es claro, los clientes sabrán qué esperar de ti y saber si contigo pueden solventar sus problemas o necesidades.

ACTIVIDAD: En conjunto con tu diseñador, concreta el logo y eslogan de tu emprendimiento.

MEDIOS DE CONTACTO Y HORARIOS

Los clientes no podrán encontrarte y estar en contacto con tu organización si no les brindas los medios para hacerlo. Coloca en el exterior del negocio tu número telefónico o tu página web; coloca algún correo electrónico o tu número de celular para recibir mensajes. En concreto todas las maneras que ofreces a tu cliente para estar en contacto con ellos, incluso puedes agregar tus datos de contacto en redes sociales.

De manera conjunta con los medios de contacto, debes mostrar a tus clientes los horarios de tu establecimiento. Es primordial que el cliente sepa en qué horario puede encontrar abierto tu negocio; es muy desagradable dar vueltas en vano. Recuerda que mientras más amplio sea el horario en que estás abierto al público, mayor posibilidad tendrá el cliente para visitarte.

Para mostrar esta información al cliente o usuario puedes utilizar carteles, viniles o con pintura en las paredes o cortinas de seguridad exteriores. Deja en claro y visible a tu cliente o prospecto estos datos para que cualquiera que te vea pueda llamarte o buscarte por diversos medios. Incluso, si ven cerrado tu negocio, puedan ver en qué horario encontrar abierto el establecimiento al día siguiente.

ACTIVIDAD: Muestra en el exterior de tu negocio los medios de contacto y los horarios de tu establecimiento.

ANUNCIOS, LONAS Y/O TOLDOS

No solo puedes sacar provecho a la publicidad cuando tu negocio está abierto y/o haciendo publicidad pagada en redes sociales, también cuando está cerrado y por la noche o la madrugada (en el caso de aquellos negocios que se encuentran en la vía pública). Por ello, considera que también pueden resultar viables los anuncios luminosos, lonas y/o toldos en ciertas circunstancias, porque ayudan a hacer más llamativo el escaparate de lo que habrá de ser tu negocio, y por supuesto sacas el provecho de su función inicial, como el hecho de cubrir el sol o la lluvia, en el caso de las lonas y/o toldos.

El uso de estos anuncios puede implicar gastos adicionales en cuanto a derechos de uso de letreros o señalamientos en vía pública ante instituciones gubernamentales. Pide ayuda a un contador para que te oriente y puedas valorar si los impuestos o contribuciones que debas pagar se solventan con el beneficio de tu publicidad.

Una excelente manera de sacar provecho a estas herramientas es al momento de obtener patrocinios por parte de tus proveedores. Pregunta a tus diversos proveedores si alguno de ellos está interesado o si quizá ya maneja dentro de las políticas de su empresa algo relacionado a esto. Muchos proveedores con tal de ver su logo en alguna parte de tu toldo, podrán apoyarte brindando algunos beneficios. Investiga qué te ofrecen los proveedores y ve con el mejor postor.

ACTIVIDAD: Considera si es viable en tu negocio incorporar anuncios luminosos, lonas y/o toldos. De ser así, busca un patrocinador.

EL DISEÑO INTERIOR

La ubicación de tu mobiliario y en general el diseño interior pueden ser una excelente herramienta para volver más eficiente a tu organización o unidad de negocio. Los muebles bien ubicados, que muestran el producto de manera clara, siempre son muy llamativos para los clientes y pueden llegar a considerarse una clara ventaja competitiva.

La gente se enamora por lo que ve, si adicional a esto, tú ofreces un buen producto, un precio accesible y te ubicas en un lugar de mucha afluencia, estoy seguro que ya tienes la mitad del éxito asegurado. Recuerda que en los negocios, sobre todo del tipo retail o venta minorista, es muy importante que el personal a cargo sea quien tenga el control en su mayoría de los productos, y la manipulación de estos. Es decir que tu personal sea quien muestra el producto, explica las características y se encarga de vender al cliente.

La sugerencia es que en el diseño del interior el cliente pueda moverse libremente, que haya espacio suficiente para colocar mercancías y por supuesto espacio suficiente para el mobiliario. Una vez que tienes el local indicado debes proceder a solicitar permiso al actual administrador(a) para que puedas medir y tomar referencia de cada detalle del local, de este modo podrás programar cómo será la ubicación de los muebles y en qué sentido te será más conveniente ubicarlos. Esto es un tema muy importante pues recuerda que debes promover el libre tránsito tanto del personal de trabajo como de los clientes. Debes procurar que en la ubicación del mobiliario se promueva que los clientes puedan caminar y recorrer la tienda para que de este modo puedan visualizar la mayor cantidad de productos disponibles.

ACTIVIDAD: Desarrolla en conjunto con tu diseñador un plano ideal sobre cómo deben ubicarse los muebles y demás mobiliario en tu negocio. Antes de actuar, planea.

ADECUACIÓN DEL LOCAL Y/O ESTABLECIMIENTO

Adecuar un local también implica identificar lo relativo al tipo de servicios que vas a requerir para la correcta operación de tu unidad de negocio, por ejemplo: internet, luz, agua, etc. Averigua con tu arrendador si es que se cuenta con una línea especial para el pago de electricidad, así como una línea de pago de agua o si por el contrario habrás de pagar una suma generalizada cada mes como contraprestación a estos servicios. Pónte en contacto con el administrador del local en donde estás rentando, para que puedas disponer de energía eléctrica a la brevedad. El tema eléctrico es lo principal y lo básico para poder tener disponible los recursos necesarios para las otras adecuaciones, pues va a ser de suma importancia utilizar taladro y demás herramientas eléctricas.

Si ya dispones de un local adecuado con luz y electricidad, puedes proceder a realizar y poner en marcha el diseño interior que habías proyectado, tomando en consideración todo lo que vas a necesitar para exhibir tus productos, recibir a clientes, material de apoyo para exponer tus servicios, etc. Analiza si lo que necesitan las paredes es pintura o tal vez se necesite algo de yeso o quizá sea necesario rellenar huecos en la pared. Ten en consideración toda la cuestión constructiva y de albañilería que se pueda necesitar, pues lo importante es que esta cuestión quede resuelta en primera instancia, después podrás enfocarte en las cuestiones de diseño y decoración. En el diseño y decoración entra la pintura, así como también diseños adicionales o necesarios para la exhibición de producto o la separación de áreas en dónde habrás de laborar.

Empieza a generar tu lista de contactos en cuanto a la gente que habrá de involucrarse en la adecuación. Siguiendo un orden lógico, en primera instancia serían los trabajos de albañilería, después los trabajos relacionados con la energía eléctrica y la plomería, después los trabajos de herreria y cerrajeria y al final podemos dar paso a los trabajos finales de detalle o decoración.

ACTIVIDAD: Crea tu directorio de personas que pueden ayudarte en la adecuación, principalmente en cuestiones de albañilería, electricidad, plomería, herrería, cerrajería y demás necesarios para garantizar la correcta operación en las aperturas.

FABRICACION DE MUEBLES A LA MEDIDA

Tómate en serio la fabricación de muebles a la medida, pues un emprendedor, siempre debe ver a futuro y siempre vislumbrando la manera de como hacer lo más eficiente posible cada centímetro del negocio. Lo que estás creando ahora debe poder reproducirse después en otro local de igual tamaño, o al menos similar. Todo el conocimiento que adquieras en esta primera etapa te servirá para las siguientes, entonces vale la pena que desde ahora te enfoques en brindarle a este tema la importancia y el tiempo que sea necesario. No demores de más, recuerda que el éxito también radica en la acción. Analiza de qué manera puedes organizar el espacio en tu unidad de negocio, todo con miras a un beneficio futuro, pues en esta etapa estas buscando encontrar y consolidar tu modelo de negocio, con aquellos muebles pensados especialmente para cada espacio de tu unidad de negocio, esto será el boceto que te ayudará en un futuro a poder franquiciar tus unidades de negocio. Cada mueble cuenta.

Analiza cuáles son las necesidades del personal para que todo mueble sea ad hoc a dicha actividad. Mantén un registro de cada mueble: sus medidas, materiales, incluso el costo promedio que te cuesta desarrollarlos o crearlos. Estos parámetros también son de gran ayuda cuando estás en un proceso de franquicia, pues pueden ser parte de un diferenciador muy evidente respecto a la competencia. Informa en tu manual de manera clara cuáles son los materiales permitidos y los adecuados a las funciones que deben cumplir, ya sea para exhibir de mejor manera productos o porque son los materiales adecuados al ambiente en el que se encuentran.

ACTIVIDAD: Piensa en los muebles que son únicos y específicos para tu giro, por ejemplo áreas de recepción, salas de espera, muebles y vitrinas de exhibición. Crea y representa el branding ideal en tu mueblería, pues incluso estos diseños, pueden ser patentados, y esto puede traerte un gran diferenciador.

INSUMOS NECESARIOS

Medita cuales serán los insumos básicos necesarios para que todo opere de manera sistemática en tu organización. Observa cuáles son los básicos necesarios, como el agua, luz y quizá el internet. Adicional, identifica aquellos relacionados a la papelería, la limpieza, o todo aquel producto o artefacto que ayude a la manutención del negocio en sus múltiples sentidos y áreas.

Observa cuáles son las necesidades que debes cubrir para que el personal se mantengan en un ambiente saludable, limpio y organizado. Mientras mejor sea el lugar de trabajo, mejor es la productividad. Espacios limpios y organizados, producen un mayor estado de placer en las personas que ocupan dicho espacio. Por ejemplo, se puede mencionar el agua purificada para beber; tener dispensadores y todo lo relacionado a que el colaborador y/o clientes puedan disponer de agua.

En la adquisición de insumos, podrás encontrar incluso oportunidad de negocio. Si logras organizarte de manera efectiva analizando tus necesidades, en algunos casos, podrás hacer uso de compras por mayoreo. Organiza una compra mayorista cada determinado tiempo para aprovechar el mejor precio posible por parte de tus proveedores. Mantén constante búsqueda de más y/o mejores proveedores. Recuerda que el mundo se revoluciona día a día, las ideas cambian y los sectores evolucionan; las necesidades de hoy, jamás serán las mismas de mañana. Siempre busca actualizar y mejorar tu cartera de proveedores de insumos.

ACTIVIDAD: Crea tu cartera de proveedores de insumos. Mantén actualizada la tabla con proveedores cada vez mejores, en los que puedas obtener mejores precios y mejores condiciones de compra. Descarga la tabla guia en www.filosofiaemprendedora.com

LA IMPORTANCIA DEL ÁREA DE MANTENIMIENTO

Cuando tienes en consideración que toda obra, todo edificio, todo local establecido y en el que se pueda encontrar tu negocio u organización se deprecia y se hace más viejo cada año, empiezas a percibir y percatarte que conforme pasan los años y el uso del inmueble, este requiere servicios y mantenimientos constantes (si es que pretendes extender su vida útil), pues de lo contrario, el tiempo cobra factura y el lugar se hace viejo y obsoleto.

Cada servicio o mantenimiento puede ir relacionado a múltiples temas, lo más común serán cuestiones de electricidad, plomería y albañilería principalmente. Ante lo anterior, es inminente la necesidad de mantener contacto con alguien que sea experto en cada una de estas áreas, alguien de confianza y en quien confíes de su trabajo. Recuerda que lo barato puede salir caro, mas vale tener certeza de contratar los servicios de personas profesionales en el ramo, ellos son los encargados de resolver los problemas en estas áreas.

Por otro lado, hoy en día, y ante la etapa histórica en la que nos encontramos, el uso de computadoras e internet es básico y necesario para nuestro funcionamiento. No descartes la idea de contactar también a alguien especialista en sistemas y reparación de equipos computacionales, seguro lo vas a requerir en más de una ocasión, y ellos serán los indicados en resolverte y además mostrarte las novedades en esa industria para que tu negocio se mantenga vigente y a la vanguardia tecnológica.

Brindate el tiempo de conocer a los candidatos, aquellos técnicos que posiblemente te ayuden en cada área. En lo posible, evalúa sus trabajos y trayectoria pasada, para que puedas determinar si son personas especialistas, y que en un futuro podrás contar con ellos. Elige el mejor y quédate con él el tiempo que sea necesario, siempre y cuando cumpla y resuelva tus problemáticas. Evita cambiar y probar en cada ocasión nuevos técnicos, pues considero que en estos aspectos lo más importante es la constancia y continuidad. Nada mejor que un mismo técnico que conozca tus necesidades y tenga el historial y panorama completo de los ajustes que se han hecho en cada problema que se te ha presentado.

Debido a que serán personas constantes y que en múltiples ocasiones están presentes en tu negocio o lugar de trabajo, te sugiero que establezcas lineamientos de confidencialidad para con cada uno de ellos. Estipula y deja en claro que le brindarás acceso a información que podría ser valiosa en tu organización, y ellos deben guardar total discreción en todo sentido sobre lo que podrían llegar a ver, leer o escuchar dentro de tu organización. Mantén presente la necesidad de firmar estos contratos de confidencialidad, tu información es muy valiosa y no debe caer en los ojos u oídos inadecuados. Si por alguna circunstancia ocurre, al menos estarás prevenido jurídicamente.

ACTIVIDAD: Crea los contratos y/o convenios de confidencialidad con la gente que te brindará los servicios especializados, como electricidad, computación, sistemas de seguridad, etc.

CONTRATAR SERVICIOS

Los servicios comúnmente más utilizados para la correcta operación de cualquier unidad de negocio son: el servicio de luz, de agua, de telefonía y/o internet y terminales para el cobro con tarjetas. El contratar estos servicios es relativamente sencillo y puede llevar desde un par de horas hasta máximo un par de días, siempre y cuando cuentes con la documentación requerida. Estos trámites, en la mayoría de los casos, piden que se estipule el titular y que se entreguen documentos de él mismo para que las instancias correspondientes puedan tener el expediente. Estos son los documentos que por lo general se requieren para estos trámites: Identificación oficial, comprobantes de domicilio y en algunos casos constancia de situación fiscal.

Disponer de estos servicios es una verdadera responsabilidad, pues estás comprometido a realizar los pagos oportunamente para evitar sanciones y cortes del suministro. Para garantizar el pago oportuno, haz uso de la agenda de google o alguna que te ofrezca tu dispositivo móvil, de tal modo que puedas colocar las fechas exactas en las que se deben realizar estos pagos, incluso agrega recordatorios para que te avisen con suficientes días de anticipación. El corte por omisión de pagos de estos servicios puede ser realmente costoso en el sentido de que estos servicios son primarios y básicos para la operación de muchos negocios. Se organizado y realiza tus pagos en tiempo.

Mediante el pago de estos servicios, al igual que otros gastos operativos en tu organización, puedes solicitar facturas, solo ten en consideración que los recibos deben estar a tu nombre para que tenga efectos fiscales positivos a tu administración. Cerciórate de que estos contratos, con las diversas empresas que ofrecen el servicio, estén a tu nombre, para que en su debido momento puedas solicitar la factura correspondiente y estas a su vez, prepararlas para entregar a tu contador y sean deducibles algunos impuestos.

Respecto a las TPV o terminales punto de venta para cobro con tarjeta es un servicio básico y de gran ayuda que te puede beneficiar para captar más clientes y generar más ventas. Es una herramienta que te podrá brindar más clientes y compras de mayor cantidad, pues hay personas que usan estas tarjetas de crédito para solventar sus gastos y financiarlos. Sin duda una terminal para cobros con tarjetas te ayuda a vender y es un gran beneficio, que aporta gran valor en cualquier etapa de tu negocio. Es además una potente herramienta que generará mayor captación de ventas, asegúrate de tener una cuenta ligada a tu banco, para que tus ingresos correspondan y empaten con perfecta sincronía con tu cuenta fiscal. Con el paso del tiempo, si requieres nuevas terminales para cobro con tarjeta para otras sucursales, podrás ligarlas a tu misma cuenta fiscal y el ejercicio contable se volverá más simple, no solo para ti, también para tu contador.

ACTIVIDAD: Investiga y asegúrate de compilar los documentos requeridos para la contratación de los servicios básicos para tu negocio.

PUBLICIDAD PRE Y POST APERTURA

Al iniciar un negocio, poca gente te conoce. Antes durante y después de tu apertura, debes destinar el suficiente capital en publicidad, de esta manera podrás llegar a cada vez más gente y si aunado a esto haces bien tu labor de venta y el producto o servicio que ofreces es estupendo, seguro la publicidad de boca en boca que generen tus clientes será genial, una tremenda herramienta de mercadotecnia.

Tomando en consideración el tipo de local, la ubicación en la que se encuentra, el público meta al que habrás de dirigirte, podrás determinar cuánto y qué tipo de publicidad es la que mejor se acopla a tus necesidades. Deben ser tu prioridad las siguientes áreas básicas:

1. Publicidad en redes sociales mediante campañas.
2. Prospección directa al cliente potencial. Esta técnica es tanto pre como post apertura. ¿Por qué habría de elegir el posible cliente tu producto o servicio? ¿Por qué debería dejar de comprar el producto o servicio que ya compra actualmente para probar el tuyo? Responde estas preguntas de manera presencial a tu cliente, de otro modo, difícilmente podrás entrar en su mente, y simplemente te será muy difícil posicionarte en sus mentes y en el mercado en general. Ve vestido de acuerdo a la ocasión, siempre procurando el buen vestir, sin sacrificar la comodidad. Recuerda que las primeras impresiones valen oro.
3. El tercer tipo de publicidad es más del tipo orgánico y es post apertura, pues se logrará una vez que empiezas a hacer grande tu cartera de clientes, pues estos clientes son los que habrán de enviarte referidos y darán recomendaciones sobre tu negocio a más familiares y amigos. Lograr este tipo de publicidad se logra con mucho enfoque en el excelente servicio al cliente.

ACTIVIDAD: Prepara tu estrategia de publicidad basándote en las 3 áreas básicas de publicidad: redes sociales, prospección directa y excelente servicio al cliente.

LOGÍSTICA E INCORPORACIÓN DE LOS RECURSOS

Una apertura siempre va a llevar tiempo, trabajo y esfuerzo. Si no cuentas con la experiencia suficiente, este trabajo puede resultar el doble, o la presión puede percibirse más fuerte. La mejor manera con la que puedes organizarte para determinar en qué momentos debes incorporar todo y cada uno de los elementos es mediante diagramas de flujo por semanas. De este modo, podrás poner las actividades que habrán de realizarse durante la primera semana, cuáles durante la segunda, cuáles en la tercera y así sucesivamente. Recuerda que algunas actividades van de la mano con otras, entonces no podrás avanzar hasta que no hayas realizado y concluido la primera actividad de toda la cadena de pendientes.

Identifica por semanas, cuáles son las actividades que se empalman y que puedes realizar simultáneamente, de tal modo que puedas eficientar tiempo. Lo más valioso siempre será el tiempo que puedas ahorrar y aprovechar en otras cosas.

Lo más importante a incorporar es lo siguiente:

1. Mobiliario e insumos. En primera instancia son los muebles y todos los insumos de papelería, limpieza y/o necesarios para la correcta operación del negocio.
2. Productos y maquinaria. Posteriormente se da paso a los productos o maquinaria necesaria para llevar a cabo la actividad a ofrecer. Aquí se incluye la incorporación de material y equipo computacional.

3. Capital humano. De último debes incorporar al personal que será el encargado de laborar en la unidad de negocio. Ya sea desde 1 persona que pueda apoyar al acomodo y limpieza del lugar, hasta múltiples personas que realicen sus determinadas responsabilidades.

Es importante incorporar todos los elementos antes de la inauguración para que el personal esté totalmente preparado en la inauguración, y no tengas complicaciones de ningún tipo. Un equipo familiarizado con el entorno de trabajo siempre será más productivo y eficiente para con los clientes.

ACTIVIDAD: Mediante un diagrama cronológico planea la incorporación de los recursos que vas a necesitar para la apertura del negocio. Descarga la tabla guia en www.filosofiaemprendedora.com

TRÁMITES HACENDARIOS, GUBERNAMENTALES Y/O SIMILARES

Los pasos que debes seguir de manera general para la mayoría de negocios son muy similares, sin embargo, ten en consideración que cada negocio y cada giro puede ser diferente en cuanto a los requerimientos en las diferentes entidades gubernamentales, es por ello que es muy importante que puedas contar con el apoyo de un contador que pueda ayudarte en el proceso y que te garantice que no tendrás multas en cuanto a los permisos requeridos para iniciar operaciones. El desconocimiento siempre cuesta, más vale hacer las cosas bien y apoyarte de los expertos. Recuerda que el desconocimiento, no te exime de tus responsabilidades ante el gobierno.

Asegúrate de conocer cuáles son los requerimientos legales y gubernamentales que tu establecimiento necesita, sobre todo si has de usar insumos que puedan ser de peligro, como por ejemplo, gas u otro tipo de insumos inflamables, aquellos que tal vez tengan que ver con cuestiones delicadas en el ambiente o respecto al sector salud. Antes de realizar cualquier procedimiento investiga y valida como puedes obtener estos certificados.

Haz un listado de las actividades y de las responsabilidades que debes de seguir para que no se te olvide realizar ninguna. Recuerda que muchos de los procesos y requerimientos gubernamentales deben renovarse anualmente. Para que tengas en claro en qué momento del año se deben realizar estos trámites y siempre estés al pendiente de que se cumplan, pide ayuda a tu contador o un gestor, para garantizar que se realicen en tiempo y forma.

Estos son los procesos más importantes a considerar antes de abrir tu negocio para obtener una licencia de funcionamiento, tómalos como guía general y recuerda que cada giro es diferente y puede haber más procesos que debas cumplir.

1. Formato único para realizar el trámite de licencia
2. Aviso o declaración de apertura de establecimiento ante la secretaría de hacienda federal y/o estatal
3. Pagos actualizados de: Predial, recolección de residuos sólidos
4. Constancia de uso y destino de suelo
5. Dictamen aprobatorio de protección civil

6. Registro en padrón de contribuyentes
7. Anuncios exteriores

ACTIVIDAD: Debes cerciorarte y tener claro cuáles son los procesos que debes realizar para tener tu negocio en regla ante todas las instituciones gubernamentales correspondientes. Pide ayuda a tu contador. El desconocimiento no te exime de tu responsabilidad.

MONITOREO CON CÁMARAS

Las cámaras ofrecen un gran beneficio en los momentos complicados en los que se requiere un vídeo para tener certeza de algo, dar constancia o corroborar cierta información. Te ayuda para tener certeza de lo que ocurre cuando tú no estás, o lo que ocurre cuando tú te has dado la vuelta. Úsalas para llevar un correcto recuento de lo que ocurre en tu organización. Sea cual sea el motivo del uso de tus cámaras, siempre será un buen recurso, un gran aliado, y una excelente inversión, pues podrás tener en total control de monitoreo cada unidad de negocio o cada área que quieras observar. Conforme tu negocio crece y se multiplica, se vuelven los mejores aliados en la seguridad y control. Las cámaras siempre serán unos ojos alternos y con la tecnología de hoy en día puedes encontrarlas incluso con micrófono integrado. Son de gran ayuda para estar observando cualquier desperfecto o cualquier situación que pueda salirse de lo habitual. Procura colocarlas en lugares que sean de difícil acceso para que no puedan ser manipulables. Existen algunas cámaras que graban y almacenan los videos vía Internet en la nube, otras que graban y almacenan en disco duro en el DVR, que es el CPU de las cámaras CCTV, es decir, de circuito cerrado de televisión. Infórmate más al respecto pues quizá no todos los tipos de cámaras puedan funcionarte o serte útiles.

Cuando al fin hayas hecho tu decisión adquiérelas con el mejor postor, investiga con más personas profesionales en el ramo de la instalación y valora precios. No debes quedarte con la primera opción que recibes, procura buscar al menos 2 alternativas más antes de elegir. Cuando hagan la instalación de estos instrumentos, procura contratar a quien tenga experiencia profesional comprobable en este ramo o alguien que tenga cierta experiencia en la aplicación de las cámaras. Estos profesionales podrán dejar perfectamente alineados y organizados todos los accesorios y cables. Los cables, si están en desorden, o de fácil manipulación, son blanco fácil; una persona malintencionada podría desactivar los cables y dejar sin transmisión la cámara. En estos casos vale la pena siempre pensar mal, y suponer los innumerables casos en los que podrían dejar sin transmisión la cámara y procurar evitarlos. Principalmente no dejar los cables de fácil acceso, así como tampoco el dispositivo de almacenamiento, es decir el DVR, porque si por alguna razón alguien además de desconectar las cámaras, se lleva tu DVR, que es donde está toda la información, de nada habrá servido tu inversión y esmero, pues todo estará perdido y en manos de un hampón. Hay organizaciones que incluso optan por dejar bajo llave el DVR.

Para evitar cualquiera de los problemas anteriores, la mejor opción serían las cámaras que graban y almacenan en una nube en internet. Te brindan cierto espacio de almacenamiento bajo una renta que pagas cada determinado tiempo. Toda la información se graba al instante en línea, y si por alguna razón, alguien mal intencionado rompe, roba o desinstala la cámara, no habrá mayor problema, pues todo ya estará respaldado en la nube de internet. Estos servicios de almacenamiento en realidad no son caros y en la mayoría de los casos hay diversos planes y paquetes.

ACTIVIDAD: Incorpora cámaras que te permitan monitorear en todo momento la unidad de trabajo. Coloca varias para que puedas tener un amplio panorama de lo que ocurre. Busca aquellas opciones que tienen micrófono integrado y que pueden grabar en la nube de internet.

SEGURIDAD CON ALARMAS

Lo más importante es brindar seguridad para ti, para tus colaboradores y clientes. La seguridad debe ser prioridad. Una manera eficiente de invertir en seguridad es mediante alarmas de seguridad. Las alarmas pueden ayudarte a detectar cualquier intruso o actividad anormal con prontitud. Puedes activar alarmas cuando alguien abre una ventana, puerta o cortina. Esto te ayudará a detectar movimientos y/o aperturas anormales de ciertos objetos o cosas.

Otro tipo de alarmas incluyen los famosos botones de pánico, que por lo general son silenciosos y sirven para dar aviso a la central de alarmas que algo malo está sucediendo. Mediante esta llamada a la central, ellos pueden comunicarse con las autoridades. Antes de hacerlo llaman a la unidad que les solicitó el servicio, simplemente por protocolo y para analizar la situación. En la mayoría de los casos siempre se llama a las autoridades para estar prevenidos, pues los usuarios saben con antelación que el uso de esos botones es con estricta responsabilidad, y solo deberían usarse ante alguna situación alarmante.

Existen empresas encargadas de brindarte estos tipos de monitoreo además de detectar y avisarte mediante llamada cuando se ha activado tu alarma. Ellos podrán ayudarte ante cualquier imprevisto.

Los bienes y productos que puedas tener en tu unidad de negocio siempre serán muy valiosos, darles el cuidado y seguridad necesaria debe ser tu prioridad.

ACTIVIDAD: Analiza si es necesario para tu organización adquirir los servicios de seguridad con alarmas y/o botones de pánico. De ser así, concreta con la empresa que te brinde la mejor oferta de servicio.

COMPUTADORAS

En la era de la información en la que nos encontramos el uso de computadoras es imprescindible. Imagina tu vida sin una computadora, sería muy complicado. Las computadoras son una parte fundamental y esencial para lograr un desarrollo rápido, sostenido y confiable. Esto se logra mediante los datos, programas, aplicaciones y todo ese tipo de información que en esta clase de computadores se manejan. El simple hecho de conectarse al

Internet ya es un gran beneficio para múltiples empresas, y más que benéfico, una necesidad y un derecho.

La manera en que se da el uso a cada una de tus computadoras es esencial. Una computadora puede ser desde un computador con CPU o laptop hasta tablets y/o teléfonos inteligentes, ya que también tienen un computador en sus interiores; cada uno de ellos de diferentes capacidades pero con un sistema operativo necesario para su uso.

Estipular cómo y con qué fin deben utilizarse en tu organización estas computadoras es clave para garantizar el óptimo uso de estos recursos. Estos artículos se deprecian y con el paso del tiempo se pueden volver obsoletos, es por ello que tienes que determinar y especificar a la organización cuál habrá de ser el tiempo de vida aproximado según las actividades que se realizan en ella. Teniendo estos datos como referencia puedes calcular cada cuánto tiempo tendrás que hacer una nueva inversión para renovar tus computadoras.

Debido a que estas cuestiones tecnológicas son muy cambiantes y requieren actualizaciones constantes, te sugiero que busques en tu comunidad un negocio que se dedique a este tipo de cuestiones, de tal modo que puedan ayudarte a brindar mantenimiento a tus equipos de cómputo y de esta manera extender sus vidas útiles. Dentro de los cuidados básicos que debes dar a tus equipos de computo te puedo mencionar los siguientes, que estoy seguro que implementarlos en los momentos adecuados te harán ahorrar mucho dinero en desperfectos o fallas:

1. Flujo de aire. No coloques el gabinete de tu computadora, o CPU, en lugares que queden muy cerrados y eviten el libre

flujo de aire. No atender este punto conlleva en computadores sobrecalentados y que se estropean.

2. Limpieza. Brinda limpieza a tus CPUS cada 6 meses al menos, deben darle una limpieza interna y retirar todo el polvo que se pueda acumular, pues siempre tendrá orificios donde se pueda colar el polvo del exterior y llegar hasta el fondo del CPU.
3. Antivirus. Usa un antivirus de protección, aunque sea alguno gratuito, actualmente hay muchos y que te pueden ser de gran ayuda.
4. Registro. Lleva un registro de tus computadoras. Anota sus detalles principales, como su memoria RAM, su procesador, su capacidad en disco duro, etc. Llevar un control de tus equipos te brinda una certeza del computador que dispones, si por alguna razón lo llevas a un negocio ajeno a que te la reparen, podrás tener la certeza del equipo y las características internas del computador que les has dejado y evitarás ser timado.

ACTIVIDAD: Crea el registro de tus computadoras. Guíate con la tabla que puedes descargar en www.filosofiaemprendedora.com "Registro de computadoras"

PROGRAMAS Y SOFTWARE

Hacer uso de aplicaciones, programas y sistemas siempre será un factor determinante para estar un paso adelante de tus competidores. Principalmente porque haciendo uso de estas tecnologías puedes volver más eficiente tu negocio y organización.

Un programa, cualquiera que sea su tipo, tendrá una inteligencia artificial que se pretende te ayude a tener un mayor control, certeza, y un mejor recuento de información.

Debes analizar, según tu giro, que tipo de programas o software son los que necesitas incorporar a tus computadoras para que tu funcionamiento sea más efectivo, de mejor gestión y tengas de dónde sacar los datos que necesitas para tomar las mejores decisiones, que determinan el rumbo de tu negocio y de tus inversiones.

Respecto a las ventas, uno de los procesos fundamentales de un negocio, un software de punto de venta es indispensable. En este programa puedes mantener un registro de todos tus clientes, productos o servicios, así como ingresar algunas características esenciales. Te servirán para mantener un control de tus tickets o notas de venta, de tus facturas, de compras, proveedores, y muchos otros datos que van a variar dependiendo de lo robusto que sea el software que adquieras. Hay algunos que no son tan costosos y que se pueden acoplar a tus necesidades.

No solo pienses en la solución al corto plazo, también analiza cómo vislumbras tu futuro para que consideres si el programa que estás a punto de elegir te seguirá sirviendo al paso de los años, o si por el contrario, te conviene desde el inicio adquirir un programa que, aunque al principio pueda resultar sobrado a tus necesidades, al mediano plazo será imprescindible tenerlo. Analiza las propuestas del mercado y vete con la mejor propuesta, empresas en desarrollo de programas hay cada vez más.

Lo más importante y el punto medular del uso de software es que puedas disponer de datos precisos sobre muchos de los factores más importantes de lo que vendes, desde tus servicios o productos, para que puedas analizar que tanto se venden, en qué fecha se venden más; que puedas determinar la cantidad de stock mínimo necesario derivado del historial de compras o ventas, etc.

Tener estadísticas y datos son herramientas excelentes para lograr eficiencia. Imagina que tienes un negocio de pinturas en aerosol. El catálogo de la marca más popular en el mercado (que es la que tú distribuyes) incluye dentro de su catálogo principal, 140 diferentes tonos. Al paso del tiempo, si no cuentas con datos precisos, no podrás recordar con certeza qué pinturas se vendieron con mayor frecuencia, y cuáles incluso no se vendieron nada. Quizá decidas tener 1 pieza de cada color; te quedarás muy corto para aquellas piezas que se venden más. Quizá optas por tener 6 pzas de cada tono; te gastarás gran parte de tu capital en tonos que ni siquiera tienen desplazamiento. El caso anterior es el claro ejemplo de lo que puede y debería hacer por nosotros un software: brindarnos datos clasificados que nos ayuden a tomar mejores decisiones.

Si adquieres programas especializados será imprescindible que brindes capacitación de igual manera especializada a tus colaboradores. Brinda la información necesaria para que todo el personal pueda usar el sistema, y poco a poco tengan acceso a mayores responsabilidades. En un principio gestiona bien los roles que habrán de marcarse en tu sistema, para que cada rol tenga acceso a diferentes áreas, según su puesto y responsabilidades en la organización. Por ejemplo delimitar bien el rol y los accesos de cajeros, de encargados, supervisores, gerentes, etc.

ACTIVIDAD: Enlista al menos 3 softwares que puedan ayudarte a volver más eficiente tu organización. Incorpora en breve al menos uno, el más adecuado a tus necesidades.

EVENTO DE INAUGURACIÓN

Tu evento de inauguración es un momento único e invaluable en tu vida como emprendedor, sobre todo cuando estás hablando de tu primer emprendimiento, porque es un momento que dará el inicio a una nueva vida como emprendedor, visionario y/o quizá empresario. Probablemente tengas en mente múltiples ideas y tal vez miedos, pendientes y problemas aún por resolver, sin embargo, tu momento de inauguración no lo puedes omitir, pues es un momento en el que das a conocer ante la gente, el público y todo el exterior, que tu negocio por fín está abierto, ofreciendo los servicios y productos a todos los clientes.

Para el evento de inauguración, debes cerciorarte de tener todo listo para recibir a tus clientes y poderles ofrecer el mejor servicio o productos disponibles. Procurando hacer todo lo respectivo a la inauguración hasta que consideres que tienes la gran parte o lo más importante listo. Recuerda que la primera impresión vale millones, y más si es un negocio que recién empieza. Procura pensar en cada detalle para que no cometas errores que ante la gente te hagan ver mal, o se genere una mala impresión, ya que podrían percibir a tu negocio como un ente desorganizado, carente de insumos, material, producto o incluso personal. No descuides ningún detalle y ten siempre en mente que la experiencia del cliente debe ser tu prioridad en esos momentos. Sí habrás de necesitar más tiempo y requieres postergar la inauguración por falta de algún producto o algún detalle importante que estaba programado, es mejor que lo hagas y esperes lo necesario.

Los eventos de inauguración no tienen porqué ser ostentosos ni costosos, basta con que llames la atención de la gente en el exterior. Puedes usar globos o algo similar que no habrá de generarte mucho costo, pero que sí será muy llamativo para la gente que pasa en los alrededores.

Para lograr un buen equilibrio entre el dar y recibir, tú también debes dar. Durante estos eventos te recomiendo que brindes algún bocadillo, aperitivo o bebida a la gente que te visita, para que puedan sentirse en confort y disposición de conocer tu negocio. Lo recomendable y más rentable son los bocadillos que luzcan de calidad, pero que no necesariamente te impliquen un gran gasto. La intención en los pequeños detalles siempre serán gestos muy valiosos para los clientes.

Para tu evento de inauguración plantéate la idea de generar sinergia con más personas que también se encuentren en el mismo ramo, giro o industria que tú. Invítalos a tu inauguración e idea una manera de involucrarse, de tal forma que la sinergia del evento pueda ser benéfica para ambas partes. Busca aliados comerciales, que tengan un cliente meta o nicho muy similar al tuyo. Compartir clientes afines es una gran práctica para fomentar el desarrollo de la economía local. Busca a las empresas u organizaciones afines a la tuya e invítalas a colaborar en tu inauguración.

ACTIVIDAD: Idea y programa de qué manera se llevará a cabo tu evento de inauguración. Recuerda que la primera impresión ante los clientes vale mucho.

ACTIVIDAD: Busca al menos 2 aliados comerciales que puedan estar interesados en apoyarte en tu inauguración, de tal modo que puedan generar sinergia y beneficio ambas partes.

ALICIENTE A CLIENTES POR APERTURA

Tras las semanas, incluso meses de apertura, comprométete tanto tú, como tu equipo a brindar a tus clientes un aliciente, algo que les haga sentirse comprometidos a regresar próximamente derivado a tu excelente servicio y atenciones brindadas. Analiza qué tipo de aliciente puedes ofrecer a tu cliente, quizá puedes ofrecer productos muestras o quizás algún probador de tus productos, quizá puedas ofrecerles un descuento. Lo que sea que esté en tus posibilidades. Lo importante es ofrecerles algo, ofrecerles medios para probarte y conocerte, ya que ellos no te conocen y es tu deber mostrarte ante el público. Quítale la duda al cliente de si tu producto es bueno o no, tú mismo bríndale la prueba, o muestra o lo que corresponda para que te pruebe y el cliente garantice el resultado exitoso de probar tus productos o servicios. Lo anterior es una excelente herramienta de mercadotecnia, habla bien de ti y de tu organización, pues brindan una imagen cortés y amable, valores muy importantes para generar ese lazo o vínculo afectivo con el cliente, con el cual te recordará y además te recomendará; asi la proxima vez que necesiten tus productos o servicios, no solo ellos te visitaran de vuelta, si no todos sus referidos, toda esa gente a la que ya le hablo muy bien de ti o de tu organización.

Tu producto o servicio que ofrezcas como aliciente debe ser algo que no te genere un coste elevado. Si ya se habrá de invertir en un producto o prueba, garantiza que este sea de calidad y atractivo al público. Ponte siempre del lado del cliente, ponte en sus zapatos. Si tu fueras el cliente, ¿qué producto o servicio necesitas probar para eliminar cualquier duda o incertidumbre sobre el producto?,

¿qué es aquello que podría hacerte dudar entre comprarlo o no? Resuelve estas incógnitas de la mayor cantidad de formas. Sé creativo y encuentra la que mejor se acople a ti y a tu negocio. Si quieres vender más, siempre ponte en el lugar del cliente.

ACTIVIDAD: Determina cuál será el aliciente que tu organización dará a los clientes para que regresen a comprarte. Analiza los costes sobre los beneficios. Brinda alicientes de calidad a precios bajos.

CAPÍTULO 7.

LA CUESTIÓN OPERATIVA Y TU NUEVA VIDA DE EMPRENDEDOR

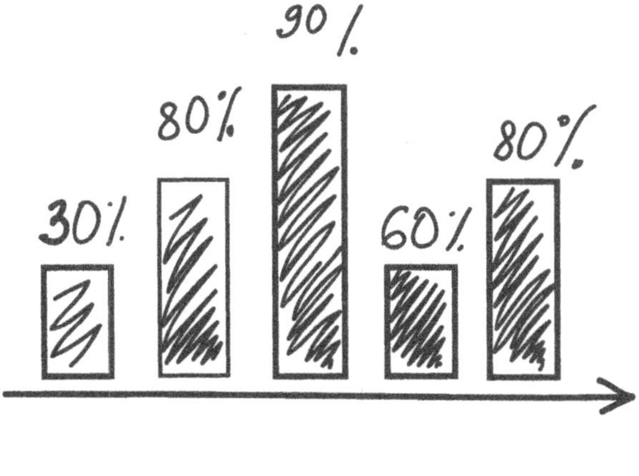

El mejor marinero se forjó en aguas turbias. Aguas tranquilas nunca te harán practicar y poner a prueba tus destrezas. Los obstáculos desafían a tu intelecto y tu creatividad para resolverlos; tenerlos de vez en cuando son señal de que vas en el buen camino.

Los seres humanos con frecuencia tendemos a preocuparnos más por aquello que no tenemos y que deseamos conseguir, en vez de disfrutar lo que actualmente es parte de nuestra vida y de lo que disponemos.

Ser emprendedor además de implicar un reto y un largo trayecto, es un estilo de vida que se debe disfrutar en todo momento. Lo importante no es el final, sino el camino. Por ello debes ser certero en cuanto al camino que vas a desarrollar, pues el aprendizaje y las experiencias de por medio serán las más importantes.

Cada uno de nosotros forja su propio destino; cada acción, cada decisión y cada hábito, serán los precursores de todo lo que acontecerá en nuestro camino emprendedor. Disfruta el trayecto y acopla en tu vida los puntos de este capítulo para hacer más placentero y llevadero tu camino emprendedor.

3 EJES PRINCIPALES PARA ACTUAR RÁPIDO

En Toastmasters International®, organización a la que pertenezco desde 2017, fomentamos mucho el valor de la improvisación. En cada sesión Toastmasters hay, o debe haber, una sección llamada "Table Topic's"®. En esta parte un Topic's Master conduce la sección y es el encargado de realizar preguntas totalmente aleatorias a los miembros del club. Después de realizar la pregunta aleatoriamente y al aire, el Topic's Master dice el nombre del socio que debe pasar al frente de la sala y responder la pregunta. La intención es fortalecer 2 habilidades muy importantes en el socio:

1. Improvisación. Saber qué decir o qué responder a la pregunta, mientras lo dices de manera coherente, con lógica y además apegándote al tiempo de 2 minutos para obtener un mejor puntaje.
2. Hablar y comunicar en público. Es muy importante desarrollar tus habilidades de comunicación, sobre todo cuando tienes que hablar en público. Debes inspirar el respeto y liderazgo que tu emprendimiento amerita cuando te diriges a tu equipo de trabajo.

Las salas, aulas, salones, escuelas o donde quiera que se realicen sesiones Toastmasters alrededor del mundo, son solo talleres de aprendizaje. Los socios acudimos ahí para equivocarnos y después aprender de los errores; tanto gramaticales, como de comunicación o liderazgo.

La vida real de un emprendedor no es muy diferente. Ante las diversas vicisitudes en las que puedas estar inmerso, es necesario que siempre actúes rápido. Toma en consideración los 3 ejes principales.

1. Investiga. Para resolver cualquier cuestión es necesario que sepas al respecto. Investiga con fuentes fidedignas o con personas profesionales en el ramo.
2. Improvisa si es necesario. Improvisando y sin dejar el tiempo pasar. Si tienes en consideración que cada día cuenta y cada acción es importante, entenderás la importancia de no procrastinar ni demorar en la toma de decisiones.
3. Actúa. Es muy importante que sepas actuar rápido y que seas consciente que el tiempo vale oro. Una cuestión

inatendida al paso del tiempo pierde su intención. No dejes que el tiempo se vaya y aprovecha la toma de decisiones rápidas, informadas e improvisando si es necesario. Si te equivocas al menos recuerda que te queda la experiencia; la experiencia es conocimiento en su máxima expresión. Los emprendedores y empresarios más avanzados y experimentados son los que más experiencias han acumulado.

ACTIVIDAD: Busca maneras de fortalecer tus habilidades de improvisación y actúa rápido en la toma de decisiones. Toastmasters International® puede ser una opción.

DISCIPLINA, EL FACTOR EXPONENCIAL

La disciplina implica hacer lo que debes, en el momento que debes, quieras o no hacerlo. Hay 3 cuestiones muy importantes que debes considerar para ser una persona disciplinada:

1. Rutina. Las personas disciplinadas tienen rutinas. Hacen actividades de manera metódica y constante, determinan un horario y son responsables respecto a los principios estipulados. Conlleva avanzar día a día, a paso firme y sin mirar atrás con acciones certeras y concretas que conduzcan al cumplimiento de tus metas. Cada día cuenta, cada actividad que realizas y el esfuerzo que inviertes en algo repercuten en el tiempo que tardas en llegar de un punto "A" a un punto "B", empresarialmente hablando.

2. Motivación. Una persona disciplinada necesita motivación, pues no es fácil mantenerse firme ante las adversidades, sin embargo, la disciplina brinda recompensas siempre. Para un emprendedor que recién inicia un emprendimiento, puede ser muy complicado encontrar la templanza y el carácter para continuar ante la adversidad, pero te aseguro que las personas que tienen el éxito en sus actividades ahora, son aquellas que ya lucharon, que a pesar de los tiempos difíciles se mantuvieron firmes al trabajo diario y constante; hicieron lo que debían, en el momento que debían, aun sin ganas de hacerlo.
3. Evita la procrastinación. Una persona indisciplinada tiende a la procrastinación. No sigue una rutina ni un método fijo para la consecución de los objetivos, simplemente se va a la deriva del interés y satisfacción del propio individuo, haciendo lo que le place en los momentos que mejor le conviene. No dudo que estas personas logren el éxito y sean eficaces en lo que hacen, sin embargo, el punto aquí va más allá, pues ellos lo lograrán en mayor tiempo. Tú puedes ser exponencial en tus resultados con el factor disciplina.

ACTIVIDAD: Haz un listado de aquellas cosas que debes hacer y que son las más importantes para la consecución de tus objetivos. Hazlas cuando debas hacerlas, incluso sin ganas de hacerlo. Cada día cuenta, cada esfuerzo vale y más aún al inicio de cualquier emprendimiento.

PLANIFICA Y ESCRÍBELO.

Uno de los mejores procedimientos que te ayudarán a tener claro tu objetivo es mediante el hábito de planificar y escribir. En el momento que empiezas a escribir algo, tu mente está reforzando aquello en lo que te vas a enfocar. No basta con tenerlo en tu mente y recordarlo constantemente, destina un momento de tu día para escribir cada uno de estos objetivos y metas. Escribe y empieza a determinar cuáles son los pasos que debes seguir para que poco a poco y con el paso de los días, las semanas y los meses, puedas avanzar en el cumplimiento de cada objetivo. Conforme pase el tiempo, ajusta a tus necesidades actuales las metas y los objetivos, todo acorde a los logros que vayas cumpliendo.

Revisa constantemente estos escritos y no dejes de seguir escribiendo, es una excelente forma de reforzar en tu cerebro lo que vas a conseguir y cómo lo vas a conseguir. Cuando escribes, estás fomentando de diferentes maneras el estímulo a tus sentidos, involucras más partes de tu cerebro, tanto lo visual como lo motriz; todo este tipo de detalles hacen que el conocimiento se expanda en tu mente y poco a poco, sin darte cuenta, conseguirás más rápido lo que te planteas, así como también puedes encontrar más rápido solución a los problemas.

ACTIVIDAD: Planifica tus proyectos. Anota tus pendientes diarios, semanales y mensuales. Cada pequeño paso cumplido ayuda a la consecución de un plan mayor.

INSCRIBETE A SOCIEDADES PARA EMPRENDEDORES, EMPRESARIOS, ETC

Las personas tendemos a moldear nuestro carácter y forma de ser en general en relación a las personas con las que mayor convivencia tenemos. Si la gente más cercana a tu círculo social es gente a la que admiras y aprecias su trayectoria o su legado, seguramente en el futuro podrás aprender mucho de ellos; es por eso que debes tratar de rodearte y estar en contacto con gente que ya ha pasado por lo que tú estás pasando, que ya ha resuelto los problemas que a ti te faltan por resolver.

El conocimiento son las experiencias y soluciones a problemas específicos puestas en práctica y que incluso pueden pasar de una generación a otra mediante familias, organizaciones o empresas. El conocimiento es poder, aplica el poder de manera efectiva para que sea más eficiente tu negocio y haya una excelente organización. Para ello debes rodearte de esa gente que tiene experiencia y capacidad, aprende de ellos. Replica sus acciones que consideras son idóneas para tu rubro, analiza sus áreas débiles e intenta mejorarlas en tu organización. Aprende de lo bueno y de lo malo.

Analiza como siguiente paso, cuáles son los sectores, grupos o sociedades en los que puedes enfocarte o afiliarte, de tal modo que puedas obtener una mayor capacitación o conocimiento. Con el paso del tiempo también tu presencia y valor de marca crecerá, pues tendrás experiencia y constancia, factores base para ser líderes en el sector de tu emprendimiento. En cualquier sociedad o grupo que te inscribas procura obtener la mayor cantidad de conocimiento teórico y práctico para cada día desempeñarse de mejor manera en el ámbito emprendedor o empresarial. Lo mejor de unirte a estos grupos o sociedades es que te brindan la posibilidad de conocer a gente nueva, a la cual seguro tendrás mucho que admirar y aprender. Conforme tu conocimiento se consolida, será tu responsabilidad transmitir el conocimiento a las nuevas generaciones y los nuevos emprendedores que se integran a estas sociedades. Todo debe ser recíproco, recuerda que el conocimiento se transfiere de generación en generación.

ACTIVIDAD: Investiga sobre las sociedades para emprendedores en las que puedes integrarte. Pueden estar dirigidas a empresas, patrones, liderazgo, emprendedurismo, o temas afines. Rodéate de gente que pueda brindarte conocimiento.

ESTAR EN EL NEGOCIO Y SER PARTE DE LA OPERATIVIDAD

Los mayores aprendizajes los obtienes en el campo de juego, ahí en el laboratorio real de la vida en donde experimentas, practicas y obtienes resultados; pueden ser positivos o negativos, a veces se gana y se gana mucho; a veces se pierde pero se aprende y se mejora, para que en un futuro ese problema no te vuelva a suceder, y si es que te sucede, sepas de qué manera actuar aprovechando tu experiencia del pasado. Es primordial que estés en el negocio para que conozcas cada área operativa que va a estar involucrada en hacer que tu negocio se vuelva algo espectacular y único en el futuro cercano. Tendrás que analizar cada proceso de tu negocio, desde que se abre hasta que se cierra. ¿Qué sucede en el intermedio? ¿Qué haces ante un cliente molesto? Tienes que generar varios manuales operativos para que el negocio llegue a funcionar sin ti. Para que logres concretar estos manuales vas a tener que pasar tiempo en la unidad de negocio, detectando esos problemas frecuentes y escribiendo las posibles soluciones, para que las próximas generaciones que estén en el puesto que estás ejerciendo ahora sepan cómo resolverlo o que deben hacer; de esta manera, con el paso del tiempo, tú puedes empezar a delegar y hacer que todo funcione en sincronía gracias a las reglas que ya has puesto en escrito con anterioridad.

Lo anterior solo lo vas a lograr estando presente en la unidad, analizando cada situación y siendo parte de la solución. Es importante preguntar a tu cliente sus expectativas, ¿encontró lo que buscaba? ¿Qué le parecen nuestros productos? Convivir con tu cliente es primordial, analiza ¿qué es lo que pide tu cliente? y ¿cómo lo pide? ¿qué es lo que necesita? y ¿qué opina de tus precios, de tus productos y tu servicio? Pregúntale y dale algún beneficio por darte su opinión. Recuerda que no hay nada más importante que la opinión sincera de algún cliente para que tú sepas en qué puedes mejorar, para que conozcas tus fortalezas, debilidades y oportunidades. Es importante detectarlas y analizarte continuamente, si este análisis y resultado lo obtienes de uno o muchos clientes, el análisis tiene un mayor valor, es más certero y apegado a la realidad actual del entorno que vive tu negocio. Los tiempos, las modas y las tendencias cambian, por ello, debes retroalimentarte de manera constante del cliente, para garantizar que tu negocio siempre estará en tendencia.

Ten en consideración que si pretendes tener un sistema bien planeado, una unidad de negocio que funcione bien y acorde a los estatutos, tienes que invertirle tiempo; tal vez meses o años. Eso depende de ti y lo responsable y eficiente que seas para organizar y delegar, pero sin duda, mi recomendación es que cuando estás empezando y aún no conoces el negocio, indudablemente tienes que estar ahí, el mayor tiempo posible, porque de otra manera, el negocio puede enfrentar múltiples amenazas y dificultades, que ademas de brindarte una experiencia y conocimiento invaluable, cabe la posibilidad de que si tú no estás, tus colaboradores no sepan o no tengan el interés de resolverlos. Nadie, absolutamente nadie, pone tanto interés y empeño en resolver y atender los problemas para que un negocio se desarrolle como su propio fundador.

ACTIVIDAD: Destina el tiempo suficiente para estar presente en la mayor cantidad de procesos importantes de tu organización. Garantiza que todo marcha en orden. Pide retroalimentación de clientes y refuerza tus áreas débiles.

CONOCE E INTERACTÚA CON TU MERCADO

Si quieres ser el máximo referente de tu giro o industria en tu región y poco a poco ir creciendo, sin duda tienes que conocer y convivir con tu mercado, con tu cliente. De no hacerlo, tardarás más tiempo en conseguir lo que el cliente pide y necesita. Si poco a poco te enfocas en satisfacer las necesidades de tus clientes, verás que con el paso del tiempo los clientes llegarán solos y por montón. Entre ellos se genera una publicidad de boca en boca y tu crecimiento será exponencial.

No hay mejor maestro que tus propios clientes. En muchos casos, ellos son los especialistas y los que van conociendo más a fondo el ramo o la industria. Los clientes son la razón de la existencia de cualquier negocio, pues son quienes aportan ese capital económico con el que tu negocio funciona. Acércate a cada cliente y procura obtener respuestas de su parte a preguntas concretas que te ayuden a mejorar en tu negocio. Pregúntales qué opinan de cierto producto, de tu variedad, tus precios, etc.

Es importante que cada que reciban en tu negocio a un cliente y por alguna circunstancia no cuentas con el producto o el servicio que él les solicita, debes considerar un protocolo para anotarlo y hacer llegar al encargado de compras cada determinado tiempo el compendio de productos o servicios solicitados, así podrán tenerlo presente por si en un futuro hay posibilidad de incorporarlo. Incluso presta atención a aquellos que son muy solicitados, para que enfoques tus atenciones en incorporar ese nuevo producto o servicio a la brevedad posible. La intención es moverte en la dirección que se mueve el mercado, literalmente dar al cliente lo que pide.

ACTIVIDAD: Mediante reportes semanales analiza ¿qué es lo que el cliente pide constantemente y que actualmente no manejas, ¿qué productos o servicios estás negando? ¿Qué productos podrías encontrar para distribuir? Analiza las oportunidades en el mercado y crúzalas con tus fortalezas de líder visionario para obtener excelentes ideas de negocio

VER LAS OPORTUNIDADES DE CRECIMIENTO

Estar al pendiente de percibir las oportunidades de crecimiento es un factor determinante entre aquellos que consiguen el éxito y aquellos que demoran más.

Anota en algún blog o aplicación de notas aquellos puntos que ya sabes que tienes que mejorar para con tu organización, pero que quizá por alguna u otra circunstancia no has podido hacerlo, tal vez por falta de equipo, falta de capital o tal vez simplemente no es el momento. El tener anotado en un mismo lugar todos estos objetivos y áreas de crecimiento en los que vas a trabajar mantiene tu mente enfocada y poco a poco, con el paso de los días, puedes abrirte los caminos para mejorar y/o obtener lo que necesitas para dar ese paso. El blog y/o notas con tus pendientes a trabajar o mejorar es una de las mejores herramientas para siempre tener presente tu objetivo; la vida y el universo siempre te van a dar los caminos adecuados para llegar a tus metas, siempre y cuando tú tengas presente hacia dónde vas y por qué vas hacia allá.

Analiza cuáles son las áreas a mejorar y en qué sentido habrán de ayudarte. Para garantizar la consecución de las mismas y aprovechar las oportunidades que se te presenten guíate con las preguntas clave:

1. ¿Por qué?. Anota porque quieres mejorar en eso, de donde nace la intención o cómo vislumbras el plan concluido.
2. Área. Registra en qué área de tu vida u organización se verá reflejado el avance o mejora.

3. Beneficio. Explica el beneficio que se obtendrá y en qué ayuda ese beneficio al desarrollo de la organización.
4. Involucrados. ¿Quiénes son los involucrados y/o responsables?

Mientras más claro sea tu objetivo, más fácil será que poco a poco encuentres el camino adecuado para conseguirlo. Las oportunidades de crecimiento siempre están presentes.

Recuerda, lo más importante es anotarlo y darle seguimiento constante, que sea parte de ti y que sea un hábito leerlo, para que semana a semana tengas presente en tu mente todas esas cuestiones en las que debes mejorar. Sentirás una gran satisfacción cuando al paso de algunas semanas o días vayas cumpliendo los objetivos más antiguos, es un gran aliciente que te dará la energía y el combustible necesario para seguir adelante, cumpliendo tus sueños y objetivos.

ACTIVIDAD: Mediante un blog o aplicación de notas, registra las áreas de oportunidad que has detectado para con tu organización para que poco a poco las vayan atendiendo y resolviendo. Ten certeza de ¿por qué debes trabajar en esa área? ¿En qué beneficia a la organización? y ¿quiénes son los involucrados?

CONTROLES PREVENTIVOS

Es muy sano reconocer en lo que nos hemos equivocado, aquello en lo que tenemos que trabajar o aquello en lo que necesitamos ayuda. Analiza cuál es la situación actual de tu negocio o emprendimiento y se franco contigo mismo para analizar en qué cuestiones tienes que mejorar y qué cuestiones son en las que has venido fallando en los últimos meses.

Una vez que sepas cuáles son las áreas de oportunidad en las que debes de trabajar, puedes poner controles preventivos. Los controles preventivos son documentos que te ayudan a garantizar el óptimo funcionamiento de algo, siguiendo un correcto proceso y protocolo. La intención de los controles preventivos es que aquello en lo que habías fallado en el pasado, principalmente por desconocimiento, no vuelva a suceder. Estaremos trabajando directamente en tus puntos débiles y áreas de mejora.

Los ejemplos son vastos, solo por mencionar algunos controles preventivos te puedo mencionar:

1. Controles de caducidades. Para evitar tener productos estancados y sin rotación.
2. Control de mermas. Evita pérdidas por productos en mal estado o por errores de compra y mal cálculo de los promedios de venta.
3. Contratos de confidencialidad. Para mantener en secreto tus cuestiones más privadas o delicadas de la organización.
4. Responsivas de uso de llaves. Para quien ha de tener acceso a zonas privilegiadas en una organización, de este

modo tienes el control de ¿quién? accede a ¿dónde? cada ¿cuánto?

5. Responsivas vehiculares. A quién maneja algún vehículo o medio de transporte en tu empresa, lo haces responsable del buen uso y manejo.

Cada tipo de responsabilidad ha de llevar consigo un documento que avale dicha responsabilidad. Los controles preventivos que habrás de utilizar son para garantizar las responsabilidades de la gente que se va incorporando. Puedes usar controles preventivos por área, ya sea en el área de administración, en el área de recursos humanos o en finanzas. Analiza los que más necesarios sean, pero ten en consideración que la principal ayuda de ellos, es que generes responsabilidad para la gente que tiene acceso a cosas importantes en la organización y que tu como director tengas una certeza jurídica que avale cualquier detalle importante sobre las responsabilidades, privilegios, o compromisos asignados a determinados colaboradores.

Analiza qué tipo de acción llevarías a cabo en el supuesto de que algún colaborador incurra en algo indeseado, ya sea por negligencia, por mal uso/manejo de algo o lo que corresponda. No descartes nunca la posibilidad de que algo pueda salir mal, más vale que tengas siempre un plan B e incluso C. Con varios planes puedes actuar según te convenga ante las diversas situaciones a las que te enfrentes. Siempre es mejor pensar mal y analizar lo que harías en el peor de los casos, de este modo estás un paso adelante y puedes prever qué harías si tu plan principal se sale de control.

ACTIVIDAD: Crea los documentos que te servirán como controles preventivos. Incorpora aquellos que sean necesarios a tu organización en este momento. Incorpora más en el futuro conforme tu organización lo requiera.

EL TABLERO DE RESULTADOS. LOS INDICADORES MÁS IMPORTANTES EN TU EMPRESA

Cada negocio y cada emprendimiento tiene sus indicadores más importantes. Analiza qué tipo de indicadores son los que hacen que tu empresa se mantenga viva, en tendencia y marcando pauta en el mercado. Cada negocio tiene diferentes y cada negocio debe aprender a identificarlos para que siempre se mida el éxito en cuanto a los resultados en números obtenidos. Haz que tus indicadores sean una manera de alcanzar la excelencia. Estos indicadores deben ser los parámetros que todo tu equipo debe saber que deben cumplir. Bríndale a tu equipo el panorama completo para que sepan que deben conseguir y cómo deben conseguirlo. Es por ello que debes darles los indicadores más importantes.

Una vez que tengas claro cuáles son los indicadores más importantes en tu negocio, analiza si estos se pueden medir de manera clara con el paso del tiempo. Me refiero a que puedas poner objetivos a tu equipo de trabajo para que consigan un resultado en un determinado tiempo según como convenga en tu giro, puede ser que sea una meta a una semana, a un mes, trimestral o incluso anual.

Incorpora en tu agenda, que cada determinado tiempo, debes dar una revisión de seguimiento y analizar tu tablero de los indicadores más importantes, de modo que tanto tu equipo, como tú, puedan ver cuál es el avance y qué porcentaje llevan al momento cumplido. Si van a la mitad del tiempo transcurrido y llevan un 50% de avance de meta, sabrás que se está trabajando a un buen ritmo; sin embargo, si con el paso del tiempo detectas que el avance está a un 40% podrás actuar y corregir a tu equipo, ellos también podrán darse cuenta a tiempo, eso es una de las principales ventajas de tener un tablero con indicadores: ante cualquier tendencia a la baja, habrás de actuar para corregir y no esperar a que sea demasiado tarde.

Cuando detectamos que alguno de los indicadores más importantes para tu negocio no está arrojando los números que debiera, inmediatamente debes modificar algo en el liderazgo, no pueden seguir los mismos resultados. El poder percatarse a tiempo de estos detalles es una de las ventajas de tener indicadores, que son medibles y llevas el control.

Un ejemplo de indicadores clave son:

1. Ventas. Saber cuánto se estima en ventas es primordial para poder plantear una cantidad meta y objetivo a seguir. Esta meta debe motivar a todo el equipo a dar su máximo esfuerzo.
2. Registro de nuevos clientes. ¿Cuántos nuevos clientes obtuviste en el último periodo? El éxito de un negocio radica en el hecho de obtener nuevos clientes.
3. Clientes recurrentes. ¿Cuántos clientes volvieron a tu negocio por segunda, tercera o más veces? La fidelización del cliente es primordial

4. Rotación de personal. ¿Cada cuándo hay rotación de personal? y ¿por qué sucede?. Mientras menos tiempo en capacitación a nuevos elementos destines, más rápido será el avance.
5. Quejas. Asegúrate de brindar los medios suficientes para que el cliente se exprese y te haga saber su opinión.

Plantear una meta desafiante pero objetiva y realizable, hace que el individuo involucrado se esfuerce aún más en conseguirla, sobre todo cuando hay un aliciente de por medio, o simplemente esté en juego el prestigio del trabajo y/o puesto que está desarrollando. Los indicadores de ventas siempre son un factor determinante a monitorear, es imprescindible que tengas un control de avance y día a día se reporte y registre el avance de la meta. Este resultado debe compartirse con el equipo más próximo, y los resultados generales en la quincena o el mes, son los que la dirección general debe tener mayor vigilancia y control, para encontrar cualquier posible falla. Este indicador te dará la oportunidad de encontrar oportunamente si hay algo que anda mal en tu organización, pues las ventas bajan o simplemente no crecen porque hay factores importantes de por medio que les impide el desarrollo; averígualas antes de que sea demasiado tarde y corrígelas de inmediato.

➡ **ACTIVIDAD:** Determina una meta de venta mensual para tu equipo de trabajo.

➡ **ACTIVIDAD:** Determina una meta de clientes nuevos mensuales para tu equipo de trabajo.

ACTIVIDAD: Determina una meta de valoraciones positivas en plataformas sociales o buscadores en internet de manera mensual que debe recibir la organización por medio del equipo de trabajo.

AUTOMATIZA EL PAGO DE GASTOS FIJOS

El problema a evitar son los cortes y/o suspensiones del suministro, que por ende te genere pérdidas. Si llega a suceder, restablecer los servicios puede ser complicado, tardado o tedioso. Es mejor prevenir este molesto problema.

La intención es que puedas domiciliar los pagos fijos más recurrentes con tu tarjeta bancaria. Tales gastos podrían ser los pagos de luz, de internet, etc. De este modo esta actividad recurrente puede evitar que hagas filas en los establecimientos o pierdas tiempo en ello. Un pago automatizado y domiciliado puede ayudarte en la gran mayoría de los casos.

Por otro lado, si simplemente no hay manera de domiciliar el pago, considera la opción de al menos realizar dichos pagos mediante plataformas digitales, de tal modo que puedas hacer más eficiente el uso de tu tiempo y no tengas que ir directamente a los establecimientos fijos a realizar tus pagos. No hagas más filas innecesarias y apóyate de la tecnología derivada del internet y los sistemas de pagos. Verifica la veracidad de los mismos para corroborar que no seas víctima de estafas digitales.

Recuerda que realizar las compras y/o pagos en internet no te exime de tus responsabilidades fiscales. Se precavido y procura que todos tus pagos y/o gastos sean mediante una tarjeta que sea fiscalizada y en la cual tu contador pueda llevar los impuestos correspondientes.

ACTIVIDAD: Detecta que gastos fijos recurrentes puedes domiciliar a tu tarjeta fiscalizada. Además encuentra aquellos que puedes realizar mediante plataformas digitales para evitar filas y perdida de tiempo.

BRINDAR UN VALOR AGREGADO

El éxito de un negocio o un emprendimiento no basta con satisfacer una necesidad, además de ello, debes agregar algo que no hace tu competencia y que te haga ser diferente. Dale motivos a tu cliente para comprarte a ti y no a tu competencia. ¿Por qué razón habría de visitarte a ti, cuando ya tiene un proveedor de confianza? ¿Por qué el cliente debería adquirir tu servicio y no el de la otra persona que ya lo brinda desde hace más de un año? Para saber qué valor agregado habrás de incorporar a tu producto o servicio, tendrás que estar atento al entorno, ver la manera en que ha ido avanzando la tecnología o el suministro de artículos y productos para ver qué cosas están en tendencia y que puedes acoplar, de tal modo que aprovechas la innovación y el hecho de ser visionario para tomar ventaja de tu competencia.

Las principales áreas en las que puedes tomar ventaja de tu competidores son:

1. Calidad de producto. Mediante la calidad de tus productos que ofreces. Durabilidad al precio justo.

2. Calidad del servicio. Al cliente le gusta sentirse cobijado por nuestra impecable atención. Si tu prospecto percibe tu interés genuino en ayudarle, habrás ganado un cliente.
3. Precio. El precio que ofreces debe ser atractivo, al cliente no le gusta sentirse estafado.
4. Una mezcla de varias de las anteriores.

La mejor manera de destacar, y la que siempre brindará mayores rendimientos, es mediante el enfoque en la calidad, sobre todo del servicio. A todos nos gusta que nos traten bien, que valoren nuestra visita y nuestras compras, que valoren nuestra preferencia. Es por eso, que si tú haces esto para con tus clientes, ellos estarán tan satisfechos que volverán una y otra vez, aún cuando posiblemente tu precio no sea el más accesible del mercado. Si en cambio, logras diferenciarte en estos dos factores que son el precio y el servicio, tu éxito habrá de estar garantizado, solo tendrás que incorporar un factor más para que el tridente del éxito confabule a tu favor. Este factor es la innovación, en el sentido de que ofrezcas aquellos productos que están en tendencia y que van a cumplir la necesidad del cliente ya existente.

Recuerda que muchas veces en los más "mínimos detalles" se encuentra la más grande diferencia. No tienes que abaratar tus productos, ni tienes que fingir una amabilidad excesiva. Simplemente tienes que ser tolerante, coherente y empático con tus clientes. Debes agradecer y dar detalles por sus visitas, de tal manera que los hagas sentir especiales. Analiza qué "mínimo detalle" puedes incorporar a tu organización para agradecer al cliente. Ejemplo: Ofrece un vaso de agua, tal vez un producto muestra, brinda una atención eficiente, despídete con una sonrisa sincera, agradece su visita, etc. Vuelve estos detalles parte de un proceso de atención al cliente y que poco a poco se convierta en un hábito para ti y todos tus colaboradores. Con el paso del tiempo, los clientes estarán satisfechos con las visitas y se sentirán cómodos en tu establecimiento.

El valor agregado en tus productos o servicios no siempre tiene que ver con algún beneficio económico o con algún obsequio a clientes, también puede implicar que, el hecho de vender, comercializar o dar a conocer tu producto o servicio beneficia a otro sector, otro ramo de la sociedad o incluso al mundo. Por ejemplo, aquellas empresas que fabrican productos con artículos reciclados, pues apoyan el medio ambiente, o aquellas empresas que con la venta de sus productos apoyan a personas de escasos recursos o a fundaciones en específico. Todo este tipo de valores agregados hacen que la gente te perciba de mejor manera y te valore más alto en cuanto a tu competencia que quizá no tiene este tipo de cualidades.

ACTIVIDAD: Piensa en uno o varios "mínimos detalles" que puedas agregar a tu organización para lograr 1 o varios de los siguientes objetivos: 1.-Brindar un excelente servicio al cliente 2.-Apoyar al medio ambiente 3.-Apoyar a la sociedad

10 HÁBITOS, VISIÓN 360 PARA EL ÉXITO DE EMPRENDEDORES

Un emprendedor, empresario o líder, no se hace de la noche a la mañana. No hay líder solitario, detrás de un gran líder hay mucho tiempo invertido en trabajo, una basta experiencia adquirida y desde luego un gran equipo de trabajo que respalda los resultados. El líder y el directivo eficaz se deben a su equipo y lo bien que este los dirige al paso del tiempo. La vida de un emprendedor se basa también en los hábitos y lo bien que ejecuta estos hábitos para conseguir el éxito en el equipo y la organización en general, desde que se funda hasta el tiempo más actual.

Para que un emprendedor, directivo o líder en general tome las mejores decisiones, debe mantener su vida equilibrada en la mayor cantidad de aspectos posibles. El mantener una vida equilibrada garantiza la paz mental que el cuerpo en general necesita para evolucionar, seguir aprendiendo y continuar dirigiendo al equipo por el camino correcto. Una mala decisión puede ser muy costosa. Las malas decisiones, derivado a cuestiones que nos aquejan mentalmente pueden ser más costosas de lo habitual. Evita el estrés, la ira y el resentimiento; los buenos hábitos siempre serán el mejor remedio, la mejor medicina y la mejor prevención.

Los problemas y dificultades están presentes en la vida de todo emprendedor, no les temas y afronta cada situación con gallardía. Los 10 hábitos siguientes serán la base para que tú puedas afrontar de la mejor manera todas las peripecias que te esperan como emprendedor.

ACTIVIDAD: Identifica los 10 hábitos que mejor describen tu vida diaria y tu personalidad. Al terminar, realiza una autoevaluación y califica qué tan positivo o negativo resultan tus hábitos en tu vida, de tal modo que puedas eliminar malos hábitos y fortalecer los buenos.

1.-CONCÉNTRATE EN TU RECURSO MÁS VALIOSO

Tu recurso más valioso como persona es tu cuerpo. Con él realizas todas tus tareas y actividades, con él afrontas todos tus problemas y encuentras las soluciones. Es por ello la importancia de mantener tu cuerpo sano. Tu cuerpo es una herramienta de trabajo que te ha dotado el universo para que te conviertas en tu propio héroe, cumplas tus objetivos y sobre lleves cualquier dificultad. Para lograr grandes beneficios, tu cuerpo debe estar en perfecto equilibrio entre la cuestión mental, entre tu alimentación y tus descansos. Brinda a tu cuerpo lo que requiera para crecer en estos tres aspectos, puedes hacer ejercicios que involucren el ejercicio mental o incluso puedes inclinarte por tocar un instrumento. Ese tipo de actividades desarrollan el hemisferio derecho de tu cerebro, el hemisferio artístico.

Por otro lado, no dejes de alimentarte sanamente. Una persona que se alimenta bien, reduce considerablemente muchos riesgos en su salud. La mejor medicina es la prevención mediante los alimentos, ellos nos aportan todos los nutrientes, todos los minerales y proteínas que nuestro cuerpo requiere. Aprende a alimentarte consumiendo nutrientes variados e incorpora a tu dieta mayor cantidad de alimentos verdes, es decir verduras. También incorpora, si consideras necesario, suplementos.

Tu cuerpo es esa herramienta que te brinda acceso a todo en la vida. Sin tu cuerpo, simplemente no puedes hacer nada. Si no estás sano no puedes trabajar, sin trabajo no puedes generar ingresos y el mantenerse en la vida te será realmente difícil. Por eso siempre debes poner en primera instancia y en primera importancia tu cuerpo y lo relativo a él.

Atendiendo los puntos anteriores habremos dado un gran avance a la salud y mantenimiento de nuestro cuerpo, sin embargo hay un tercer punto de igual modo importante y también va relacionado con tu cuerpo, es el descanso. No sobre trabajes a tu cuerpo, brinda descanso cuando sea necesario; cada que descansas tu cerebro se resetea y se libera de tensiones. Al despertar, lo harás con más vivacidad, con más alegría y con una actitud más proactiva. El descanso lejos de ser algo improductivo puede convertirse en un catalizador para ser todavía más productivo. En una mente cansada hay un cuerpo cansado, y un cuerpo que no está al 100% poco a poco va realizando trabajos con menor calidad, y el resultado se va mermando. Si brindas el descanso necesario, garantizas óptimos resultados a largo plazo. Atiende a tu cuerpo y escucha lo que él te dice, analiza tu piel, tus músculos, huesos y tendones; si un vehículo requiere mantenimiento, ¿crees que tu cuerpo no lo necesita? No escatimes en tu cuerpo y bríndale lo mejor, haz todo lo que se encuentre a tu alcance y disposición para mantener tu templo saludable y radiante.

ACTIVIDAD: Acude a un médico y realiza una prueba general de salud. Toma el hábito de realizar estudios generales de tu cuerpo cada 6 meses.

2.-ALIMENTACIÓN

La alimentación es un factor determinante para la salud general de nuestro cuerpo. Todo lo que comemos, va directo a nuestro organismo y ese alimento, nuestro cuerpo la transforma en energía con la que realizamos nuestras actividades diarias. Los alimentos que ingerimos deben ser de la mejor calidad nutricional posible si queremos garantizar que nuestro cuerpo y nuestro metabolismo funcione de la mejor manera.

Si no eres consciente de lo que ingresas a tu cuerpo, podrías tener serias complicaciones en un futuro. Hay ciertos conocimientos, términos y hábitos que son los básicos necesarios que debes aprender e incorporar a tu vida para que cada vez que ingieras alimentos puedas hacerlo de la mejor manera, obteniendo aquellos nutrientes que son los que tu cuerpo necesita.

Los puntos clave a estudiar sobre alimentación y nutrición son:

1. Calorías. Aprende más sobre las calorías y cuál es el índice energético que requiere tu cuerpo. Lo que consumes día a día y tu índice calórico está relacionado con tu talla corporal y estatura, tu ritmo de actividad diaria, etc. De esta manera se puede determinar de mejor manera cuáles serán los índices calóricos que tu cuerpo necesita, para que cumplas cada uno de tus objetivos.
2. Macronutrientes. Son las sustancias que contienen los alimentos y que son las encargadas de brindarnos la energía que nuestro cuerpo necesita para realizar las múltiples actividades del día a día. Se divide en proteínas, grasas e hidratos de carbono; el correcto balance de estos

macronutrientes garantizan un óptimo funcionamiento de tu cuerpo.

3. Contenido nutricional. No es lo mismo la grasa obtenida de un helado que la grasa obtenida de un aguacate. No es lo mismo las calorías que obtienes de un caramelo que las que obtienes de una fruta. Entender la diferencia en estos conceptos te brinda un paso adelante en el conocimiento nutricional de los alimentos.
4. Objetivos. Debes tener claro cuáles son tus objetivos, por ejemplo, si tu vida es muy activa quizá tu alimentación deba ser un poco más calórica. Para bajar de peso se debe seguir una fórmula básica: gastar más calorías de las que tu cuerpo ingiere. Por el contrario, si quieres ganar masa muscular debes incorporar más calorías de calidad en tu alimentación, pero también tu actividad física debe incrementarse y ser acorde al objetivo, para que esa energía extra que estás consumiendo no se vuelva grasa, y más bien tienda a volverse músculo.

Es por ello que la alimentación es tan fabulosa y necesaria en nuestra vida, nos puede ayudar a evitar múltiples enfermedades y mantenernos saludables.

Siempre procura tener una alimentación balanceada, aprende un poco más sobre alternativas de alimentación saludable e incorpora aquellos alimentos que se cosechan en tu región, aprovecha la naturaleza y brinda a tu cuerpo aquello que necesita, haz caso a tus instintos y tus deseos o antojos, muchas veces es porque tu cuerpo necesita el nutriente de tal antojo, solo verifica que su contenido nutricional sea alto.

ACTIVIDAD: Incorpora a tu dieta un superalimento. Investiga qué son los superalimentos y por qué son llamados así. Averigua cuales están a disposición de tu región geográfica, cómpralos e incorpóralos a tu dieta.

3.-MEDITACIÓN

La meditación es uno de los procesos más viables para encontrar la creatividad, el reposo y la paz que tu cuerpo y tu mente necesitan. La meditación es algo que sucede de pronto, pero para que suceda, tú debes de tratar de crear las condiciones adecuadas, es algo que se logra con el paso del tiempo mediante la práctica, la perseverancia y la tolerancia de mantener la mente tranquila. Es un proceso que puede tornarse complicado por el hecho de que preferentemente tienes que cerrar tus ojos y concentrarte en "la nada"; la realidad es que a tu mente podrían llegar múltiples pensamientos en cada segundo, y está bien, es normal, solamente trata de no enfocarte en ello, sino dejarlos pasar, regresar al punto central y al meollo de lo que estás haciendo, que es meditar, estar en un estado de consciencia plena, dónde eres consciente de tu presencia en este mundo, te enfocas en el aquí y en el ahora, escuchas cada uno de los sonidos que hay a tu alrededor y puedes discernir cada uno de tus pensamientos.

Meditando podrás darte cuenta si lo que hay en tu mente es en realidad algo que puede ayudarte a ser mejor persona, algo que pueda brindarte una retroalimentación para reajustar el camino, en caso de que tengas que hacerlo. La meditación siempre brinda soluciones cuando te enfocas en el "dejar ir". Poco a poco las soluciones surgen, quizá no en ese momento, pero al meditar, tú ya has dejado la semilla en tu mente de aquello que quieres lograr, conseguir o resolver.

Un buen método para establecer meditación, y las condiciones adecuadas, es que te mantengas con la columna erguida, ya sea sentado o en alguna posición en la que te sientas cómodo, pero procura no caer en el sueño profundo, la intención es todo el tiempo ser consciente del aquí y el ahora. La mejor manera para iniciarte en la meditación es fijando tu atención en tu respiración, concéntrate en como entra y sale el aire en tus pulmones. Fija tu atención en como inhalas por tu nariz, enfoca tu atención en el aire que fluye por tus pulmones y por todo tu cuerpo, purificando cada célula y cada átomo para finalmente exhalar por la boca y dejar ir todo lo malo o negativo. Esta respiración profunda y sostenida, que poco a poco logras mantener más tiempo, se torna placentera y reconfortante para tu cuerpo y mente. Conforme mayor es tu enfoque y mayor el desapego al mundo exterior y las ideas que llegan a tu mente del entorno, empiezas a encontrar el estado meditativo que tu mente necesita para que se una con el cosmos, y estés en posición para atraer las múltiples ideas que te van a ayudar a mejorar en cualquiera que sea tu posición de emprendimiento.

ACTIVIDAD: Brinda a tu cuerpo y mente momentos de meditación. Crea el hábito de al menos destinar 10 minutos al día para conscientemente meditar e intentar poner tu mente en blanco.

4.-RECREACIÓN

La recreación es tan importante como el trabajo. Siempre procura incorporar momentos de recreación en tu día a día. Al menos destina 30 minutos al día para que puedas enfocarte en desarrollar alguna actividad relacionada a cuestiones ya sea físicas, mentales o en las que fortalezcas los lazos con tu seres queridos o amigos. Cuando pienses en actividades de recreación, puedes crear una lista de aquellas actividades que son las que te hacen sentir más feliz, en las que sin duda el tiempo se te pasa volando y disfrutas hacerlo. Pueden ser actividades como el dibujo, la pintura, la lectura o el simple hecho de visitar a algún buen amigo.

Estas actividades ayudan a cultivar tu creatividad y con el paso del tiempo, encuentras la solución a la mayor cantidad de problemas que se te presentan en la vida real. Si practicas la recreación lúcida, en la que de manera consciente le das a tu mente un respiro para que pueda encontrar esa solución a cualquier problemática en la que te encuentres inmerso, te darás cuenta que la mayoría de los problemas, poco a poco se van resolviendo, y las ideas clave te llegan en los momentos menos esperados. No hay mal que dure cien años.

Cualquier actividad que elijas de recreación procura que pueda hacerte desarrollar alguna aptitud o conocimiento nuevo, o quizá te permita mantenerte en forma, o simplemente que te resulte placentero, pero no dejes pasar estos momentos de recreación, incorporalos a tu vida como un hábito, porque son los más importantes para lograr que tu mente se despeje, la dopamina haga su trabajo y las ideas de éxito fluyan y lleguen por montón a tu mente. Un cuerpo cansado y estresado reduce considerablemente la posibilidad de crear ideas que brinden solución a problemas, además, el estrés en muchas ocasiones ciega a las personas, imposibilitando ver más allá, y "se ahogan en un vaso de agua" como dice el dicho popular.

ACTIVIDAD: Determina una hora al día y un día a la semana para la recreación. Brinda un respiro a tu mente y sacala de su rutina.

5.-EJERCICIO. ENTRENAMIENTO FÍSICO

¿Por qué? Es muy sencillo y seguro lo escuchas a diario. Mi porque es el siguiente: Porque tu cuerpo te lo agradecerá. Ten en cuenta que tu cuerpo es el medio que te permite realizar gran parte de tus objetivos. Si tu cuerpo no está en equilibrio físico y emocional, difícilmente cumplirás tus objetivos, o bien, tardarás más tiempo en conseguirlos. Lo que yo sugiero es que analices ¿Qué actividades te generan bienestar? ¿Qué deportes son tus favoritos? Y más que nada evaluar ¿qué actividades van acorde a tu situación física actual? la cual podemos dividir en:

1. Sedentaria. 1 o menos días de actividad física a la semana.
2. Promedio. 2 a 3 días de actividad física a la semana.
3. Muy activa. 3 o más días de actividad física a la semana.

Estudios por parte de expertos aseguran que hacer ejercicio genera efectos biológicos en nuestro cerebro que desencadenan la producción de dopamina. Esta sustancia es un neurotransmisor que ayuda a la comunicación entre las neuronas, está presente en diversas áreas de nuestro cerebro y en cada una de ellas tiene una función diferente, sin embargo está muy asociada a los efectos de la felicidad, del desarrollo, la satisfacción personal, la creatividad, la motivación, etc.

Cuando has terminado de hacer ejercicio, se segrega esta sustancia, derivado a la satisfacción personal de haber concluido tu rutina. Cuando te sientes muy contento de lo que has realizado y te sientes muy satisfecho contigo mismo, es resultado de la dopamina segregada en tu cerebro. Es excelente para cualquier situación de depresión, o cuando sientas un estrés que no puedes manejar. Encuentra refugio y terapia en el ejercicio, te aseguro que al terminar tu rutina además de terminar cansado físicamente, tu mente estará tranquila. Aun si estás pasando por momentos de tristeza o de dificultad, sea cual sea la situación, el hacer ejercicio constante, además de mantenerte saludable, te servirá como ese reinicio o "reset" cerebral, para darte cuenta que todo puede mejorar y todo puede cambiar. Tendrás una creatividad más amplia, una mejor retentiva y todo esto conjugado darán como resultado un mejor líder y una mejor persona.

En general destina al menos 30 minutos de tu día a hacer actividad física, analiza cuál es tu estado general de salud y tu estatus corporal actual, acorde a ello, establece una rutina de actividad. No lo vuelvas complicado y tedioso, puede ser cualquier actividad que implique moverte, elige la que más te guste. A algunos nos gusta caminar, a otros les gusta tal vez el béisbol o el básquetbol. Aprovecha para retomar esa actividad que tanto te gusta y que va mucho tiempo que no haces, el ejercicio no tiene por qué ser aburrido ni rutinario, las alternativas son amplias. Un día puedes hacer una actividad, al otro día una diferente, o todos los días lo mismo, haz lo que consideres mejor para ti, tu mente y tu leyenda personal, pero mantente en movimiento.

Si tienes posibilidades y gusto por la tecnología, adquiere un reloj digital podómetro. En la actualidad hay de diversas marcas y precios. Estos relojes te brindan datos certeros sobre tu ritmo cardíaco, la cantidad de pasos que llevas en el día y en general un registro de tus actividades físicas. Son muy sencillos de configurar y programar acorde a tus metas. El uso de estos aparatos puede resultar motivador y te brindan el dato exacto de cómo ha sido tu actividad en el día, si ha sido muy sedentaria te brinda una notificación diciendo que quizá debas moverte más.

ACTIVIDAD: Destina entre 30 y 120 minutos al día para realizar alguna actividad física.

6.-AGRADECER Y VISUALIZAR

Dedica al menos 10 minutos de tu día para visualizar: realiza una breve introspección a tu interior y empieza a pensar cómo habrá de ser tu vida mañana, en una semana, en un mes, un año y en 3 años si continúas haciendo lo que hasta ahora haces. Visualiza el futuro para que puedas empezar a crearlo, pero no descuides el pasado, porque el pasado es lo que debes agradecer. Durante la noche y antes de dormir, agradece los sucesos importantes del día, observa en retrospectiva los objetivos y metas que has trazado en días anteriores, y agradece las victorias y objetivos que ya has concluido, ya que son esos actos los que forjan tu carácter ganador y emprendedor. Aquellas metas inconclusas podrás meditarlas y poner acción inmediata en su realización, o al menos mantener la intención firme de lograr el objetivo y esperar las circunstancias óptimas que el entorno te ofrezca para su conclusión. Siempre mantente muy atento a las señales del universo. Pide al universo que te lleguen y mantente sereno, para saber elegir con sabiduría el trayecto que seguirán tus ideas, para llegar a tus objetivos por el sendero menos inhóspito, ya que la aventura en la que te estarás enfrentando como emprendedor será complicada en un inicio y debes estar mentalmente preparado para ello.

Recuerda enfocarte en las buenas noticias, más allá de abrumarte por las negativas, ya que la vida es un vaivén de emociones, historias y experiencias. Ya estas vivo, aprovecha el milagro de la naturaleza y más allá de trabajar para vivir, disfruta que estás vivo hoy, y que en este momento tu mente puede discernir mis palabras, tienes dentro el milagro del pensamiento y un libre albedrío, el dia de mañana todo esto puede ser diferente, la vida no la tenemos comprada ni garantizada. Siempre considera a tu vida y tu salud como el activo más importante, con el cual vas a lograr todos tus objetivos el resto de tu vida; si no te encuentras bien por dentro y por fuera, difícilmente podrás estar bien con tu entorno, y esto significa no lograr tus objetivos en el tiempo previsto, lo cual a largo plazo te traerá más frustraciones que victorias.

ACTIVIDAD: Destina entre 5 y 15 minutos al día para agradecer y visualizar.

7.-APRENDER LEYENDO

Un hábito que te va ayudar en cualquier aspecto de tu vida, es la lectura. Si destinas en tu día al menos 30 minutos de lectura sobre algún tema que consideres interesante, te aseguro que poco a poco obtendrás mayores conocimientos, tu mente estará despierta y activa y de este modo, de cada lectura podrás obtener ideas nuevas que te harán cambiar en algunos aspectos de tu vida.

Ten en consideración que uno de los recursos más valiosos con los que dispones es el conocimiento. Si ocupas sabiamente tu tiempo en aprender cosas nuevas, al paso de una semana, un mes o un año, serás una persona totalmente diferente a la que fuiste en un principio. Cada autor y cada libro tienen muchas enseñanzas que brindarte, de ti depende lo que desees aprender y lo más importante no es solo sacar las ideas principales, sino aplicar esas ideas y conocimientos en tu vida, de tal manera que el provecho y beneficio de tu conocimiento adquirido se pueda ver reflejado con hechos, con números, estadísticas o incluso ganancias.

Para reforzar el aprendizaje en cada sesión de lectura, registra las ideas principales del libro que estás leyendo, de tal modo que al final de tu lectura también tengas un resumen de lo que has leído. Este resumen son las ideas principales, las ideas que en tu percepción más te ayudarán en tu desarrollo emprendedor para cumplir diversos objetivos. Será tu guía rápida de pasos a seguir para trazar el camino al éxito. Repite en tu mente varias veces el objetivo, y tu mente encontrará el camino para resolver cada incógnita. Realiza este método para con cada libro que leas y/o que consideres oportuno extraer conocimiento que te ayude en tu organización o en tu vida en general.

ACTIVIDAD: Destina al menos 20 minutos al día en promedio para aprender algo leyendo. Toma las ideas principales de las lecturas que consideres que contengan un mayor conocimiento aplicable en tu organización o en tu vida en general.

8.-DESPEJATE - DESCANSA

Un hábito muy importante que te ayudará a obtener mejores ideas para tus emprendimientos es el descansar. Está científicamente comprobado que muchas veces las mejores ideas llegan a ti en los momentos en los que estás descansando; esos momentos en los que tu mente está despejada, cuando no hay estrés y simplemente tu subconsciente es capaz de traer múltiples ideas creativas a tu consciente. Está bien trabajar, pero también es muy importante el descanso, tu mente debe estar libre de cualquier tensión. Una mente clara y despejada podrá tomar las mejores decisiones; es por ello que tan importante es trabajar, como tomar vacaciones. Considéralo como parte de tus rutinas, si deseas obtener el mejor rendimiento invariablemente tendrás que dar descansos a tu cerebro entre cada jornada de trabajo.

El descanso va de la mano con la recreación, aunque el descanso literalmente es hacer que tu cuerpo esté totalmente relajado. Para el descanso puedes contemplar las horas de sueño que brindas a tu cuerpo, también el descanso que brindas durante el día para que tu cuerpo se relaje, aunque el más benéfico para tu cuerpo, siempre será el que se obtiene durante el sueño profundo.

Una persona que brinda siestas cortas, de 10 a 15 minutos, a la mitad de su día, puede ser una persona más productiva y atenta a las actividades a realizar, en comparación con otra persona que simplemente no toma este tipo de descansos conscientes. Si ocasionalmente lo consideras oportuno, brinda un momento de tu día para una siesta, principalmente a la mitad de tu jornada laboral; procura no exceder el máximo de 20 min.

El descanso también tiene relación con la productividad. Cada que realices alguna actividad larga y que requiera gran concentración, brinda un descanso a tu mente de al menos 10 minutos por cada 90 minutos de trabajo, para que tu cerebro se despeje y al retomar la actividad puedas hacerlo con mayor franqueza y vivacidad. Simplemente brinda un descanso para levantarte, estirarte, tomar agua, caminar un poco o cualquier actividad que desees; lo importante es romper el tiempo de concentración que tenía tu mente, para lograr que se relaje y baje su nivel de tensión y/o estrés.

ACTIVIDAD: Por cada 90 minutos de trabajo y/o concentración intensa en algo, brinda 10 minutos de descanso a tu mente.

9.-APRENDE A SOCIALIZAR Y GENERA RELACIONES

Uno de los talentos o quizá habilidades más importantes con las que debe contar un buen líder es la habilidad para socializar y hacerlo de manera efectiva utilizando el carisma. El carisma ayuda a generar más y mejores relaciones. El hecho de socializar con la gente que te rodea y generar lazos de amistad y relación constante puede ser una excelente herramienta para lograr el éxito más rápido. En algún momento de tu carrera podrás apoyarte de algún buen amigo, o de la referencia de algún conocido.

El hecho de poder convivir con otras personas puede tener una ventaja realmente grande cuando busques peldaños en los cuales puedas apoyarte para construir tu futuro y lograr tus objetivos. Las personas juegan un papel muy importante en la sociedad, cada uno de nosotros tiene una función, somos un pequeño engranaje en esta gran máquina que es la vida. Cada uno de nosotros desempeña funciones que hacen que la sociedad, en general, pueda funcionar. Analiza qué personajes y qué entidades, asociaciones o grupos son las que más se relacionan con las actividades de tu negocio o industria. Esto te dará la pauta para saber con qué tipo de personas debes buscar generar relaciones, más que nada comerciales. Si eres consciente de esta cuestión, podrás unirte a grupos en los cuales puedas tomar ventaja de conocer a gente que se dedica en sus actividades profesionales a ciertas cosas que pueden ayudarte. Un punto importante y detalle a considerar es que analices de manera más concreta qué personas son las más influyentes en el ramo en el que te interesa incursionar, no tendrá el mismo liderazgo un tenista profesional que un director de una sociedad de comerciantes, puesto que cada uno de ellos fungen liderazgos totalmente diferentes y en áreas totalmente diferentes. Tus relaciones comerciales debes enfocarlas en conocer a las personas que fungen un rol y/o actividad comercial relativa a la tuya o que coadyuva a la consecución de tus objetivos a corto, mediano y largo plazo.

No me malinterpretes con lo anterior, tampoco quiero decirte que seas interesado y solo busques relaciones con gente que sea afín a tu negocio o a tus actividades personales, desde luego no. La diversidad en tus relaciones también es importante. En general te recomiendo que seas sociable en muchos tipos de situaciones.

Ya sea que te relaciones con la gente que tiene influencia en tu sector como con la gente que tiene características afines a ti en grupos sociales, siempre procura que estas relaciones sean a largo plazo; para ello debes aportarles algo también tú. Tú eres una persona especial que tiene mucho que aportar a las personas; apórtales para que en consecuencia ellos te aporten. Generar relaciones a largo plazo promoviendo valores como la confianza, la generosidad y la integridad, garantizan el beneficio mutuo. Como dice el refrán: "Si quieres llegar lejos camina solo. Si quieres llegar todavía más lejos, camina acompañado".

ACTIVIDAD: Crea tu directorio de contactos comerciales. Integra los registros actuales y pon como objetivo el hacer crecer tu red de contactos al paso del tiempo. No te enfoques en la cantidad, si no en la calidad de ellos.

10.-RODÉATE DE GENTE POSITIVA Y/O QUE TE GENERE ADMIRACIÓN

Dice un dicho muy interesante y que tiene mucha razón: "...con el paso del tiempo, te conviertes en el resultado de la combinación de las 5 personas con las que más convives en tu día a día..." Así es que, muchas veces, hasta inconscientemente, optamos por aprender y hacer nuestras esas actitudes de las personas con las que convivimos. Lo malo es que tendemos a tomar tanto actitudes positivas como negativas. Con el paso del tiempo, somos una combinación de esta gente que está en nuestro círculo íntimo. Tú debes ser consciente de cuáles son las personas que te rodean, elige sabiamente porque con el tiempo te convertirás como ellas.

Hay gente con la cual no puedes decidir si convivir o no, porque quizá es parte de tus obligaciones el convivir; sin embargo, ten en consideración aquellas amistades o aquellas personas que por tu libre voluntad, decides estar con ellas y frecuentar. Analiza qué tipo de personas son tus amistades y las que integran tu círculo más íntimo. Rodéate de gente a la cual admires, gente que tenga hábitos y aspectos positivos en su vida, cosas que les puedas emular e incluso mejorar. Evita la gente negativa, evita la gente que pone pretextos y que siempre encuentra salidas para no enfrentarse a su realidad y a sus responsabilidades. Aléjate de la gente que escapa de la presión y que huye de los problemas.

Al ser consciente de que te vuelves como las cinco personas más cercanas a ti, implica también una responsabilidad, pues empiezas a ser más consciente de lo que tú aportas a la gente con la que convives. Considera y procura que las cosas que la gente emula de ti sean dignas de respeto y admiración; infunde en la gente ese deseo de ser como tú, por tus buenos hábitos, principios e ideales.

ACTIVIDAD: Rodéate de gente positiva y/o que te genere admiración.

CAPÍTULO 8.

CRECE CON UN SISTEMA (FRANQUICIA)

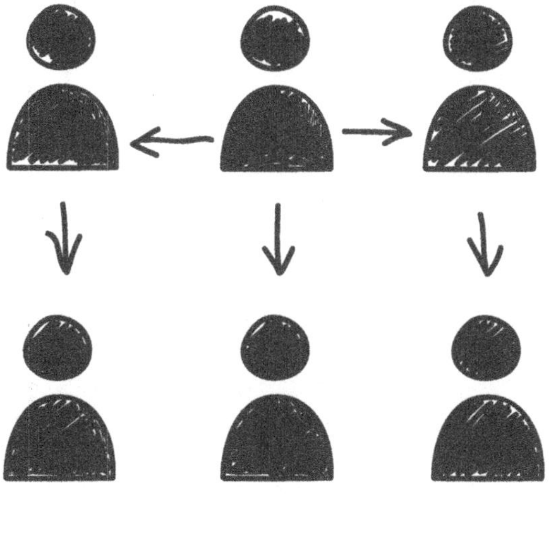

Nuestra energía como humanos es limitada, tenemos los días contados. Un sistema de negocios bien desarrollado puede ser perpetuo. El éxito de un negocio está en su sistema y la facilidad en que este se puede gestionar, replicar y expandir. En los negocios como en la naturaleza, solo sobreviven los más aptos.

Los emprendedores siempre estamos buscando las maneras de crecer, de innovar y de desarrollarnos. Los modelos de franquicia son modelos económicos que vinieron a dar un empuje considerable en la manera de hacer negocios, ya que con los sistemas franquiciables, muchas pequeñas, medianas y grandes empresas tuvieron la oportunidad de seguir desarrollándose y expandiéndose más allá de sus fronteras.

La realidad es que si tu negocio se encuentra en una etapa de madurez y consolidación, el éxito en una franquicia es casi asegurado, pero no garantizado. Existen muchas franquicias que por desconocimiento fracasaron al poco tiempo.

Durante los puntos expuestos en este capítulo comprenderás qué camino seguir para consolidar tu crecimiento; ya sea con unidades propias o cediendo derechos de tu marca a terceros. No es tan complicado si atiendes con responsabilidad y madurez cada punto. Recuerda que es un proceso, no intentes correr sin antes caminar.

Recuerda apoyarte de los profesionales, en este punto de tu camino emprendedor requieres ayuda profesional.

SISTEMA Y MODELO DE FRANQUICIA

Llega un momento, en la madurez de tu negocio, en la que sin duda y si quieres seguir creciendo, debes desarrollar tu propio modelo de franquicia, ya sea para crecimiento con unidades propias o con unidades que ceder a terceros, todo mediante los contratos y procesos de franquicia que poco a poco conocerás en este capítulo.

El desarrollar un modelo de franquicia ad hoc a tus necesidades y procesos es un paso más al éxito y consolidación de tu sistema de negocio, pues de esta manera tienes claro los protocolos, procesos y sistemas que se deben hacer en cualquier sucursal, ya sea en tu comunidad o en una ciudad diferente, el sistema de negocio es el mismo, y es lo que vuelve fácil tu crecimiento. Puedes encaminarlo al crecimiento con tus unidades propias hasta donde desees hacerlo; si lo prefieres, incluso no franquicias a ningún tercero, y tú solo te beneficias del sistema que irás creado; cuando tu decidas podrás vender, ceder y/o heredar a quien tu gustes para que continúe administrando el negocio.

Por otro lado, si son tus intenciones poder crecer cediendo los derechos de tu marca a un tercero, habrás de convertirte en un franquiciante; es decir, aquella persona que cobra una regalía o cuota monetaria por brindarte los derechos de uso de marca; esto también conlleva un compromiso a instruir al franquiciatario para que obtenga de la manera más rápida posible el retorno de su inversión.

El cobro de la regalía implica todo un conjunto de conocimientos que el franquiciante cede al franquiciatario. Son conocimientos en todas las áreas del negocio que el franquiciante ha adquirido con el paso del tiempo, de tal modo que ha logrado consolidar los procedimientos para hacerlos lo más exactos posibles. Ellos son los dueños del "know how", es decir, los dueños de ese conocimiento para saber cómo se pueden y deben realizar las diversas actividades que giran al entorno operativo del negocio.

La mejor manera de conocer más al respecto viene cuando te enfrentas a la necesidad de crecer y abrir tu segunda sucursal. Aquí es donde más se aprecia el conocimiento adquirido en la primera apertura para consolidar ciertos pasos o procedimientos y hacer que todo sea más sencillo. Crece de poco en poco, primero abre tus primeras 2 o 3 sucursales y después analiza si te conviene ceder tu sistema a terceros para que lo trabajen mientras tu obtienes una regalía.

ACTIVIDAD: Empieza a encaminar el desarrollo y crecimiento de tu organización hacia uno de los dos posibles caminos que te brinda el sistema de franquicia: ya sea que crezcas por medio de unidades propias y con tu propia inversión o mediante la inversión de otros y cobrando una regalía.

EL NEGOCIO QUE FUNCIONA SOLO

Un negocio que funciona solo probablemente es el deseo y anhelo de múltiples emprendedores y visionarios; es algo que es totalmente posible y realizable, sin embargo, el hecho de conseguir esto implica muchos objetivos y muchos procedimientos de por medio, que solo podrás obtener con la experiencia y con la aplicación de los manuales.

En este momento de tu emprendimiento es de suma importancia que profesionalices todos los documentos y manuales con los que dispones. Profesionalizar implica dar un formato adecuado, que vaya acorde a tu branding. También implica revisar de manera consciente la información que ahí se muestra, para garantizar que la información es verídica y actualizada. Se trata de formalizar la información y de este modo poder compartirla en físico o en digital con quien corresponda y que sirva como una guía de capacitación constante sobre cómo deben realizarse las cosas en tu organización. Estos documentos y manuales son básicos para garantizar a posibles franquiciatarios el éxito de su unidad, enseñándoles cómo deben dirigir su unidad de negocio en todos los sentidos, apegándose lo más posible a los lineamientos y políticas de la empresa franquiciante.

Los manuales también son una parte primordial para concretar el éxito de cualquier sistema de franquicia, tanto para unidades propias como para franquiciadas; te ayudarán a brindar información a tu personal, principalmente para que sepan de qué manera deben actuar ante ciertas circunstancias. Va a ser muy importante que destines un método o un modelo de capacitación, para que la gente que recién se incorpora a tu organización pueda avanzar poco a poco y tener cada vez mayor experiencia y habilidad, de tal forma que día a día, semana a semana y mes a mes, implique un crecimiento en su conocimiento. Todo el conocimiento que se invierte en tu equipo de trabajo siempre rendirá grandes frutos, porque es un conocimiento que no se devalúa. Mientras más y mejor capacitado esté tu equipo, más sencillo será el proceso de sistematización en tu negocio, y de esta manera, con el paso del tiempo, el negocio funcionará solo, como un engranaje de un reloj.

ACTIVIDAD: Profesionaliza tus manuales y todos los documentos que tengas de tu organización, de tal modo que estos documentos puedan estar disponibles para capacitaciones; servirán como guías de capacitación constante sobre cómo deben realizarse las cosas en tu organización.

SISTEMATIZAR CON PROCESOS EFICIENTES Y EFECTIVOS

Sistematizar va a implicar múltiples compromisos en todas las áreas de tu organización. Significa crear los sistemas, procesos y procedimientos necesarios para que se cumplan de manera estandarizada los objetivos y los mejores resultados en las diferentes unidades de negocio. Para que puedas lograrlo, debes hacer uso de la tecnología para que cada procedimiento sea más fácil, rápido y sencillo. Aprovecha la tecnología, si tienes que guardar gran cantidad de información, el hecho de sistematizar implica que puedas informar o dejar de manera clara cómo deben hacerse las cosas. Para lograr una buena sistematización requieres de tu equipo de trabajo y este equipo de trabajo habrá de elegirse de manera correcta, desde la reclutación.

Cada área de tu emprendimiento puede ser sistematizada, desde la contabilidad, los recursos humanos, las finanzas, las compras, la distribución, en fin, todo. Cada uno de estos procesos puede ser regulado y replicado dejando todo por escrito, para que al momento de incorporar a personas nuevas sea más sencillo capacitarles, para ti o para tu equipo en general.

Uno de los recursos más valiosos con el que contamos es el tiempo. No hay nada peor que desperdiciar el tiempo con procesos ineficientes y complicados. Analiza qué procedimiento en toda la cadena productiva de tu negocio debe ser atendido para que sea más rápido y eficaz. Cuando detectes una traba o problemática, analiza de qué manera puedes solucionarla con un "proceso" certero que atienda y resuelva la problemática de raíz. Este proceso debe indicar mediante puntos sencillos a seguir lo que cualquier persona en un futuro debe realizar para evitar y/o resolver la problemática. Recuerda que si tú tuviste ese problema en algún momento, seguro se le puede presentar a cualquier otra persona de tu organización en un futuro.

Mientras más optimizado sea el proceso y más tiempo se pueda ahorrar mayor será el progreso obtenido. Si ahorras tiempo haciendo eficientes tus procesos, te aseguro que las metas y objetivos de toda tu organización podrán alcanzarse más rápido.

El hecho de crear procesos eficientes y efectivos también tiene el objetivo de poco a poco ir solucionando las problemáticas más graves y/o comunes que pueden presentarse en tu negocio y que debes atender para que esos pequeños problemas no se hagan grandes en el tiempo. La intención de franquiciar o replicar tu modelo de negocio en nuevas sucursales también implica mejorar. Antes de abrir cualquier otro punto de venta debes cerciorarte que los procesos de tu actual unidad de negocio están funcionando bien, sin dilaciones ni problemáticas. No heredes más problemas, brinda soluciones, procesos eficientes y efectivos.

ACTIVIDAD: Analiza si algún procedimiento en tu organización puede mejorar, ajustarse o modificarse, de tal modo que sea más eficiente y efectivo.

MARCA CONSOLIDADA

El aplicar los procesos y protocolos que implican una franquicia, te ayudan a consolidar tu marca. Esta actividad debe ser una tarea que tengas siempre presente en tu día a día, pues la presencia de marca y una marca consolidada solo se logran al paso de los años y con mucha persistencia, tenacidad y buenos hábitos comerciales.

Analiza qué puedes hacer para que cada día sea provechoso y tu empresa se consolide un poco más. Una manera muy eficiente para consolidar tu marca es plantearte el reto de expandir tus canales de venta o distribución. Si en este momento solo tienes presencia en el medio digital deberías proponerte en un corto o mediano plazo también tener un punto de venta físico. Por el contrario, si ya tienes un punto de ventaja físico, extenderte ahora al mundo digital para vender las 24 horas del día, todos los días de la semana sería lo ideal. Lo más importante es que tengas una estrategia clara de crecimiento y/o expansión para que cada vez más gente pueda conocerte.

Para saber que detalles o acciones debes seguir en el dia a dia para fomentar la consolidación de marca, debes responderte la pregunta ¿Qué debo hacer para fomentar que mis clientes me compren una y otra vez? no solo en un día o semana, sino todo el año, de manera recurrente, de tal modo que sea una rutina el comprar en tu negocio. Todas las acciones que hagas para responder esta pregunta, te estarán brindando un valioso aporte a la consolidación de tu marca.

Lo más importante para consolidar tu marca es la opinión y la percepción que tengan los clientes de tu negocio. Para que la gente tenga una excelente perspectiva debes brindarles una asistencia antes, durante y después de la venta, de esta manera garantizas que todos tus clientes tendrán una garantía de servicio y atención, tendrán la certeza de haber comprado o adquirido los productos o servicios de una empresa profesional y comprometida. Las compras serán recurrentes y poco a poco más y más gente te estará visitando. Mantén el enfoque en expandir los canales de venta mientras haces todo lo posible por mantener la buena percepción del cliente hacia tu marca.

ACTIVIDAD: Incrementa tus canales de venta actuales de tal modo que se fortalezca tu presencia de marca y las compras de los clientes sean cada vez más recurrentes en diferentes medios durante todo el año.

EL CORPORATIVO

El corporativo es la unidad de trabajo que concentra todos los procesos de mayor importancia para la organización tales como los administrativos, contables, fiscales, de recursos humanos, etc. El corporativo debe estar conformado preferentemente por los líderes de los diferentes departamentos o áreas de la empresa. Estas personas deben ser profesionales en su ramo, de tal forma que el aporte al equipo sea considerable y complementario a las habilidades y aptitudes de los demás líderes que conforman el corporativo.

Los líderes de cada área o departamento trabajan en conjunto y bajo la directriz del director general, ahí es donde se dictan los movimientos y planes de la empresa al paso del tiempo. Estos personajes integrantes del corporativo son quienes orquestan las actividades de toda la organización. Deben encargarse también de regular la cuestión operativa, administrativa y contable de la organización en general y de cada unidad de negocio o franquicia.

Son los encargados de hacer que todo funcione y funcione bien para lograr los objetivos descritos para cada área o departamento.

El corporativo ayuda a mantener el control aun con el crecimiento, pues la organización empieza a crecer y desarrollarse en más subgrupos que son las diferentes unidades de negocio que se aperturan. El corporativo con toda la gente profesional involucrada inspecciona, corrige y reorienta las estrategias que deban seguirse para lograr los mejores rendimientos en toda la organización en general, aprovechando la estandarización y sistematización.

EL CENTRO DE DISTRIBUCIÓN

Mediante un centro de distribución o CEDIS puedes volver más eficientes todos los procesos relacionados con las mercancías y simplificar en general todo el proceso logístico. El CEDIS es el punto de llegada de la mercancía, donde se revisa y se verifica que los productos, materias primas o lo que corresponda, esté en buenas condiciones, de tal modo que puedas continuar tu proceso logístico de distribución. Si todo corresponde puedes proceder a registrar tus compras en tu sistema y después determinar cuánto enviar a cada una de tus unidades de negocio. Procura en este momento de tu emprendimiento apoyarte de un sistema sofisticado que brinde solución a tu red de distribución. Investiga sobre SICAR, un software punto de venta que te brinda solución y ayuda a emprendedores que tienen un crecimiento mediante franquicias y/o sucursales. Una de las tantas ventajas es que desde tu centro de distribución, puedes determinar el precio que tendrán los productos en todas tus unidades de negocio; en pocas palabras centralizas la información más importante desde un administrador.

El centro de distribución también brinda otra ventaja importante para todo tu modelo de crecimiento, ya que puedes prever el abastecimiento suficiente para la operatividad en cualquiera de tus unidades de negocio; incluso, si consideras necesario, tener el suficiente resguardo de los productos que pueden considerarse tus más vendidos, y que vale la pena comprar para resguardo pues su rotación es muy constante.

Es importante que tu centro de distribución, independientemente del tamaño que tenga, busques hacerlo lo más eficiente posible en cuanto al uso de los espacios. Debes aprovechar al máximo el espacio de almacenamiento para optimizar todos los procesos involucrados. Determina un lugar para:

1. Recibir. Donde te entrega la paquetería tus productos, donde los recibirás.
2. Revisión. Determina un lugar para revisar y abrir las cajas, debes cerciorarte que todo llegue en buenas condiciones.
3. Almacenar y resguardar. Debes tener un lugar acorde al producto para su almacenaje.
4. Empaque. Designa un espacio adecuado para empacar todo lo que habrá de llegar a tus unidades de negocio, franquicias o clientes.

LAS SUCURSALES

Las sucursales ayudan en 3 aspectos muy importantes en tu desarrollo de franquicia:

1. Comercializar. Cada sucursal es el espacio físico donde se comercializa el producto finalizado y/o dispuesto a ser adquirido por el cliente. Aquí es donde se reciben las mercancías del centro de distribución y donde se debe realizar la labor de venta para conseguir satisfacer las necesidades del cliente. Los vendedores o personas que se encargan de atender al cliente deben conocer de primera mano el producto a comercializar.
2. Expansión. Las sucursales también ayudan a simplificar y potencializar el desarrollo, pues el corporativo se divide y expande su crecimiento hacia canales de venta diferentes, todo mediante pequeñas unidades de negocio que abarcan diversas áreas geográficas. Es en este momento que debes desarrollar además del organigrama de tu corporativo, un organigrama simplificado, que habrá de servir para cada unidad de negocio o franquicia. Por lo general el organigrama de cada unidad de negocio es más simple, a menos que tu industria o giro sea de gran alcance e implique mucho personal.
3. Consolidar Marca. La imagen de tus sucursales es fundamental para crear una excelente percepción para el cliente, ya que es aquí donde la gente te visita y donde se debe afianzar el valor de marca con detalles únicos que te identifiquen y diferencien de cualquier competencia.

Aquí es donde muestras al mundo tu imagen, donde los prospectos o clientes conocen más de ti y tus productos.

CIRCULAR DE OFERTA DE FRANQUICIA COF

La circular de oferta de franquicia es el instrumento jurídico necesario para poder franquiciar a un tercero. Es un documento donde se señala cada detalle de lo que habrás de dar al franquiciatario, de tal manera que este sirva como un documento entregable y en el cual se puedan especificar todos los términos generales sobre tu modelo de franquicia. Es un resumen donde se especifican algunos detalles técnicos, sin embargo, no se indaga en el tema contractual, pues es en el contrato donde se abarcan todos los temas en cuanto clausulado, sanciones, etc.

La COF debe ser entregada al franquiciatario, como obligación, al menos 30 días antes de la firma de contrato. Esta es una medida con la cual se puede tener un panorama amplio de que es lo que se va a estar haciendo durante los próximos meses, es un compendio de generalidades de la próxima actividad económica que habrá de realizarse entre una parte y otra, es decir entre el franquiciatario y el franquiciante. Teniendo certeza de la COF, así como de los otros instrumentos legales como los contratos, si hubiera alguna incongruencia o alguna inconformidad, se podrían tener como base legal para saber si alguien está incumpliendo en los acuerdos.

Ten en consideración que este documento de COF solo es necesario y obligatorio si tu plan de crecimiento y expansión abarca ceder a terceros el uso de tu marca. Por el contrario, si tu plan de crecimiento es en franquicia con unidades propias, no es necesario que inviertas tiempo o dinero en este documento.

Los siguientes son algunos de los datos más importantes que debe contener la COF. Independientemente de tu modelo de crecimiento, es importante que tengas claro y sepas dar respuesta a estas cuestiones, pues son detalles básicos de tu emprendimiento, el conocerlos te brinda un panorama más amplio de tu negocio. Recuerda que el conocimiento es poder, y mientras más conozcas a tu negocio, más posibilidades tienes de hacerlo crecer.

1. Datos generales del franquiciante, como RFC, razón social, nombre comercial, etc.
2. Obligaciones y derechos del franquiciante y franquiciatario.
3. Descripción del modelo o sistema de franquicia.
4. Los tipos de asistencia que el franquiciatario puede y/o debe brindar al franquiciatario.
5. Monto de inversión inicial así como los pagos por conceptos de regalías, publicidad u otros.
6. Zona geográfica donde tendrá influencia la franquicia.
7. Experiencia del franquiciante, es decir, especificar cuándo se fundó la franquicia y desde cuándo está en operaciones.
8. Compromisos de confidencialidad, donde el franquiciatario se compromete a no divulgar los secretos industriales propiedad del franquiciante.

CONTRATO DE FRANQUICIA

El contrato es el instrumento legal donde se especifica todo el clausulado, penalizaciones, repercusiones y demás especificaciones sobre el modelo de negocio que se empieza a franquiciar. Este contrato es lo que va a dar fe y legalidad a toda la actividad económica que se habrá de suscitar entre ambas partes, es el método para mantener una correcta regulación por la ley.

Estos contratos siempre deben estar avalados por algún notario público, el cual certifica y da fé de que ambas partes están interesadas en llevar a cabo esta negociación. Este contrato debe ser muy específico y debe hacer mención de todos los detalles necesarios para resolver cualquier controversia legal que pudiera suscitarse. Mientras menos cuestiones legales tengas que atender, con mayor enfoque podrás atender tu negocio para seguir haciendo lo que haces, continuar haciendo tus actividades productivas; es por ello que debes dedicar el tiempo necesario para crear un contrato de calidad y dónde se especifica a detalle cada uno de los procedimientos más específicos o más delicados; también las cláusulas claras sobre las repercusiones en caso de que el franquiciatario no siga las normas o que se niegue a seguir alguno de los principios o fundamentos que han hecho a tu franquicia tener el éxito que tiene al momento. Regula y presta atención a tus franquiciatarios para que con el paso del tiempo ellos puedan desarrollarse y crecer como tú lo hiciste, tu contrato siempre será la base legal para que ambas partes estén protegidas.

Promueve realizar contratos justos y lo mayor equitativo posibles, busca los elementos que protejan a ambas partes. Recuerda que el éxito de cualquier franquicia radica en el ganar - ganar. Si gana el franquiciante, debe ganar el franquiciatario. Lo más importante es que el contrato de franquicia brinde claridad sobre cómo se debe operar el negocio.

Estos contratos deben ser encomendados a expertos abogados, que tengan el conocimiento suficiente sobre las franquicias, debido a que un contrato de franquicia no es solo un compendio de cláusulas, derechos y obligaciones comerciales; va mucho más allá, y debe contener detalles específicos por ley, entre ellos la regalía, los costos de publicidad y marketing, en general la misma información de la COF, pero con mayor detalle. Si quieres evitar costes por errores, o detalles omitidos, vale la pena que te pongas en contacto con abogados expertos en franquicias.

ACTIVIDAD: Investiga en tu ciudad la oferta que hay respecto a abogados con experiencia en franquicias. Cotiza el costo de sus servicios y conoce más al respecto para que puedas expandir tu panorama.

CRECIMIENTO SOSTENIDO

Conforme desarrollas tu negocio, empiezas a notar que todo empieza a marchar bien, sin embargo los problemas y el caos te puede rebasar en cualquier momento si no pones los pies en la tierra en relación a lo más importante: hacer que el emprendimiento sea sostenible. Los siguientes puntos son los que te brindaran el crecimiento sostenido de una manera más eficiente:

1. Eliminación. Elimina la necesidad de figuras o personas imprescindibles. No debe depender de ti o de alguna

persona en especial que la empresa funcione y marche como debe de ser. Ante la ausencia de alguien, cualquier otra persona puede fungir y desarrollar esa vacante; desde luego contemplando los requisitos mínimos para cada puesto, así como las aptitudes básicas necesarias para desarrollarlo.

2. Base sólida. Hay un problema cuando, sin darte cuenta, empiezas a crecer y a invertir más y más, sin siquiera poder administrar y controlar bien las áreas de crecimiento en la que estás actualmente inmerso. Para poder invertir en algo nuevo, debes tener muy bien controlada la operatividad y la gestión de cualquiera de tus actuales emprendimientos. Considera cuáles son los factores que habrás de necesitar y qué personal se debe de incorporar para que el cimiento y funcionamiento en general sea consistente y sostenido. Nunca caigas en el delirio del crecimiento sin haber afianzado tu base sólida.
3. Delegar. Agrega a tu organización aquellos departamentos que se encarguen de las tareas rutinarias pero importantes; por ejemplo los recursos humanos, la contabilidad, el diseño, etc.

ACTIVIDAD: Certifica que el crecimiento de tu organización sea sostenido. Encargate de trabajar en los 3 principales puntos que hacen a una organización tener un crecimiento sostenible.

EMPRESA SOCIALMENTE RESPONSABLE

Una empresa socialmente responsable es aquella que en su ADN y cultura organizacional fomenta los valores, la ética y lo moralmente correcto. De esta manera, empezando desde los adentros y desde la gente que hace posible a la organización, esta puede ser responsable con la demás sociedad y el entorno. Es una manera de hacer a tu organización más competitiva en cuanto a las demás fuentes de empleo existentes.

Enfocarte en ser una empresa socialmente responsable siempre te traerá múltiples beneficios en múltiples áreas. Una de las áreas que yo más aprecio y por las cuales siempre he procurado ser socialmente responsable en mis emprendimientos, es porque soy consciente que el ser responsable de esta manera da una excelente imagen a tu equipo de trabajo; tus colaboradores sentirán que pertenecen a una empresa fuerte, sólida y con miras a crecimiento. Esto les dará un aliento para saber que están en el lugar correcto. Si tú les muestras a tu equipo de trabajo que eres responsable, sin duda ellos serán responsables con las actividades que les correspondan. Siempre se franco, sincero y apegado a la normatividad de tu país respecto a tus responsabilidades como patrón.

Ser socialmente responsable con tus colaboradores implica hacer los pagos que corresponden siempre en tiempo y forma, ya sea finiquitos, pago de sus vacaciones, aguinaldos o las utilidades; estas últimas en muchas mini y pequeñas empresas erróneamente no entregan a su equipo de trabajo. Es erróneo porque este aliciente no llega a las manos adecuadas, quienes a final de cuentas fueron los que contribuyeron al éxito del negocio.

Es por ello que siempre se puntual en cada pago que debas de hacer a tu equipo de trabajo, de esta manera estarás en posición de exigir que el trabajo que pides esté bien hecho y sea de calidad.

Existen otras maneras de ser socialmente responsable, por ejemplo con el medio ambiente. Evita el uso constante de plásticos y productos desechables, no fomentes en tu negocio el uso de este tipo de productos. Si por alguna razón los tienes que utilizar, empieza a pensar en qué alternativas puedes ofrecer a tu cliente para que no seas alguien que contribuye a la contaminación de tu entorno. Separa tus residuos entre orgánicos e inorgánicos. Este y más detalles se pueden incorporar a tu organización para colaborar con el medio ambiente.

ACTIVIDAD: Determina un aspecto en el cual tu organización pueda ser socialmente responsable, ya sea con el medio ambiente o con programas de acción que ayuden a la sociedad en donde se ubica tu negocio.

CAPÍTULO 9.

INNOVACIÓN Y TU NEGOCIO DIGITAL

Lo único certero es el cambio. Ante la inminente necesidad de adaptarnos al entorno, la innovación es un factor fundamental para el éxito. El negocio que no se diversifica y no evoluciona de acuerdo al entorno, está destinado a desaparecer.

No cabe duda que el éxito y la permanencia de los negocios a través del tiempo tiene mucho que ver con la habilidad de innovación que tenga la organización. Aquellas empresas que no se renuevan, que no innovan o que no escuchan a sus clientes desaparecen al cabo de pocos años. Ante ello, es imprescindible que tengas como prioridad siempre innovar y mejorar de acuerdo al cambio de la industria en la que te desenvuelvas.

Una de las innovaciones más importantes en la actualidad es la manera en la que el público interactúa y se relaciona con las empresas. En la era de la información y la tecnología en la que nos encontramos, es menester que tu negocio tenga presencia en el mundo digital, lo anterior puedes conseguirlo mediante tu página web.

Aquellas empresas que no tienen presencia en la web, tienen muchas menos posibilidades de sobresalir. No te quedes atrás y empieza a desarrollar tu negocio también en el mundo digital. Con los puntos expuestos en este capítulo tendrás las herramientas más importantes para empezar y al cabo de unos meses consolidar tu emprendimiento también en el mundo digital.

La web ha venido a revolucionar el mercado, a eliminar fronteras y conectar a millones de personas; no desaproveches esta magnífica herramienta de ventas.

TU NEGOCIO VENDIENDO LAS 24 HRS

Es muy importante que tus productos o servicios se estén ofreciendo y vendiendo las 24 horas del día mediante tu negocio en internet. Mientras más gente tenga posibilidad de acceder a lo que estás ofreciendo, por lógica, tienes más oportunidades de vender. Podrás generar ventas en cualquier momento y a cualquier hora del día, en cualquier parte. Basta con añadir un buen sistema de gestión de clientes o ventas, un branding atrayente, una plataforma o página intuitiva para que los usuarios puedan navegar de manera sencilla para encontrar lo que buscan, etc.

Para lograr lo anterior, debes tener tu página web a toda costa. Pon tu negocio a vender las 24 horas, no basta con que la gente te pueda percibir y encontrar en el lugar físico, recuerda que hay algunas necesidades que simplemente surgen de la nada y si alguien tiene oportunidad de comprarlo en ese momento, o al menos avanzar un poco en el proceso de compra mediante una página web, seguro lo hará. Si tu producto o servicio tiene fácil acceso para el cliente, en tu página le explicas de manera clara las características de tu producto o servicio y si además de eso en verdad satisface una necesidad o resuelve un problema, ten por seguro que esos clientes te van a comprar, y mejor aún, serán clientes recurrentes de tu portal web.

Para complementar tu página web, no descuides el área tecnológica. Invierte en tecnología y mobiliario de calidad, para que tus equipos de cómputo y dispositivos de comunicación como el celular sean eficaces. También invierte en tus herramientas de ventas en línea, ya sea programas de software o plugins, para que tu negocio en internet sea cada vez más eficiente, enfócate en brindar a tu usuario final una excelente experiencia, desde que tiene el primer acercamiento a tu página web hasta que culmina y atiende su necesidad comprando en tu negocio.

Si tu negocio o emprendimiento no está vendiendo las 24 horas, los 7 días de la semana, estás desperdiciando una gran cantidad de tiempo que podría ser bien utilizada para ventas. Incorpora ese sistema que tanto te hace falta, invierte el tiempo necesario para tu capacitación, adéntrate en el mundo tecnológico y sácale provecho a las ventas por estos medios.

Lo maravilloso de las páginas web, y en específico la de tu negocio, es que el tiempo lo inviertes una vez al crear la página y ocasionalmente, conforme pasa el tiempo, debes realizar algunos ajustes mínimos y/o actualizaciones pues el trabajo mayor ya está hecho. Se pretende que tu sitio web evolucione y se perfeccione al paso del tiempo mientras tu conocimiento y habilidad también se incrementa, cada vez te vuelves más experto en las ventas en línea, en marketing digital, en SEO (search engine optimization), etc. Conquista nuevos mercados en la red de internet y expande tus horizontes. Haz crecer de manera exponencial tu negocio y que el espacio o zona geográfica ya no sea más un impedimento.

USA TU CREATIVIDAD PARA INNOVAR

Mediante el uso de la creatividad es que el hombre ha podido sortear las más difíciles dificultades en la vida. Mediante el uso de la creatividad es que el hombre ha conseguido descubrir cosas que han sido de gran ayuda para la humanidad. La creatividad ha motivado grandes descubrimientos a lo largo de la historia de la vida en la tierra; todo gran invento surge en la mente de un pensador, de un creativo que se da a la tarea de generar algo para cambiar su entorno. Desde los inventos más magníficos pero más simples, como la rueda, hasta los más sofisticados y pequeños como las memorias SD, cada invento ha sido generado por la creatividad humana. Fomentar la creatividad para resolver problemas de manera más efectiva, encontrar soluciones a todo aquello que te aqueja y nunca verte asumido ante la incertidumbre de no saber qué hacer, es parte fundamental en la filosofía de cualquier emprendedor.

Mediante 2 técnicas sencillas pero poderosas podrás sacar el máximo provecho a la innovación y la creatividad, de esta manera los problemas por más grandes que sean siempre tendrán una o múltiples soluciones.

1. Autosugestión. Desde el punto de vista de la programación neurolingüística tú mismo puedes generar creatividad en tu cerebro mediante la autosugestión: usando tu voz interior has de hacer saber a tus adentros y más que nada a tu cerebro y mente, que eres una persona creativa. Por más cuestiones que hayas pasado en tu vida, tú simplemente dile a tu cerebro que eres una persona creativa, asevera con certeza, repítelo varias veces en el día si es necesario y no esperes ver resultados automáticamente, la creatividad se da en los momentos más inesperados: cuando estamos en la regadera, cuando estamos caminando, en nuestro trabajo o de pronto al comer; la creatividad brota pero para que pueda brotar tú debes decirle a tu cerebro que ya eres creativo, debes creértelo y poco a poco las ideas van a brotar ante cualquier problema. Dile a tu cerebro que ya

tienes una solución y qué estás buscando una opción más. Siempre a tus alternativas actuales, busca la manera de agregar unas cuantas más, para que tu mente no deje de generar y/o encontrar oportunidades. Después de mucho pensar, podrás encontrar la que más te convenga.

2. Lluvia de ideas. Un proceso creativo muy favorable es la actividad de la lluvia de ideas. Ante cada problema o dificultad debes brindarte una lluvia de ideas donde incorpores 10 o muchas más posibles soluciones. En un principio te podrá resultar complicado tener las 10 soluciones a tu problema, pero empieza agregando cinco; unas horas o unos días más tarde agrega más, pero siempre ten como objetivo llegar a mínimo 10 posibles soluciones. Una vez que tengas todas las soluciones procura entre mezclarlas para encontrar la que mejor satisfaga las necesidades de la situación actual.

ACTIVIDAD: Aplica la técnica de la autogestión y/o la lluvia de ideas para ser más creativo ante los obstáculos, además de brindar innovación en las diferentes áreas de tu negocio.

ACTIVIDAD: Recomiendo leer el libro de Brian Tracy "Creatividad y resolución de problemas" Te brindara un panorama más amplio sobre la creatividad.

ATIENDE CAMBIOS DEL ENTORNO

Todo aquel negocio que no preste atención a los cambios que se presentan en el entorno estará destinado a desaparecer. Cuántos negocios no hemos visto con el paso de los años que tienen una gran cantidad de clientes pero después de ciertos años, aun con los supuestos clientes garantizados, desaparece la empresa. Los motivos de la desaparición pueden ser muchos, sin embargo en muchos de los casos, ocurre porque simplemente no lograron ver la manera en que la innovación iba realizando un cambio con los gustos y necesidades de los clientes. Los gustos y necesidades del mercado son como la moda: cambiante.

Cuando una industria cambia, seguramente otra que se complemente o que sea afín, también lo hará o al menos se espera que lo haga. Pues de este modo se aprovecha la sinergia del mercado y se logra atender la necesidad del cliente actual. Las generaciones cambian y en un lapso muy corto de tiempo todo puede ser muy diferente. Grandes empresas a nivel global han quebrado por no tener en consideración las variantes en el mercado, no supieron acoplarse a las necesidades actuales de los clientes.

Mantén atención en aquellas cuestiones que percibes que pueden cambiar en un corto o mediano plazo, aquello que pueda repercutir en la manera en cómo vender y ofrecer tus productos y servicios. El propósito de innovar es que puedas estar un paso al frente ante cualquier amenaza que pueda presentarse.

La tecnología es un área en particular que en los últimos años ha tenido y continuará teniendo un crecimiento exponencial, esto debido a que los inventos y desarrollos en esta industria repercuten de manera directa en cómo se utilizan los aparatos de cómputo y todos los demás aparatos que se relacionan y que funcionan de manera correlacionada con el computador.

ACTIVIDAD: Elige a 3 empresas que sean tu competencia y describe 5 cosas de cada empresa que percibas que están haciendo diferente a las demás, que indudablemente las percibes como una innovación. De las 15 respuestas, incorpora al menos las 3 cosas o detalles más importantes que consideres que tu negocio necesita para no rezagarse.

CREA Y OFRECE ALGO NUEVO

Para mantenerte en tendencia y que siempre estés en la mente de tu público final, ofrece cada determinado tiempo productos o servicios nuevos. Conforme las necesidades del público van cambiando, ajusta los productos y servicios que ofreces, de este modo brindas productos "gancho" a tus clientes que les motivan a visitarte, pues vas a generar en la mente del cliente la idea de que siempre pueden encontrar cosas nuevas en tu establecimiento. A nadie le gusta la monotonía y las cosas aburridas. Sorprende de vez en cuando a tus clientes.

Crea cada producto u ofrece un servicio nuevo con sustento en una investigación. Pregunta a clientes sus problemas y necesidades, aquellas cuestiones que desean atender o que les aqueja en su vida y que tiene relación directa con los productos o servicios que ofreces. Incluso pregunta qué opinan de ciertos productos ya existentes, para que puedas determinar si vale la pena mantenerlos en tu lista de productos o servicios a ofrecer o debes cambiarlos.

Al incorporar un nuevo producto, no basta con que sea de la necesidad del cliente, eso solo es el primer paso. Ahora debes garantizar la correcta distribución del producto, es decir, garantizar que podrás ofrecer el producto siempre que el cliente lo requiera. Para garantizar esto hay dos cuestiones muy importantes a considerar. En caso de ser un producto creado por ti, debes garantizar que cada uno de los materiales que componen tu producto (empaque y materia prima) puedan estar disponibles para ti, cada que lo requieras sin mayor contratiempo. En caso de ser un producto subdistribuido y que compras con un proveedor, solo garantiza que tu proveedor pueda abastecer de manera recurrente de acuerdo a tus necesidades. Para finalizar este punto, visualiza cómo habrás de comercializar o vender aquel producto nuevo, si será complementario a un producto ya existente o si estará dirigido a un público meta totalmente diferente a los actuales.

Procura que cada producto nuevo que ofrezcas sea complementario a los ya existentes en tu catálogo. Conforme más incrementes tu cartera de productos, más cantidad de personas podrán verse beneficiadas. A la gente le gusta ver variedad de productos, prefieren tener 2 o más opciones que elegir solo una. Brinda variedad y llega a cada vez más gente.

ACTIVIDAD: Incorpora un producto y/o servicio nuevo cada determinado tiempo a tu catálogo. A nadie le gusta la monotonía y las cosas aburridas. Sorprende de vez en cuando a tus clientes.

"ATRIBUTOS DE MEJORA" EN TUS PRODUCTOS NUEVOS

Cuando te encuentres en la situación o en la necesidad de crear un producto o servicio nuevo y/o adicional, ten en consideración que este nuevo producto o servicio ha de llevar consigo atributos de mejora, algo que implique una mejoría y/o un plus en cuanto al producto o servicio anterior de otras marcas o compañías. Los clientes siempre esperan y agradecen las cosas nuevas, las que ofrecen algo diferente con más y/o mejores ingredientes, precios, tamaños o lo que corresponda a tu producto.

Analiza cuál es el atributo de mejora que tiene el nuevo producto y enfoca tus estrategias de mercadotecnia en ese punto diferenciador. Haz saber a tu cliente que este nuevo producto contiene la solución a esos viejos problemas. Brindarles motivos a tu cliente para adquirir ese nuevo producto o servicio les va a motivar y darás un paso más para garantizar la venta. Si tu producto no tiene un atributo de mejora, será más complicado que compitas contra aquellos productos que ya tienen abarcado un gran sector de clientes de la zona. Si no hay atributos de mejora, tu producto pasará desapercibido.

La intención es que tu producto o servicio tenga múltiples atributos de mejora, de tal manera que el público tenga múltiples razones para elegirte a ti por sobre cualquier otro producto o servicio de la competencia.

ACTIVIDAD: Asegúrate que los productos nuevos tengan uno o múltiples atributos de mejora, de tal modo que el público tenga múltiples razones para elegirte a ti por sobre cualquier otro producto o servicio de la competencia.

MEJORA E INVIERTE EN TECNOLOGÍA

La tecnología es una de las ramas que más exponencialmente ha crecido y que seguirá creciendo en los próximos años. Enfoca y canaliza gran cantidad de tus inversiones y excedentes en mejorar en cada aspecto posible de cada cosa que tenga que ver con tecnología; desde el internet hasta aquello que tiene que ver con seguridad, con el uso de cámaras de vídeo, o tal vez con las computadoras con las que trabajas. Recuerda que ellas también se deprecian y con el paso del tiempo tienes que adquirir nuevas o mejorar sus sistemas para que poco a poco tengan mejor capacidad y los nuevos programas o aplicaciones que instales puedan reproducirse de mejor manera.

Analiza qué problemáticas en tu lugar de trabajo podrían solucionarse ahora o en un determinado tiempo con tecnología; no dudes en adquirirla conforme te sea posible, pues la tecnología ha sido creada para solucionar problemas. Aprende a utilizarla a tu favor y optimiza la manera en la que se realizan los procesos más importantes o más repetitivos en tu organización.

Algunas cuestiones tecnológicas en las que sin duda podrías invertir para desarrollar más tu negocio podrían ser las siguientes:

1. Mejora y/o actualización de tus computadoras y/o software actual. Brinda sistemas operativos y programas actualizados

que garanticen una operación adecuada y sin trabas acorde a lo que se requiere en tu negocio.

2. Dispositivos tecnológicos. Aquellos que puedan mejorar la experiencia ya sea del cliente o el colaborador. Tal como pantallas más grandes y/o táctiles, impresoras de ticket más eficientes, cámaras de video más potentes, lectores ópticos con mayor alcance, etc.
3. Desarrollo de la aplicación o APP para tu negocio. Ideal para crear un canal más de ventas y estar actualizado en cuanto a las novedades tecnológicas; además la fidelización del cliente es mayor mediante este tipo de aplicaciones.
4. Creación de un software del tipo punto de venta a la medida. Ideal para garantizar óptimos procesos operativos en tu organización, además de fácil acceso a la información que te hará tomar las mejores decisiones para tu negocio.
5. Creación de un intranet para la organización. La comunicación de la información y el fácil acceso a ella es primordial para garantizar que todo el equipo trabaje bajo la misma sintonía.
6. Estanterías interactivas. Mediante estos aparadores se muestra información atractiva a los clientes sobre el producto que se está exhibiendo.
7. Internet de las cosas. Es un concepto relacionado a cómo los aparatos pueden interrelacionarse unos con otros mediante un sistema operativo y desde luego una conexión a internet. Abarca desde aparatos relacionados con la oficina y la domótica hasta aquellos relacionados con los avances en la medicina, artículos personales como reloj y audífonos, etc.

ACTIVIDAD: Cada determinado tiempo, analiza en qué aspectos tecnológicos deberías invertir en tu organización para estar más actualizado y brindar mejores experiencias tanto para el cliente como para el colaborador.

CREA Y POTENCIALIZA TU PORTAL DE VENTAS EN INTERNET

Lo que no se encuentra en internet, mediante las redes sociales, páginas web, blogs o algo similar, está limitando su crecimiento y arriesgándose a desaparecer en el mediano plazo por falta de visibilidad, que por ende repercute en falta de clientes. Si quieres que tu negocio se vuelva cada vez más escalable debes considerar tener una página web. Una vez que ha llegado el momento óptimo para tenerla, es ideal que aprendas los puntos más importantes para potencializar tu portal web y sacarle el mayor provecho posible.

Una página en internet implica tener un lugar web donde puedas ofrecer a tu cliente un portal para ingresar y saber más de ti o tu empresa. Los siguientes puntos son los que te van a ayudar a potencializar tu página web.

1. Información de contacto. El principal propósito de una página web es que tú puedas poner información de contacto, de tal modo que el cliente pueda llegar a cualquiera de tus puntos de venta u oficinas, llamarte a un número fijo o dejar un mensaje por What's App.
2. Información de productos y/o servicios. Agrega anotaciones, una descripción lo suficientemente prolongada y descriptiva

para que el cliente pueda entender de manera clara qué es lo que estás ofreciendo y qué es lo que incluye el precio que estará pagando. Procura que cada producto tenga una descripción clara y concisa, pues esto te ayudará mucho a generar un mejor ranking ante los buscadores. Debe tener coherencia y los textos deben ser fluidos, procurando una buena redacción y las suficientes palabras de transición que fomenten una agradable lectura.

3. Preguntas frecuentes. Tu página en internet también debe ser un lugar en donde tu cliente, en todo momento, las 24hrs del día, independientemente de donde se encuentre, pueda tener respuesta e información de valor sobre las preguntas más frecuentes que realiza el público en general a tu negocio. Por ejemplo: ¿cómo llegar a tu ubicación o sucursales? ¿Costo de los honorarios? ¿Horarios de atención? ¿Aceptan pagos con tarjeta? Responde todas estas preguntas en tu portal web y ahorrate el tiempo de escribir una y otra vez las mismas respuestas a diferentes consultantes.
4. Multimedia. Otra manera importante de sacarle gran partido a tu página web es ofreciendo a tu público videos, textos o imágenes. Tu página web es un lugar donde tendrás un compendio de contenido digital sobre todo lo que ofreces a tus clientes; ellos podrán ingresar las 24 horas del día para saber un poco más de cada uno de los productos; todo desde la comodidad de su celular inteligente o en las computadoras de sus hogares u oficinas. Los videos pueden ayudarte a manera de publicidad o también para mostrar a tus clientes cómo se debe usar o aplicar tus productos,

quizá puedas mostrar parte de tus trabajos anteriores y que denoten tu experiencia o quizá información del servicio que ofreces.

La creación de una página web o portal en internet implica tener los siguientes puntos:

1. Dominio.
2. Hosting.
3. Plataforma (wordpress).

Veamos más a detalle cada uno de ellos para que puedas empezar a crear tu página web.

DOMINIO, PODEROSA HERRAMIENTA DE PUBLICIDAD ORGÁNICA

El dominio en general se compone de dos partes:

1. El nombre del dominio. Tu nombre del dominio es tu nombre ante el mundo, es como apareces en internet. Este texto y este conjunto de palabras es el enunciado que indican cómo encontrar a tu página en internet, es lo que va seguido del www.
2. La extensión del dominio. La extensión del dominio es otra parte fundamental y son las terminaciones que suele tener tu dominio por ejemplo .com, .net, .org, etc.

También existen aquellos dominios que determinan zonas geográficas, principalmente países. Estas extensiones del dominio denotan a qué área van a especializarse. Como ejemplo se puede encontrar .es relacionado a España, .co a Colombia, .mx a México, y así con la mayoría de los países. Este tipo de dominios que denotan área geográfica son ideales cuando, aun con el crecimiento a futuro que pueda tener tu emprendimiento, vale la pena mantenerse local. Por el contrario, si tu proyecto tiene miras a ser internacional, vale la pena que desde ahora se mantenga un dominio más genérico de uso internacional, como el .com

Estos dominios puedes comprarlos con innumerables empresas que se dedican a esto en la web. Búscalo, intercambia comentarios con otros usuarios, pide sugerencias y analiza todo aquello que te haga determinar cuál es el que más conviene o se acopla a tus necesidades. Los dominios tendrán un costo según el nombre que desees. Algunos incluso ya están comprados y no podrás utilizarlos. Sé creativo y ten en consideración que tu nombre de dominio puede ser una poderosa herramienta de publicidad orgánica. Usa palabras estratégicas que denotan claramente lo que es tu organización, a qué se dedica, qué ofrece o a quiénes puede estar dirigido, etc.

Go daddy es una alternativa de empresas líderes en el mercado con experiencia en la venta de dominios, investiga más sobre esta empresa y/o aquellas similares.

ACTIVIDAD: Investiga más sobre empresas que te ofrezcan un dominio y compra el que más te convenga. Usa palabras estratégicas y/o tu nombre comercial para el nombre del dominio. Determina cuál será la extensión de tu dominio según las estrategias de crecimiento de tu organización.

HOSTING, LA CLAVE DE LA VELOCIDAD

Es el espacio donde se guarda la información, todo los archivos y material digital que subes a tu página web. Si hiciéramos una comparación con tu negocio físico sería prácticamente el lugar donde está construido tu negocio, la oficina, bodega o local. Una vez que tienes tu dominio, adquirir un espacio de hosting sería el siguiente paso.

Conforme va creciendo tu empresa o tu negocio, puede ser que requieras un espacio de mayor capacidad o con un mejor procesamiento de la información. Si empiezas a manejar una gran variedad de productos, seguramente requerirás un mejor y mayor espacio de hosting; en cambio, si tus productos son más limitados o son servicios que no consumen gran cantidad de datos o espacio en la web, esta cuestión del hosting no te será relevante ni preocupante.

Actualmente hay muchos proveedores que ofrecen espacios de renta para todo tipo de clientes. Los hay para pequeñas empresas que no requieren gran cantidad de espacio, hasta aquellos que requieren un gran espacio de almacenamiento y procesamiento de datos, como los centros comerciales.

Adquiere paquetes anuales o semestrales, por lo general te resultará a un mejor precio. Ten en consideración que de ser posible, no debes escatimar en tu hosting, pues el hosting además de almacenar tus datos, también influye en la velocidad de tu sitio web, pues el hosting también influye en el procesamiento de datos. Si tienes un hosting limitado, puede verse reflejado en páginas web lentas. Una página web lenta a cualquiera desespera, los usuarios buscamos cada vez más y mejores sitios, donde podamos navegar con tranquilidad y sin frustraciones. Invierte en este punto, pues es clave para garantizar una página web veloz. Actualmente buscadores como Google penalizan y hacen menos visibles a las páginas que tienen problemas de carga y/o son lentas. No te expongas a limitar tu visibilidad, adquiere un hosting ad hoc a tus necesidades, esta inversión es muy importante.

SiteGround es una empresa de alojamiento web con presencia a nivel mundial, además de contar con experiencia, pues la empresa se fundó desde el 2004 en Sofía, Bulgaria. Investiga sobre esta empresa u otras que puedan ofrecerte un servicio adecuado a tus necesidades.

ACTIVIDAD: Adquiere un servicio de hosting para alojar tu página web.

WORDPRESS, TU INTERFAZ AMIGABLE E INTUITIVA

Si estás empezando a crear tu página web, necesitas una plataforma donde puedas subir y editar información de tu negocio, todo mediante una interfaz amigable y llamativa que invite a navegar en ella. Estas plataformas además de brindar la interfaz, funcionan como un sistema de gestión de información y archivos que permiten crear contenidos para que puedas desarrollar tu tienda virtual o tu espacio web. Wordpress es una excelente alternativa, porque es fácil de usar, además de intuitiva. Te brinda variedad en diseños y formatos, de tal modo que tu puedes elegir el formato prediseñado que dará vida a tu página web.

Desde luego esta solo es una opción más en el mercado, que pretendo te sirva como punto de partida para investigar sobre otras.

Con estas plataformas como Wordpress te evitas el problema de crear páginas webs mediante lenguaje de programación, pues no todos somos programadores. En Wordpress no es necesario saber de programación ni detalles técnicos avanzados, puedes empezar de cero y avanzar a tu ritmo, conforme conoces más de la plataforma y sus múltiples funcionalidades puedes ir mejorando tu sitio. Los tutoriales son vastos y los puedes encontrar en Youtube.

En un principio Wordpress se creó solamente para compartir o alojar contenido escrito a manera de blogs pero con el paso del tiempo y el crecimiento de esta industria se vio la necesidad de desarrollarse y expandirse. Lo hicieron muy bien, se acoplaron al mercado y a los cambios del entorno, de tal forma que hoy puedes usar para innumerables cuestiones tu sitio web, y no solo para escritura de blogs.

ACTIVIDAD: Determina cuál será tu plataforma de gestión de datos. Usa aquella que te brinde una interfaz amigable, intuitiva y llamativa.

PLUGINS, OPTIMIZA Y POTENCIALIZA TU SITIO WEB

Otro detalle importante digno de mencionar sobre las plataformas de gestión de datos es que ellas te brindan la posibilidad de usar plugins que podrás agregar a tu sitio web. Estos plugins son herramientas externas creadas por otros fabricantes que se encargan de optimizar y/o potencializar tu página, brindándote aplicaciones con cualidades muy específicas y que pueden funcionar de maravilla según tu sector.

Dentro de los plugins más básicos, importantes y/o necesarios que debes considerar para tu sitio web son los siguientes:

1. Woocommerce. Plugin de comercio electrónico para wordpress.
2. Contacto. Como el clásico botón de enlace directo para contactarte por WhatsApp.
3. Mejorar el SEO (search engine optimization). Te ayudan a mejorar tu SEO como el plugin YOAST SEO.

Los plugins sin duda podrán fortalecer tu negocio virtual, son tus aliados digitales para garantizar que tu organización disponga de las herramientas necesarias para hacer más fácil el crear tu negocio virtual. Investiga a fondo la variedad de plugins que hay en el mercado, lee las reseñas de otros usuarios y determina si ese plugin cumple tus expectativas. Muchos de ellos son gratuitos, algunos otros pueden cobrarte por brindarte una mejora "upgrade" o incluso existen aquellos que solo están disponibles con un pago. La variedad es amplia, incorpora los que requiera tu emprendimiento.

ACTIVIDAD: Determina qué plugins son los que requiere tu emprendimiento digital. Puedes basarte en el top 10 de plugins más usados para negocios afines al tuyo.

WOOCOMMERCE, ENLACE PERFECTO AL COMERCIO ELECTRÓNICO

Es un plugin de comercio electrónico de código abierto para Wordpress, es muy utilizado por pequeños y grandes comerciantes en línea. El código abierto hace referencia al software cuyo código fuente se ha puesto a la disposición de todo el mundo de manera gratuita. Se otorga mediante licencias que facilitan su reutilización y adaptación a contextos diferentes. Quizás por esta cuestión es muy popular a nivel mundial.

Básicamente Woocommerce será tu mejor aliado para crear tu tienda en línea y todos los procesos que ello implica. Una tienda en línea forzosamente requiere:

1. Catálogo de productos o servicios. Requieres un portal donde puedas organizar de manera eficiente tus productos o servicios. Para su organización puedes usar departamentos, marcas, categorías, etiquetas, etc. Tus clientes estarán fascinados de lo bien organizada que está la información de tus catálogos. Incluye imágenes de calidad media (no uses

de mucho peso pues esto a la larga repercute en la velocidad de tu sitio web), una descripción concisa y explícita, un precio visible, etc. Con ello vas a garantizar una excelente experiencia al cliente que visita tus catálogos web.

2. Carrito de compras. Donde los clientes pueden agregar aquellos productos que fueron de su interés mientras continúan mirando la página. Ellos deciden el momento de concretar y finalizar su pedido.
3. Pedidos o cotizaciones. Donde recibes los pedidos de los clientes. Es una interfaz amigable que te brinda la información de los productos que requiere tu cliente. Además de ello, te especifica los datos que el cliente dejó para poder contactarle y/o en su caso, enviarle su cotización.
4. Clientes. Un registro de los usuarios que han usado tu página web, que se han registrado y/o concretado un pedido, de tal modo que dispones de sus datos de contacto.
5. Cupones. Quizá sea tu interés brindar un aliciente en las compras de tus primeros clientes, de cumpleañeros o de quien tu decidas. El uso de cupones totalmente sistematizados te brinda una clara ventaja competitiva ante la otra competencia virtual.
6. Informes. La información y los datos valen oro. Es primordial obtener informes sobre tus clientes, tus productos vendidos, los más vistos etc. El tener acceso de manera sencilla a información de valor, te brinda la capacidad de tomar mejores decisiones, pues estarás mejor informado.

ACTIVIDAD: Adquiere una licencia de woocommerce, incorpora el plugin a tu portal de wordpress y empieza a formalizar tu tienda en línea. Configura toda la información necesaria para que todo el proceso de ventas quede formalizado y estipulado mediante tu plugin de comercio electrónico.

SEO Y LOS PUNTOS CLAVE DE POSICIONAMIENTO EN GOOGLE

Actualmente cerca del 80% de las personas que buscan algo de internet usan plataformas como Google u otras de búsqueda similares. Es mediante estos métodos que la gente encuentra lo que está buscando y en muchos casos se concreta una venta.

Cuando realizas una búsqueda en internet, simplemente utilizas aquellas palabras clave con las que consideras que puedes encontrar más rápido la información, la respuesta o la solución a lo que estás buscando. Una vez que has hecho la búsqueda, por lo general estos motores de búsqueda como Google, te arrojan resultados que van desde el número 1 hasta varios miles después, según la cantidad de respuestas que la plataforma haya encontrado. ¿Te has preguntado qué determina que Google te coloque en las primeras posiciones o en las últimas? La respuesta tiene mucho que ver con el SEO, qué son las siglas de search engine optimization, prácticamente significa el optimizador de motores de búsqueda.

Google invierte constantemente gran cantidad de su capital en generar desarrollos tecnológicos en la manera en la que sus motores de búsqueda arrojan los resultados para los usuarios. Google utiliza unas pequeñas arañas digitales, que se encargan de rastrear la información de todos los sitios web. Son pequeños robots digitales que se encargan de obtener cada detalle, cada palabra y cada dato que hay disponible en tu página; también la cantidad de gente que lo visitó, el género, la zona geográfica, la hora del día y la palabra clave con la que te encontraron. Todo este tipo de información y gran cantidad de datos que Google almacena, va generando comandos y algoritmos, de tal manera que aquellas páginas que cumplen con la mayor cantidad de características en coherencia y en relación a sus palabras clave, son las páginas que Google arroja en primer resultado.

Usa los siguientes puntos clave para estar en los primeros sitios de resultados de Google:

1. Palabras Clave. Identifica cuáles serán las palabras clave de cada página y úsalas al menos 3 veces. Si por ejemplo, tu palabra o frase clave será "Laptop En Venta", "Cotizaciones Arquitectura y diseño", "Comer En Restaurante Bar"; ve la manera de usarlas en 3 partes del texto.
2. Posición de palabras clave. Estas palabras clave deben aparecer tanto en el título principal, al inicio de tu texto y a la mitad o al finalizar tu texto.
3. Atributos a imágenes. Si agregas imágenes a tus artículos, productos o servicios, procura que el nombre de estas imágenes también tengan estas palabras clave.
4. No abuses. Tampoco abuses de estas palabras clave y no sobre cargues tus palabras clave.
5. Elocuencia y Coherencia. Procura que los textos sean

coherentes y elocuentes; no solo copies información de otros sitios, si no que debes generar contenido nuevo y de valor para quien pueda encontrarte en el internet.

6. Campo semántico. Integra palabras que sean afines al tema que estás tratando de posicionar. Por ejemplo, si tu género es la música, agrega la mayor cantidad de palabras relacionadas con la música. Esto hará saber a las arañas de Google que tu texto tiene coherencia y es en relación a la música. Conforme más palabras clave utilices en tus textos y sean en relación al tema general que es la música, Google podrá valorarte mejor y conforme pasa el tiempo y la gente empiece a visitar más tu sitio, Google empezará a calificarte de mejor manera.
7. Indexar. Para reforzar tu posicionamiento web, también debes investigar cómo pedir a google que indexe tus páginas. Indexar significa que Google, mediante sus robots o arañas digitales, analicen todo el contenido de una página en especial. De este modo Google podrá ver que tanta coherencia hay en los textos, las imágenes, los títulos, subtítulos y en general el párrafo en general con las palabras clave, para después posicionarte en los primeros sitios.
8. Enlaces Internos. Al hablar de SEO tienes que tener en consideración realizar un análisis del contenido que habrás de publicar y el público al que quieres llegar. Sé creativo y analiza qué tipo de contenido necesitas dar a ese público para que interactúe contigo. Agrega enlaces o links a tus redes sociales y viceversa; la intención es que logres generar una interacción entre tu marca y el cliente que ha llegado a ti por uno u otro medio. Por ejemplo, puedes

crear una estructura de enlaces o links en tu página web que te lleven a diferentes páginas principales o menús, de esta manera los usuarios que interactúan en un sitio web pueden estar navegando de una página a otra sin aburrirse. Mientras más tiempo pueda durar un usuario en tu página, mejores resultados tendrá. Todos tus esfuerzos deben estar enfocados en brindar una excelente experiencia de usuario para que el visitante permanezca mucho tiempo navegando en tu portal web.

9. Contenido. Todo este tipo de contenido que vayas creando poco a poco, ya sea imágenes, vídeos, tablas comparativas o lo que se te ocurra, compártelo en redes sociales y ve la manera en que la gente pueda seguir conociéndote y compartiendote. Mientras más viral pueda ser, más barato saldrá tu publicidad y podría llegar a más público meta, todo gracias al SEO.

Conforme pongas atención en todos los puntos anteriores tu ranking será cada vez más alto y cada vez más personas visitarán tu sitio. Todo este tipo de indicadores le darán a Google el panorama completo para saber que tu página tiene contenido de valor, que soluciona y brinda respuesta a la búsqueda de las personas. Enfócate en rankear cada vez más alto. Utiliza Google analytics, Google Search console y YOAST para mejorar en este concepto de ranking. Lo más valioso es que tú puedas saber y entender en qué situación se encuentra tu negocio respecto al SEO y el comercio electrónico en general.

ACTIVIDAD: Conoce más sobre el SEO y todo el potencial que tienes con el. Toma un curso de SEO del Youtuber Romuald Fons, un experto en marketing digital que de manera gratuita te adentrará en el mundo del SEO, brindándote herramientas y conocimiento de gran valor para posicionar cada vez más tu sitio web.

GOOGLE ANALYTICS

Google Analytics es una herramienta de Google con la cual puedes obtener un análisis de la gente que visitó tu sitio web. Este análisis te muestra diversos factores e información de valor sobre la gente que visita tu sitio web.

Dentro de las métricas más importantes que podemos considerar y aprovechar de esta herramienta son las siguientes:

1. Detección de la zona geográfica de tus visitantes. Es importante detectar si tu página web está siendo visitada por el sector o nicho correcto, en la zona geográfica adecuada.
2. Detección de palabras clave con las que llegan a tu sitio web. Esta información te brinda detalles certeros para saber cómo hacer más eficiente tu estrategia de SEO, usando cada vez más palabras que se relacionan con el campo semántico de tu sector.
3. Detección de páginas que generan mayor afluencia de visitantes. Optimiza estas páginas, para que sea aún más placentero para el usuario navegar en esta y más páginas

webs. Optimiza tu información, enriquece el texto con más datos de valor. Incorpora enlaces, de tal forma que esta página sea el inicio a múltiples opciones de navegación.

4. Tasa de rebote. Este dato implica la relación de personas que llegaron a tu sitio web y no pasaron más allá de la primera página, solo vieron una página y salieron de tu sitio web. Trata de imaginar porque sucedió esto y que puedes hacer para mejorarlo.
5. Tiempo que permanece un visitante en tu sitio web navegando. Mientras más tiempo navegue en tu portal web el usuario, mejor valorado estarás ante las métricas de Google.
6. Cantidad de visitantes en determinado tiempo. Determina si tus estrategias están brindando resultados, incrementa las visitas de los usuarios; llega cada vez a más gente.
7. Horas del día en que tienes más visitantes. Quizá pueda ser determinante para tu giro saber estas cuestiones, pues así podrás poner promociones o descuentos específicos a ciertas horas del día.

En fin, son múltiples datos que según tu giro o actividad comercial podrás aprovechar y sacarle provecho. Para empezar a usar Analytics, solo debes conectar esta herramienta a tu sitio web mediante un código de seguimiento que la aplicación te proporciona. Este código debes colocarlo en tu sitio web mediante un plugin, te recomiendo descargar Monster Insights, aunque en el mercado hay múltiples. Con tu plugin listo, podrás ligar fácilmente Analytics a tu sitio web y de este modo empezar a recabar todo tipo de información y datos.

Conocer esta información tan valiosa te permite tomar mejores decisiones sobre los productos que debes comprar, pues son los que están en tendencia, así como también saber y determinar a qué sector o nicho de la población deben estar dirigidas tus publicaciones en redes sociales.

ACTIVIDAD: Incorpora Google Analytics a tu portal web y mantén un monitoreo constante de tus avances. Descarga la aplicación en tu celular y accede más rápido a la información.

SEARCH CONSOLE, DILE A GOOGLE QUE EXISTES

Google search console es una herramienta de Google que puede ayudarte de gran manera en la página web de tu negocio. Permite a los creadores de páginas web comprobar el estado de indexación de sus sitios en internet por el buscador y optimizar su visibilidad.

Esta herramienta tiene varias funcionalidades, pero algunas de las que más se aprecian como emprendedor digital son las siguientes:

1. Indexación. Te ayuda a indexar las páginas web. Cuando has hecho un gran esfuerzo en crear una página, con un gran enfoque SEO, debes considerar indexar inmediatamente esa página, para que Google sepa que hay una nueva página en la web y que esta tiene mucha información relevante.
2. Informes. Puedes monitorear qué cuestiones estás haciendo bien y en qué puedes mejorar para optimizar tu página web.

3. Detección de errores. Google te indica cuando tienes errores que debes corregir en tu página. Por ejemplo, si empiezas a tener un bajo tráfico o si hay alguna penalización por algún contenido que no debiera estar, o si estás usando imágenes con demasiado peso, etc. En este tipo de situaciones te puede dar recomendaciones o sugerencias para que brindes una optimización a tu sitio.

A Google le interesa que tu sitio web esté actualizado, de ello depende la satisfacción de los millones de usuarios que usamos esta plataforma, deseamos que Google nos brinde en los primeros resultados solo las mejores paginas, las que satisfacen nuestra necesidad de búsqueda.

Indexar tus páginas web es mostrarte al mundo y es una acción fantástica de publicidad, sin embargo, no lo es todo para concretar una grandiosa estrategia. Para que puedas concretar una buena estrategia de SEO y posicionarte más fácil orgánicamente, te recomiendo usar adicionalmente una herramienta muy poderosa, que te indica de manera clara y sencilla los parámetros de mayor consideración en el SEO. Esta herramienta en forma de plugin te guiará en el proceso y podrás diseñar páginas optimizadas desde el primer momento en que las creas. Este plugin es YOAST SEO.

ACTIVIDAD: Incorpora Google Search Console a tu lista de herramientas a usar para mejorar tu emprendimiento digital. Indexa tus páginas principales, aquellas que consideras mejor optimizadas y que pueden atraer la mayor cantidad de visitantes a tu sitio.

YOAST SEO

Yoast Seo es un fabuloso plugin, una herramienta digital que puedes integrar a tu plataforma de Wordpress de manera sencilla. Actualmente tiene disponible versión gratuita y también versiones más completas de pago. Las funcionalidades más importantes de este plugin son:

1. Puedes optimizar el SEO de todas las páginas en tu sitio web.
2. Puedes optimizar la legibilidad en cada una de tus páginas web. Tanto el SEO como la legibilidad de tus textos son detalles muy importantes con los cuales Yoast trabaja para mostrarte la situación actual de tus páginas.

La aplicación maneja un semáforo con 3 colores: Rojo, Naranja y Verde. Cada color te indica la situación actual del SEO y la legibilidad de los textos, siendo rojo el color que señala más áreas a trabajar, el naranja detecta menos errores o detalles a considerar, mientras que el verde es el que indica que todo o la mayoría de cuestiones están en orden en tu página web.

Con Yoast Seo podrás atender las cuestiones más importantes para el SEO que anteriormente te mencione. Yoast será tu guía en el proceso. No importa si ya tienes conocimientos en marketing digital o estás iniciando en esto, Yoast te muestra de manera clara y sencilla los pasos a seguir para optimizar cada una de tus páginas.

Yoast Seo es usado en múltiples países alrededor del mundo, el éxito en mi percepción radica en lo fácil de usar y lo mucho que aporta para tu sitio web. De tener cero visitantes, puedes empezar a tener cada vez más tráfico en tu sitio gracias a las búsquedas y visitantes orgánicos que se obtienen cuando tienes una buena estrategia y optimización de SEO. Yoast te ayudará a hacer realidad esto. Aprende más al respecto en videos de YouTube, tienen un canal con múltiples videos donde podrás conocer más sobre el plugin. Si decides pagar su versión premium, incluso tendrás acceso a su academia, donde mediante videos, imágenes, fotografías y textos te brindan capacitación constante.

ACTIVIDAD: Incorpora a tu sitio web el plugin YOAST SEO y optimiza todas las páginas de tu portal web.

CRM, LA PUBLICIDAD PERPETUA

CRM son las siglas de "customer relationship management" o "Gestión de las relaciones con clientes" y se refiere al conjunto de prácticas, estrategias de negocio y tecnologías enfocadas en la relación con el cliente. Es una herramienta de mercadotecnia muy poderosa con la cual puedes estar en contacto con tus clientes de manera más efectiva. Lo que se busca con un CRM efectivo es que puedas tener una excelente gestión de los datos de tus clientes, de tal modo que les puedas seleccionar por tipos de clientes y del mismo modo enviarles promociones o contenidos diferentes por correo electrónico.

Mediante algún formulario que estipules, pides a tus clientes que te brinden datos de contacto, básicamente nombre y correo electrónico. Una vez teniendo estos datos de tu cliente puedes hacer maravillas en cuanto al marketing. Si además eres organizado, puedes estructurar mediante el CRM cadenas de correos electrónicos que funcionan de manera automatizada; que se envían cada determinado momento. Una de mis automatizaciones favoritas es la que puedes utilizar en el cumpleaños de tus clientes. Primero, debes automatizar 2 correos; uno de ellos se enviará a todos tus clientes 3 días antes de su cumpleaños, recordándole que se acerca una fecha muy especial y que la esperamos con ansias. Posteriormente se automatiza el segundo correo electrónico que se envía justo el día del cumpleaños de tu cliente, en el horario que tu decidas. Le damos una felicitación y le ofreces un descuento o beneficio adicional en una compra, a manera de regalo. Como puedes ver, con esta automatización el cliente se siente feliz, y te recuerda con alegría. Además, sabe que al comprar en línea o visitar tu negocio tendrá un descuento; es una excelente herramienta de marketing para ganar - ganar.

Así como la anterior, hay muchas automatizaciones que puedes desarrollar, independientemente de tu giro, industria o tipos de clientes. Si logras hacerlo de una manera bien estructurada, es un marketing que trabaja de manera cíclica, es decir, tú solamente inviertes tu tiempo una vez: lo imaginas, lo diseñas, lo programas y según cómo sea tu programación, será el envío de correos de seguimiento a tus clientes. Por ejemplo, tú puedes determinar que en el momento en que un cliente deje sus datos de registro, tu sistema le envíe al instante (o cuanto tiempo quieras después) un correo para darle la bienvenida.

Según sea el caso de tu organización, puedes brindar correos de seguimiento. Por ejemplo, automatizar un correo si el cliente no te ha vuelto a comprar en un determinado periodo de tiempo. EL CRM y su automatización también es efectivo cuando se requiere llevar a cabo un servicio post venta con tus clientes, es decir, quieres mantener esa comunicación un periodo después de que te hicieron una compra, simplemente por cortesía y para que tu cliente sepa que estás al pendiente, o por cualquiera que sea tu necesidad de llevar servicio postventa.

Utiliza este sistema de CRM, organízalo y déjalo bien estructurado para que funcione solo y automatizado. Te garantizo que tu marketing y tu presencia de marca crecerá de manera considerable, pues estarás abarcando un canal de comunicación y de ventas más en tu negocio. Mediante los correos electrónicos puedes encontrar un canal de ventas más; desarróllalo a la perfección y según tus necesidades.

Una vez creado, no lo descuides y brinda un seguimiento constante, recuerda que cada vez más gente navega en Internet y cada vez a más gente le puede interesar tu producto o servicio. Trabajar en tu CRM no será un tiempo perdido, por el contrario, es una gran inversión.

Conoce más sobre MailChimp; una empresa/plataforma líder en automatización de marketing mediante envíos de correos electrónicos. Esta plataforma la puedes usar sin costo mientras desarrollas una experiencia más amplia, o bien, con costo para empresas de mayor alcance y con mayores necesidades.

ACTIVIDAD: Crea tu cuenta de Mailchimp y empieza a gestionar la relación comercial con tus clientes vía correo electrónico.

ACTIVIDAD: Desarrolla tu primer automatización con uno o varios correos electrónicos consecuentes cada determinado tiempo.

CAPÍTULO 10.

LIDERAZGO Y SUCESIÓN PARA EL CRECIMIENTO

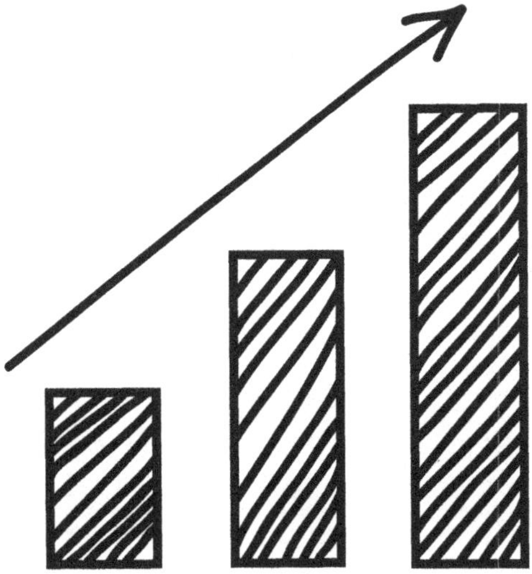

No hay crecimiento si no hay sucesión. Promueve en tu organización el valor de la enseñanza, porque a quien tú enseñas y capacitas hoy, mañana se vuelve la gente en la que generas más inspiración y confianza; son los que en el mediano o largo plazo se pueden volver tus colaboradores de confianza o tu círculo más íntimo de trabajo.

Cualquier emprendimiento tiene posibilidad de éxito siempre y cuando su fundador o líder tenga la intención de hacerlo. El éxito de cualquier proyecto, además de conocimiento y capacitación, también requiere liderazgo y habilidad para organizar y dirigir los recursos.

A estas alturas de tu emprendimiento y ante todo el conocimiento aprendido de capítulos anteriores, así como con tu experiencia empírica pasada, será primordial que apliques y pongas en práctica tu liderazgo efectivo. Tendrás que elegir los momentos oportunos para realizar movimientos y ajustes. Tendrás que ajustar las cuestiones que consideres prudentes cuando los resultados no son los que esperas.

El mejor líder es el que enseña con el ejemplo, tu liderazgo debe ser una muestra impecable de tu responsabilidad, de tu proactividad y de tu conocimiento. De nada sirve tanto conocimiento si no lo aplicas para dirigir al equipo hasta lograr los mejores resultados. Cada recurso es necesario para lograr tus objetivos, tu responsabilidad como líder es potencializar cada recurso.

Aprende en este capítulo las cuestiones más importantes sobre el liderazgo y cómo hacer que la gente te perciba como un verdadero líder. Mientras fomentas y desarrollas tu liderazgo, tu emprendimiento también habrá de evolucionar y madurar, esto hará que sea posible tu crecimiento y tu equipo de trabajo será tu principal apoyo; la enseñanza y sucesión es un hecho primordial para el crecimiento organizacional.

Todo el trabajo que aplicas hoy, a pesar de las vicisitudes, está formando parte de tu legado.

LIDERAZGO

El éxito o el fracaso de cualquier organización siempre va a recaer en el liderazgo de quién está al frente y de aquel o aquellos que toman las decisiones más importantes. El liderazgo ha de implicar una manera de vivir y de responder ante el equipo, es ser un visionario y siempre estar un paso adelante de lo que va a ocurrir, para tratar de obtener la mejor de las oportunidades. Liderazgo implica saber organizar y dirigir las actividades del equipo para que de esta manera puedan cumplirse los objetivos planteados.

Líder es aquel que enseña y que dirige con el ejemplo. El líder ha de saber trazar siempre la ruta más eficiente para llegar al objetivo y su labor y misión es siempre mantener vibrante el objetivo en el equipo, para que ellos sepan que es lo que deben hacer y por qué lo están haciendo. Debe ser un ferviente portador de la misión y la visión de la organización.

Si tienes oportunidad de incrementar tu liderazgo mediante clubs, talleres, dinámicas u organizaciones sociales, no dudes en hacerlo. Toastmasters International® es una excelente opción, pues son una organización en la cual se fomenta el liderazgo y las habilidades de comunicación efectiva. Es una organización donde con tu tiempo y esfuerzo, puedes hacer que se desarrollen tus habilidades para hablar en público, comunicarte y para liderar grupos. Toastmaster tiene por lema "Where leaders are made" "Donde los líderes se hacen". Si quieres saber más al respecto investiga en su página web y trata de involucrarlo en tu vida, acude a una sesión en un club cercano a tu localidad, seguro hay un club cerca de ti; alrededor del mundo se tienen registros de más de 16,000 clubes. Toastmasters aunado a las actividades de liderazgo que ya tengas en tu organización, harán perfecto complemento para que poco a poco seas un mejor líder y puedas transmitir mejores directrices para tu equipo de trabajo.

ACTIVIDAD: Ve a la página de Toastmaster International® y aprende sobre cómo la organización te ayuda, mediante sesiones semanales y grupales, a: hablar en público, desarrollar tus habilidades de comunicación efectiva y liderazgo. https://www.toastmasters.org/

ACTIVIDAD: Lee el libro "Las 21 leyes irrefutables del liderazgo" donde con maestría y singular estilo de redacción, John C. Maxwell te enseña 21 cuestiones que sin duda harán de ti un mejor líder en el corto, mediano y largo plazo.

COMUNICACIÓN EFECTIVA

La comunicación efectiva implica expresar de manera correcta tus ideas a la gente que te rodea. Para lograr una correcta comunicación y mejor entendimiento de lo que pretendemos expresar, usamos los diversos recursos con los que contamos para hacerlo. Los principales recursos son

1. Ademanes.
2. Señas.
3. Nuestro acento en la voz.

4. Entonación de nuestras palabras.
5. Nuestra mirada.
6. El temperamento con el que nos comunicamos.

Todos estos factores suman y determinan un resultado en quien recibe la información de lo que ve, oye o siente. Somos responsables de lo que decimos, más no de lo que el interlocutor entienda, por ello y para evitar malos entendidos, confusiones, o incluso enfrentamientos, es vital que desarrolles tus habilidades de comunicación en todos los aspectos posibles.

Un líder debe encontrar las mejores maneras para expresar sus mensajes, de tal manera que pueda persuadir a quien los oye y al cabo de un tiempo lograr los objetivos planteados. Es de suma importancia que desarrolles tus habilidades en comunicación efectiva; mientras mejor puedas desenvolverte en tu entorno más y mejores resultados podrás obtener ya que tus mensajes y acciones serán claras y concisas para quien las recibe.

Comienza por analizar cómo es la manera en la que te expresas con los demás. Responde las siguientes preguntas y analiza qué tanto o qué tan poco las realizas. El realizarlas te garantiza una efectividad mayor en el mensaje que pretendes dar a quien te rodea.

1. ¿Usas gestos y expresiones faciales para acentuar lo que deseas expresar?
2. ¿Usas tus manos para hacer ademanes sencillos pero notables que expresen de mejor manera lo que pretendes decir?
3. ¿Te comunicas verbalmente de manera respetuosa y tolerante, conteniendo incluso tus propias tensiones?

4. ¿Evitas las confrontaciones o malos entendidos y buscas soluciones promoviendo el diálogo entre los involucrados?
5. ¿Expresas tus ideas con un buen ritmo de voz, de tal forma que no sea ni muy acelerado ni muy pausado?
6. ¿Eres consciente de que hablando se entiende la gente y de esta manera se pueden prevenir o solucionar el 80% de los problemas en una organización?
7. ¿Expresas tus ideas con elocuencia, siguiendo un inicio, desarrollo y conclusión a tus pensamientos?
8. ¿Eres preciso y certero con lo que deseas comunicar, evitando redundancias y palabras innecesarias?
9. ¿Puedes comunicarte en público y te sientes cómodo con ello?
10. ¿Antes de emitir algún comentario, permites al prójimo hablar, lo escuchas y al final emites tu opinión?

ACTIVIDAD: Brinda el tiempo adecuado para responder la encuesta sobre "comunicación efectiva". De acuerdo a tus respuestas, analiza qué puedes mejorar, cambiar o dejar de hacer para garantizar que el mensaje que pretendes dar sea entendido de manera clara por el interlocutor.

DIRECCIÓN, ESTIPULA EL RITMO

"Cualquier persona puede navegar el barco pero es necesario un líder para determinar el rumbo"

John C. Maxwell

La cuestión es sencilla, una dirección está creada para brindar certeza sobre qué es lo que se debe hacer, cómo se debe hacer y cuándo se debe de hacer. La dirección habrá de estipular el ritmo y los tiempos en los que se hace cada actividad en la organización, tomando en cuenta el aprovechar al máximo posible los recursos con los que se cuenta, tanto en la cuestión administrativa, económica, de recursos humanos, etcétera.

El organigrama que has creado para tu organización, debe determinar y expresar de manera clara quiénes son las personas que están a cargo de cada área de la organización, así como los colaboradores que son subalternos, es decir, las personas que son dirigidas. Toda área debe tener un responsable, quien rinde cuentas de los resultados.

Plantéate desde hoy la opción de empezar a dejar por escrito cuáles son aquellas actividades que tú, como director de la organización, realizas para mantener el control con la dirección de todo tu equipo de trabajo y áreas operacionales en general. Escribe cuáles son las actividades que realizas con mayor frecuencia. Observa cuáles son tus actividades principales y aquello en lo que por ninguna razón o motivo puedes delegar a alguien más. Esas actividades, que difícilmente pueden delegarse, son las que normalmente forman parte de tus responsabilidades primarias, las que deben formar parte del manual de dirección. Cuando eres más consciente y aprendes a darte cuenta de estas actividades rutinarias, podrás hacer un compendio y determinar si con el paso del tiempo, estas actividades pueden seguir siendo ejercidas por ti, o quizá debas de incorporar a alguien más que pueda ayudarte.

Este manual directivo debe contener de manera clara y cronológica las actividades más importantes del director de cada área o negocio en general. Por ello pide a los líderes de cada área en tu organización que hagan lo mismo respecto a detectar sus actividades y procesos principales. No importa lo pequeña o grande que pueda ser la organización, siempre hay diversos líderes para las diversas áreas. Realiza un compendio con toda la información recabada; bríndale una revisión general y designa un diseño acorde a tu branding antes de incorporarlo de manera oficial a tus documentos corporativos.

ACTIVIDAD: Crea los manuales directivos con la información proporcionada por cada líder de área. Debes brindar certeza sobre qué es lo que se debe hacer, cómo se debe hacer y cuándo se debe de hacer. La dirección de cada área habrá de estipular el ritmo y los tiempos en los que se hace cada actividad

LOS EQUIPOS DE TRABAJO

Un verdadero líder, para conseguir todos los objetivos, debe de dirigir uno o varios equipos de trabajo. Mientras más efectivo sea todo el proceso y la gestión de los deberes, mejores resultados podrá obtener. Es el encargado de gestionar cada una de estas actividades para responsabilizar a los involucrados en la consecución de cada una de estas tareas. Un líder que no marca los tiempos y que no pone fechas límites para la recepción de algo o finalización de alguna actividad, se arriesga a que ese objetivo no se cumpla. Toda actividad delegada debe tener una fecha de inicio y fecha de finalización o entrega de proyecto; esa fecha en la que tiene que estar concluida la actividad encomendada, para que se pueda considerar como un objetivo realmente cumplido.

Recuerda que una gestión efectiva de equipo debería contener hasta 5 personas, mientras más se incrementa la cantidad de personas a tu equipo, más complicado se puede volver gestionarlo. 5 es un número prudente y que garantiza resultados, sin embargo cada organización es diferente y puedes probar como consideres necesario.

La sugerencia es que cada líder de área debe tener como máximo sugerido a 5 personas como subordinadas. Si tu crecimiento es tal, que ya hay 6 o más subordinados para un líder, plantéate la idea de crear equipos diferentes y designar nuevos líderes o responsables de equipo, para que la tarea de la organización, gestión y control de cada uno de los equipos sea efectiva. De esta manera, la dirección de toda tu organización crecerá en sintonía, con varios líderes que complementen las ideas de uno con el otro, siempre procurando el bien de la organización.

ACTIVIDAD: Crea equipos de trabajo que contengan a un líder de área y máximo 5 subalternos que puedan ayudarle a la consecución de los objetivos planteados.

ENSEÑA Y SUCESIÓN, NADIE ES INDISPENSABLE

Tener manuales donde se expliquen todos los procedimientos de tu organización no basta para garantizar la correcta transmisión de los conocimientos. Debes incorporar una filosofía de trabajo y capacitación bien arraigada en cada colaborador, en el cual ellos sepan que es su responsabilidad enseñar a los nuevos del grupo; enseñar y capacitarlos, porque si quieren crecer y desarrollarse dentro de la organización, primero tienen que entender el valor de la sucesión. No hay crecimiento si no hay sucesión, es decir alguien que asuma las responsabilidades de la persona que ha subido de rango. Promueve en tu organización el valor de la enseñanza, porque a quien tú enseñas y capacitas hoy, mañana se vuelve la gente en la que generas más inspiración y confianza, son los que en el mediano o largo plazo se pueden volver tus colaboradores de confianza o tu círculo más íntimo de trabajo.

Inspira a tu equipo y motivalos a fomentar el desarrollo y crecimiento de los que están más abajo. Si alguien desea ascender en la escala jerárquica, debe haber enseñado ya a sus sucesores, deben haber tenido ya una base sólida de personas que se van a quedar debajo de él y que él o ella sepan que parte primordial de su trabajo es encontrar los buenos resultados en esta gente que está debajo de su escala jerárquica.

Al implementar este tipo de filosofías en el ADN de tu organización evitas discrepancias o inconformidades cuando se pretende enseñar, porque muchas veces se piensa erróneamente que sí enseño a la otra persona, esta pueda tomar partida y subir más rápido que yo. Estos colaboradores creen que no es viable contar y transmitir el conocimiento. Se vuelve un ambiente tenso, hostil y de rencor, donde el egoísmo reina. Promueve el compartir conocimiento, tu equipo debe saber que habrá un aliciente, qué es el hecho de crecer en tu organización, puesto que te vuelves un líder y empiezas a obtener seguidores y gente que te ayuda a conseguir los objetivos.

Una vez claro y bien arraigado el concepto de la transmisión de conocimientos con tus colaboradores, ahora debes dejar en claro que en la organización cada persona es un importante engranaje (invaluable tal vez); sin embargo, a pesar del gran valor y empeño con el que todos realizan el trabajo que aportan a la organización, nadie es indispensable, ni siquiera el mismo dueño, administrador o director. Cada uno de los puestos que interfieren en la organización deben tener un relevo, de manera que nadie sea indispensable, porque si caes en la trampa de personajes indispensables, cuando ellos te falten, tu negocio se verá en graves aprietos o peor aun, tu negocio dependerá tanto de estas personas clave que, aún con todos tus esfuerzos, posiblemente no logres obtener los mismos resultados que tenías cuando estaban ellos.

En cuanto detectes que alguien se empieza a volver imprescindible en tu organización, tienes un foco de alerta. Es en este momento en que debes empezar a planear la enseñanza y sucesión.

ACTIVIDAD: Inspira a tu equipo y motívalos a fomentar el desarrollo y crecimiento de los que están más abajo mediante la enseñanza y la transmisión de los conocimientos. Esta es la mejor manera de forjar líderes y desarrollarlos en la organización.

EL CRECIMIENTO ES UN ALICIENTE

El crecimiento dentro de una organización debe ser prioridad para que la gente se sienta comprometida y alentada a seguir esforzándose cada día, deben saber que el esfuerzo y la experiencia obtenida tendrán un beneficio a mediano plazo.

Las grandes organizaciones han crecido y son lo que son actualmente gracias a todas las personas que hacen posible cada una de las áreas y departamentos, desde los más importantes y funcionales, hasta aquellos que parecieran de menor importancia pero que son imprescindibles en todas las empresas. Todo tiene un ciclo, cada colaborador entra, aprende, se adapta y poco a poco va aportando ideas hasta el punto en que puede volverse director de algún área o proyecto. El simple aliciente de saber que has crecido dentro de la organización es suficiente para mantenerte comprometido con el crecimiento, porque cada vez serán mayores sus responsabilidades pero también mayores sus ingresos, la experiencia y el conocimiento obtenido.

En el momento que empiezas a estructurar y conforme vas avanzando en tu organización, estipula métodos, formas o sucesos con los cuales la gente pueda ir avanzando, capacitándose o desarrollando sus habilidades directivas. Esa gente que se le capacita y se le brinda tiempo de calidad para enseñarle, es la misma gente que con el paso del tiempo es la más responsable y comprometida con su trabajo. Esta gente que al paso del tiempo ha desarrollado habilidades y ha pasado por diversas experiencias, es a la que debes brindarle el aliciente de crecer y ser directivo de algún área o proyecto.

Todas las organizaciones se deben a su gente, tú como principal responsable y creador de esta organización, debes encontrar a las personas indicadas para cada área y que a su vez ellas están comprometidas a seguir liderando a la gente que habrá de irse incorporando de poco en poco. Recuerda que es muy importante el proceso, todos deben crecer de poco en poco y conforme este avance, se deben incrementar las responsabilidades así como también los beneficios. De esta manera garantizas un entorno más sano y competitivo en dónde todos se esfuerzan por hacer que las metas se cumplan. Todos saben que los peldaños jerárquicos están estipulados según los méritos, experiencias y empeño que cada colaborador puso para lograr estar donde se encuentra.

ACTIVIDAD: Estipula métodos, formas o sucesos con los cuales los colaboradores puedan ir avanzando, capacitándose o desarrollando sus habilidades. Los peldaños jerárquicos en tu organización también deben estar estipulados acorde a los méritos, experiencias y empeño que cada colaborador pone en su trabajo.

PROMUEVE A GENTE PROACTIVA

Las personas que integran al equipo de trabajo son quienes brindan los resultados, ya sea de excelencia o mediocridad. Debes analizar quienes son las personas que por sus propios méritos deben de ir subiendo en el escalafón del mando, pues han mostrado un excelente acoplamiento a la organización, siendo el resultado un excelente ambiente laboral, objetivos cumpidos en tiempo y forma y un aumento considerable en ciertos factores adicionales, como las ventas por ejemplo.

Debes promover a las personas proactivas y responsables. Una de las cuestiones más importantes que debes valorar es que estas personas logren generar por su propia iniciativa esos cambios que tanto benefician a las organizaciones. Estas personas deben tener la motivación adecuada para lograr que las cosas sucedan y no se queden en una simple iniciativa. Estas personas dinámicas son invaluables, porque son capaces y tienen el ánimo necesario para lograr cualquier cosa que se propongan. Estas personas tienen la habilidad de contagiar optimismo y disciplina al equipo, de tal modo que todo fluye de manera correcta y sin problemas.

Analiza quienes en tu equipo han logrado crear un excelente ambiente de trabajo en su entorno, logran los objetivos planteados y siempre tienen una mentalidad receptiva y dispuesta al cambio, siempre velando por el bien de la organización. Observa a esos elementos que trabajan de manera ordenada y que siempre cumplen en tiempo y forma las tareas asignadas, pues esas personas son quienes van a fomentar los mismos resultados para quienes sean sus subordinados.

ACTIVIDAD: Observa el avance de tu equipo, desarrolla y promueve a los mejores elementos. Hazlos responsables de un área o proyecto, fomenta su liderazgo.

EL NEGOCIO SE DEBE AL EQUIPO

El éxito de una organización puede concretarse mediante la correcta ejecución de diversos factores, sin embargo, uno de los factores más importantes es el equipo de trabajo.

El valor más importante de una organización radica en la calidad de su equipo de trabajo, aquel equipo que hace que todo funcione y que operativamente día a día todo se desarrolle de manera óptima, escalable y sostenible. El equipo de trabajo es la parte fundamental con la que cualquier organización cimenta su crecimiento, si cada uno de los personajes más importantes de la organización está involucrado en su área de aporte y su área productiva, estoy seguro que esa organización podrá crecer mucho en muy corto tiempo.

Un líder tiene como deber encontrar personas que le ayuden a desarrollar su modelo de negocio. El éxito de cualquier persona se basa en el equipo, en las personas que le han ayudado. No hay líderes al estilo del llanero solitario, siempre hay detrás de él una gran cantidad de personas contribuyendo en algo para hacer que todo el proceso sea posible.

Siempre trata de velar por el beneficio del equipo, que dentro de todos los involucrados en una organización: clientes, proveedores y equipo, tu equipo sea el principal beneficiado, por qué un equipo motivado consigue resultados al doble de rápido. Un equipo motivado trabaja mejor, trata mejor a los clientes y hacen que estos vuelvan a comprar una y otra vez.

Para que puedas conseguir tus objetivos más rápido, debes organizarte un equipo, aquellas personas de tu círculo más íntimo de trabajo y en las cuales tienes mayor confianza, aquellas personas que por su aporte, brindan un apoyo considerable al desarrollo de cada área de tu organización.

ACTIVIDAD: Forma tu círculo íntimo de trabajo, las 5 personas de mayor confianza para ti en tu organización, y con las cuales conseguirás los objetivos más rápido.

LOS RECURSOS INVERTIDOS EN CAPACITACIÓN NO SE DEPRECIAN

Un buen emprendedor también es un buen inversionista y visionario, sabe dónde poner cada centavo que ha ganado para que en un corto, mediano o largo plazo, deje un dividendo todavía mayor.

Todos los emprendedores visionarios siempre estamos pensando en qué o dónde podemos dar el siguiente paso, en qué invertir, en qué aprovechar nuestros recursos para hacer que nos sigan generando más, o al menos, no tener estancado el dinero. Lo importante es que haya un movimiento de capital.

La mala noticia de todo esto, es que muchos de estos recursos se deprecian con el paso del tiempo. Conforme pasa el tiempo, empiezan a valer menos porque se hacen antiguos o simplemente se deterioran. Sin embargo, hay una inversión que no se va a deteriorar ni se va a depreciar y esta es la inversión que hagas en capacitación para brindar conocimiento a tu equipo de trabajo. El tiempo y dinero que inviertas en su capacitación, será un recurso que en la mayoría de las ocasiones va a ser redituable, porque un colaborador bien capacitado será un verdadero portador de la playera de tu negocio, de la visión, de la misión y de cada uno de los valores que hacen de tu negocio algo tangible.

Cada que tengas la oportunidad, analiza en qué área de tu organización puedes aportar valor a tu equipo. Estas inversiones siempre son con beneficio a tu organización. Simplemente analiza cuáles son las más convenientes para tu giro, sí quizá algo relacionado con las ventas, quizá la gestión de proyectos, probablemente las finanzas, el trato al cliente, el telemarketing o cualquier otro tipo de conocimiento que tú creas necesario.

ACTIVIDAD: Invierte en la capacitación del equipo. Dedica tiempo o dinero para garantizar que las personas que forman el equipo de trabajo sepan de manera correcta cómo hacer sus actividades, con el fin de hacer cada vez más eficiente a la organización.

RECONOCIMIENTOS POR DESEMPEÑO

Incorpora en tu sistema de crecimiento, vida y carrera de tu equipo, el hecho de brindarles reconocimientos y diplomas por su desempeño o por cumplimiento de metas u objetivos concretos. Analiza qué factor es el que más te gustaría engrandecer en tu empresa, porque este será parte de los ideales a seguir por todos los demás miembros; quizá debas premiar la fidelidad y el mantenerse mucho tiempo en la organización, quizá el aporte de ideas que ha hecho, la puntualidad, o quizá el tiempo que ha dedicado al crecimiento y desarrollo de la organización.

Si tú brindas reconocimiento y agradecimiento a tus colaboradores más importantes, ellos seguirán siendo las piezas clave que tu negocio y emprendimiento necesitan para lograr el crecimiento sostenible necesario.

Realiza evaluaciones de desempeño en donde verifiques si el equipo de trabajo está cumpliendo con los objetivos planteados. Evalúa los puntos más importantes de tu organización, toma como referencia los indicadores más importantes de tu negocio. Premia a quien cumple a cabalidad los objetivos. Trabaja más a fondo con quien no esté cumpliendo los mínimos estándares estipulados.

ACTIVIDAD: Elabora evaluaciones de desempeño mensuales en donde evalúes el cumplimiento de las metas y objetivos establecidos para cada equipo de trabajo. Para la evaluación toma como referencia los indicadores más importantes de tu organización.

IDENTIFICA LO URGENTE, LO IMPORTANTE Y LO POSTERGABLE

Diariamente tienes un número finito de actividades que realizar y la realidad es que además de esas actividades, muchas veces también arrastras las otras cuestiones que no has realizado por cualesquiera que sean las situaciones; además, siempre llegan nuevos pendientes de último momento.

Ante el inminente bombardeo de información y de pendientes por realizar que se acumulan en nuestras vidas, es esencial que tengas claro cuáles cuestiones son las urgentes, cuáles son las importantes y cuáles las postergables. De esta manera, en cuanto disciernes esta información podrás determinar cómo y en qué debes actuar para la consecución de tus objetivos y metas. Brinda poca atención a lo postergable, atención media a lo importante y demasiada atención y enfoque en lo urgente. Utiliza un semáforo (rojo, naranja y verde) para clasificar cada uno de tus pendientes.

Respecto a lo urgente, es aquello que tiene que ser atendido a la brevedad, que no hay tiempo para más dilaciones, debes de actuar ya. Si no lo haces, sin duda puedes tener repercusiones importantes como pérdidas o algo similar. Identificar lo urgente en algunos casos puede resultar sencillo, pues son las cosas que difícilmente puedes delegar, ya que debes atenderlas tú mismo; está involucrado tu nombre, tu puesto, tu firma, tus aprobaciones, etc. Otra manera de detectar lo urgente es porque simplemente tienes la presión de algo o alguien más. Estas actividades irán relacionadas con el color rojo.

Posteriormente podemos pasar a lo importante, que son aquellas actividades que están pendientes de realizar y que son importantes porque si no se realizan pueden repercutir en pérdidas de recursos, tanto económicos, como de cualquier otro tipo. Si se atienden con prontitud y se resuelven, los beneficios también serán exponenciales. Por ello se debe tener un gran sentido del tiempo y del trabajo en equipo para encontrar el "timing" correcto en el que se deben ejecutar ciertas actividades importantes. Estas actividades van relacionadas con el color naranja. Si no se atienden en el momento idóneo, pasarán a ser urgentes.

Para finalizar, podemos mencionar las actividades postergables, que son actividades pendientes como todas las anteriores, sin embargo, no es urgente de atender de inmediato, se puede atender en otro momento más oportuno, quizá incluso en este momento no puedas desarrollar y/o concluir la actividad porque no tienes la capacidad económica o simplemente crees que no es el momento indicado, sin embargo sabes que en algún momento se tiene que realizar. Vale la pena tener consciencia de estas cuestiones porque, si bien es cierto no son importantes aún, pueden convertirse en ellas al paso del tiempo, además de que atenderlas en su momento siempre deben traerte beneficios, de lo contrario no valdría la pena tenerla como actividad pendiente. Estas actividades puedes delegarlas con su debida supervisión. Estas actividades puedes identificarlas con el color verde.

Descarga alguna herramienta de notas, pendientes o agenda en la cual puedas tener alarmas o recordatorios para siempre tener pendiente tus 3 clasificaciones de tareas a realizar. Google Keep es una excelente alternativa que se puede complementar a todas las otras herramientas de Google que te he recomendado, todo desde tu misma cuenta.

ACTIVIDAD: Descarga Google Keep u otra aplicación y anota todos tus pendientes. Marca y clasifica con rojo, naranja y verde tus 3 tipos de actividades pendientes. Google Keep tiene la posibilidad de hacerlo, además de que te brinda actualización y sincronización en cualquier dispositivo en el que tengas la aplicación descargada, todo mediante tu cuenta de Google.

SE UN GESTOR DE TALENTOS

El buen líder no es forzosamente aquel que tiene que ser el mejor en todas las áreas de la organización, ¡NO! Claro que no, nada más alejado de la realidad. El buen líder es un buen director que se encarga de organizar al personal para la consecución de resultados, se encarga de analizar la cuestión anímica de la gente para motivarlos y encaminarlos por el buen camino. Cuando tenga que reprender al equipo, lo hará, siempre de manera educada y con intenciones de mejorar. El buen líder es el que gestiona su gente, les delega las actividades que habrán de realizar cada quien para que se logren los objetivos que se han planteado.

Por supuesto, el director debe saber manejar cada área de su organización, sin embargo, no necesariamente tiene que ser el más habilidoso. La verdadera habilidad recae en encontrar a las personas que tienen este conocimiento o capacidad, de este modo el emprendedor se recrea, aprende y fortalece cada una de las áreas que requiere la organización. El director o líder como recompensa, adquiere dotes de buen gestor de talentos.

Como líder y director, también habrá de ser tu responsabilidad detectar cuando algo no está funcionando como debiera y tienes que hacer cambios. Cuando detectas que alguien a quien has encomendado una tarea ya demoró más de lo normal o cuando el resultado no fue el esperado, aun cuando brindaste la suficiente explicación de cómo se requerían los resultados, es cuando debes realizar cambios. Recuerda que el éxito o el fracaso de cualquier organización recae en el liderazgo, si el líder jugó bien sus piezas obtendrá buenos resultados; si no se consiguieron los buenos resultados, simplemente es porque el líder no tuvo la capacidad suficiente para detectar las áreas de oportunidad a tiempo para ajustarlas.

TRANSMITE TU VISIÓN CON JUNTAS EFECTIVAS

Mantén comunicación regular con tu equipo de trabajo, de tal manera que puedas permanecer en constante supervisión de los avances. Realiza juntas mensuales grupales y/o en su caso personales donde puedas expresarles las novedades, la visión a corto y mediano plazo de la organización y más que nada lo que se espera de ellos. La gente que trabaja para ti necesita saber que esperas de ellos, retroaliméntales constantemente, incluso así garantizas que el resultado que se pretende obtener será de verdadera calidad, pues tú estuviste supervisando todo el proceso.

Rockefeller tenía juntas muy a menudo con su equipo de trabajo más cercano. Él pensaba que de esta manera la vibración de los objetivos se mantenía latente aun con el paso de los días. Quizá este fue uno de los secretos de uno de los empresarios e inversionistas más importantes de nuestra historia para garantizar el éxito en las organizaciones.

1. Los siguientes puntos son indispensables para garantizar juntas efectivas.
2. Empieza y termina en tiempo. La puntualidad es una virtud que debes fomentar en tu persona y en tu equipo de trabajo.
3. Prepara los puntos más importantes a tratar. Ve preparado con los temas que se van a desarrollar.
4. Toma el control de la sesión. Mediante un cronograma estipula una bienvenida, los puntos a tratar, espacio para el diálogo, y el cierre o despedida. Apégate a los tiempos y no permitas que alguna sección se extienda más de lo debido.
5. Permite un tiempo para aclarar dudas. Es importante tener certeza que ha quedado claro lo que se ha visto, platicado y/o acordado en cada junta
6. Estipula un tiempo máximo para participaciones. Evita los discursos largos y sin enfoque certero. Fomenta la expresión de ideas concretas.
7. Firma de compromisos. Se desarrolla una minuta de trabajo y los involucrados firman la minuta a manera de compromiso para concretar los puntos que se trataron en la junta.

ACTIVIDAD: Programa las juntas con tu equipo de trabajo más cercano. Apégate a los tiempos, no permitas que alguna sección se extienda más de lo debido.

ENFÓCATE EN TU ACTIVIDAD PRODUCTIVA

La mayoría de los emprendedores, somos personas proactivas, nos gusta aprovechar el tiempo al máximo. Cuando sentimos que estamos aprovechando el tiempo en algo productivo, nos llenamos de satisfacción. Tu área productiva son las actividades que realizas en un determinado periodo de tiempo y en las cuales por tus cualidades, actitudes, aptitudes, destrezas, habilidades, etc resulta muy efectivo y provechoso el resultado de estas actividades que ejecutas. Muchas veces estas áreas productivas son innatas e inherentes a nuestra persona, como la destreza en los números, la destreza en el diseño, la destreza en la lectura y redacción, en los deportes, etc.

Conforme vas creciendo vas a necesitar apoyo de gente que pueda ayudarte a expandirte. Debes elegir a la gente de tu confianza, que acredite los conocimientos y habilidades necesarias para ayudarte en lo que tú necesitas. Muchos emprendedores recaen en la mala actitud de creer que forzosamente ellos deben hacer todo, involucrarse en todas las tareas y hacer un poco en todo. Se entiende porque sabemos que somos personas proactivas y nos gusta ayudar, pero lo más correcto sería que te enfoques en lo que en verdad produce para ti un beneficio, que a la par con el tiempo, se vuelve en un beneficio para tu organización, porque es la área más productiva, en la que te sientes más cómodo y es en la que mejor puedes desarrollar tus habilidades; es con lo que más puedes apoyar a tu organización, porque conforme crece, habrás de tener la humildad de aceptar que no puedes hacer todo tú y que tu labor es encontrar a alguien que lo haga mejor que tú en cada una de las áreas de tu organización. Tú eres el líder que consigue los resultados con el trabajo y la buena gestión de otras personas, entonces no está mal que pretendas ayudar en todas las áreas de tu organización, pero debes tener en cuenta que antes de hacer esto, es porque ya atendiste todos los pendientes de tu área productiva y en la cual tú le eres más benéfico a tu organización.

Las cuestiones que están fuera de tu área productiva o que por alguna circunstancia te generan mayor estrés, debes delegarlas de inmediato, pues realizándolas tú no vas a encontrar resultados significativos ni exponenciales.

ACTIVIDAD: Analiza y descubre las actividades que realizas para tu organización como parte de tu área productiva y después aplica la ley del 80/20. Dedica el 80% de tu tiempo a realizar esas actividades que mayor provecho generan y que son inherentes a tu persona.

LEGADO ALTRUISTA

Con el tiempo todo pasa y todo se olvida excepto aquello que ha dejado huella en los corazones y mentes de las personas. Mientras más personas te recuerden, seguirás vivo por mucho tiempo y tu legado será parte de la historia.

Conforme has aprendido en este libro a crear y cimentar tu negocio, llegará un momento en que los ingresos sean tan suficientes, que tengas la vida que siempre has esperado tener. Es cierto que nunca estamos satisfechos y siempre vamos por más, pero estoy seguro que llegará el momento en que no tengas que preocuparte por la situación económica, tus problemas no serán económicos, si no más bien de otro tipo, y es en este momento en el que debes pensar de qué manera invertir ese efectivo que has acumulado con el paso del tiempo, con el paso de hacer eficientes tus procesos y con todo el aprendizaje que has obtenido. Una buena idea es invertir en tu legado.

El legado es algo que se pone en marcha un día y nunca deja de alimentarse y crecer. Quizá haya un momento abrupto en el momento de nuestra muerte, pero si hemos hecho un buen trabajo, nuestro legado seguirá creciendo y brindando beneficio a la comunidad.

Procura que el legado que habrás de dejar a la gente pueda ser aprovechado y percibido de manera instantánea. Ayuda al medio ambiente o a la gente que se encuentra en necesidad o carente de oportunidades, ayuda a esas personas que no tuvieron acceso a las herramientas de conocimiento que tú tuviste, brinda un alimento a los más necesitados y aquellos que no tienen posibilidades de obtenerlo.

Las maneras de ayudar son muchas y siempre tendrá que ver con tu creatividad, pero recuerda que conforme pasa el tiempo y de acuerdo a la cantidad de gente que te recuerda, mayor será tu legado. En esta vida hemos venido a cumplir un propósito, además de emprender y conseguir tus objetivos en cuanto a negocios, procura dejar una semilla para la sociedad con la cual ayudes a que este mundo sea un mejor lugar, ya sea en cuestión educativa, en cuestión ambiental o de ayudar a los más necesitados. Tu vocación te dirá y te indicará en que debes orientarte y a quien ayudar, solo ten siempre en mente que todo lo que das, vuelve hacia ti con creces.

ACTIVIDAD: Empieza a cimentar tu legado altruista. Destina parte de tus recursos para crear ese legado de tu persona u organización. Ya sea que apoyes a más gente con tu conocimiento o ayudes a sectores sociales en necesidad. Recuerda que con el tiempo todo pasa y todo se olvida, excepto aquello que ha dejado huella en los corazones y mentes de las personas.

CONCLUSIÓN

Todo el conocimiento expuesto en Filosofía Emprendedora está orientado a los emprendedores y empresarios, que en algún momento de su camino han tenido adversidades, dificultades o problemáticas que resolver. Espero que independientemente del momento y madurez de tu emprendimiento en el que te encuentres, puedas encontrar en este libro conocimiento de valor cada vez que lo requieras.

Te felicito por tomar acción y adentrarte en el mundo emprendedor; te aseguro que todas las personas se hacen, nadie nace siendo algo. Todo lo que te propongas puedes lograrlo siempre y cuando apliques 3 cuestiones básicas y muy importantes:

1. No dejes de aprender. No siempre encontramos las respuestas correctas a nuestros problemas, pero al menos con el poder de la intención, la vida nos va brindando los caminos adecuados para llegar hasta el conocimiento final que estamos buscando o necesitando. El conocimiento es poder y siempre lo será así; aquel que más sabe y que más experimenta, es el que al paso del tiempo logra obtener el conocimiento ideal para afianzar sus emprendimientos.
2. Persistencia. Cada día cuenta. Aun cuando no tienes ganas de hacer las cosas, debes hacerlas, eso es la disciplina. Cada acción y cada minuto que dedicas a tu emprendimiento valdrá la pena. No desistas tan fácil.
3. Equipo. Tu círculo íntimo de trabajo es muy importante para tu desarrollo y consolidación. Recuerda que te vuelves como las 5 personas con las que más convives. Elige sabiamente a tu círculo íntimo de trabajo, ellos son los que podrán ayudarte a potencializar tu emprendimiento.

Espero que para este momento, hayas logrado incorporar múltiples actividades en tu emprendimiento y que al paso de los días y meses logres ver la diferencia. Todo el conocimiento expuesto aquí es con base en mis experiencias y nada me dará más gusto que saber que has encontrado la solución rápida a varios de tus problemas; o al menos tengas el preámbulo de hacia a donde debes dirigirte para seguir aprendiendo.

A SEGUIR EMPRENDIENDO. ¡BUENAVENTURA!

Made in the USA
Monee, IL
04 November 2026

67385519R00203